Stundenblätter Deutsch
mit CD-ROM

Wilhelm Große

Lessings »Nathan«
und die Literatur der Aufklärung

Sekundarstufe II

Ernst Klett Schulbuchverlag Leipzig
Leipzig Stuttgart Düsseldorf

Die Seitenangaben im Stundenblätterheft beziehen sich auf folgende Textausgabe:

Klett Editionen
Gotthold Ephraim Lessing: Nathan der Weise.
Text mit Materialien. Ausgewählt von Joachim Bark.
Leipzig 2002. Klett-Nummer 351161

Bei dem vorliegenden Band handelt es sich um eine aktualisierte und rechtschreibreformierte Bearbeitung des Titels »Stundenblätter Lessings ›Nathan‹ und die Literatur der Aufklärung«, Klettbuch 927485

CIP-Vermerk
Die Deutsche Bibliothek verzeichnet diese Publikation in der Deutschen Nationalbibliografie; detaillierte bibliografische Daten sind im Internet über http://dnb.ddb.de abrufbar.

1. Auflage   A 1   5 4 3 2 1 | 2008   2007   2006   2005   2004

© Ernst Klett Schulbuchverlag GmbH, Leipzig 2004
Internetadresse: http://www.klett.de
Alle Rechte vorbehalten.

Herstellung: Judith Fuhrmann
Umschlagentwurf: MetaDesign, Berlin
Umschlagfoto: Getty Images (Photographer's Choice), München
Layout: Sandra Schneider
Satz: Markus Schmitz, Büro für typographische Dienstleistungen, Münster
Repro: Meyle & Müller GmbH + Co. KG, Pforzheim
Druck: Medien Druck Unterland, Flein

ISBN 3-12-927478-2

Inhaltsverzeichnis

1 Zur Konzeption der Unterrichtseinheit

Literaturdidaktische Voraussetzungen

Wer eine Unterrichtsreihe über eine literaturgeschichtliche Epoche konzipiert, muss sich über die impliziten Voraussetzungen eines solchen Unterfangens im Klaren sein; im Folgenden seien sie kurz benannt:

- Eine erste Voraussetzung, die hier gemacht wird, ist, dass für das Verständnis eines Textes und seiner Problemstellung neben den textinternen Faktoren auch die textexternen von Wichtigkeit sind. Texte erschließen sich erst, wenn auch das Verhältnis zwischen Autor und Text, Text und Leser (wobei der zeitgenössische wie der gegenwärtige ins Auge zu fassen sind), Text und außertextliche Wirklichkeit als wichtige Faktoren bei der Textproduktion und Rezeption bedacht werden. Texte, so lautet die Voraussetzung, stehen in einem geschichtlichen Zusammenhang, reflektieren diesen und gestalten ihn mit, und nur ein Verstehen, das auf diese historische Dimension der Texte und zugleich auf den Zeitabstand zwischen Textentstehung und gegenwärtiger Textrezeption reflektiert, versteht den Text in adäquater Weise. Nur, wer die historische Dimension im Deutschunterricht beim Verstehen fiktionaler und nicht-fiktionaler Literatur für unverzichtbar hält, wird eine literaturgeschichtlich angelegte Unterrichtsreihe vertreten können.
- Die zweite Voraussetzung, die hier gemacht wird, ist, dass literarische Epochen nicht als historisch Unumstößliches gegeben, sondern als Konstrukte der Wissenschaft zu begreifen sind. Epochalisierungsversuche sind immer davon abhängig, unter welchem Aspekt Epochen aus dem Fluss der Geschichte ausgegrenzt werden. Die Literaturgeschichtsschreibung belegt das, indem sie stilgeschichtliche Kriterien, ästhetische Strukturparallelen oder politische und sozialgeschichtliche Zäsuren bei der Periodisierung der Literaturgeschichte zur Orientierungshilfe hinzugezogen hat. Epochenbegriffe lassen sich nur als diskussionsbedürftige Verständigungsmuster begreifen, die nie unabhängig von den historischen Entstehungsbedingungen zu sehen sind. Periodisierungen sind immer wieder der Versuch, die Fülle der Ereignisse begreifbar zu machen. Sie sind von der Überzeugung getragen, die bestimmenden Kräfte und Vorgänge einer Epoche zu erfassen und das Verständnis geschichtlicher Entwicklungen sowie des eigenen historischen Standortes fördern zu können. Epochalisierungen sind daher schon Deutungen, Ergebnis einer Geschichtstheorie. Sie verweisen somit auf spezifische Fragen oder Hypothesen der Wissenschafts- oder Literaturgeschichte.
- In der Epochalisierung liegt also bereits ein didaktisches Moment. Sie gliedert, strukturiert ein vorliegendes Textkorpus, einigt es unter einem Aspekt und macht damit die Mannigfaltigkeit der Texte auch für den Unterricht handhabbar. So willkommen aber auch ein solcher didaktischer Vorgriff auf die Literatur für den Deutschunterricht sein mag, die epochenorientierte Anlage einer Unterrichtsreihe oder gar des Deutschunterrichts in der Sekundarstufe II birgt manche Gefahr in sich. Ein Deutschunterricht, der es sich zum Ziel gesetzt hat, den Schülern die Kenntnisse literarischer Epochen zu vermitteln bzw. der seinen Gegenstand, die Literatur, unter rein literarhistorischem Gesichtspunkt betrachtet, dürfte sein Ziel verfehlen. Sicherlich sollten dem Schüler Epochen als heuristische Gliederungs- und Orientierungsmöglichkeiten der

Kulturgeschichte vorgestellt werden, er sollte mit den Epochen die Literatur als geschichtlich Gewordenes und geschichtlich Wirkendes begreifen lernen – aber all dies darf nicht der Pflege eines »antiquarischen« Interesses an der Geschichte (Nietzsche) dienen, darf nicht zum reinen Quiz-Wissen verkümmern, sondern auch bei der Behandlung von Epochen sollte bei der Strukturierung des Unterrichts und damit auch bei der Auswahl der Epochen und der entsprechenden Texte im Mittelpunkt stehen, dass sich der Schüler in der Epoche und in deren Texten zunächst einmal selbst wiedererkennt, dass er am anderen sich selbst wiederfindet und sich selbst als geschichtliches Wesen begreift.

Ziele der Unterrichtseinheit

Im Folgenden seien die Gesichtspunkte genannt, auf die hin die vorliegende Unterrichtsreihe konzipiert ist.
Die Einheit über die literaturgeschichtliche Epoche Aufklärung ist so angelegt, dass die Schüler erkennen, dass

- Aufklärung eine neue Form der Weltzugewandtheit bedeutet, die an die Stelle der im vorausgegangenen 17. Jahrhundert charakteristischen Weltabgewandtheit und Konzentration auf das Jenseits tritt;
- Aufklärung als Prozess gedacht ist, der zwar intentional auf das Erreichen eines aufgeklärten Zeitalters hin angelegt ist, von dem man aber weiß, dass dieses Ziel immer nur annähernd zu erreichen ist;
- Aufklärung immer mit dem skeptischen Bewusstsein sich verbindet, die letzte Wahrheit noch nicht gefunden zu haben, und darum für Toleranz plädiert;
- Aufklärung – trotz all ihrer skeptischen Züge – Geschichte als Progression begreift, als einen Weg zu einer für das Individuum wie für die Gesellschaft immer mehr sich vervollkommnenden Glückseligkeit;

- Aufklärung im Wesentlichen Kritik ist, die prinzipiell nichts Vorgegebenes gelten lässt, es sei denn, dass sie es überprüft und für gültig befunden hat;
- Aufklärung der Kampf gegen Vorurteile ist, die sich vor der Kritik der eigenen Vernunft, die als Vermögen allen Menschen in gleicher Weise zugeschrieben wird, oder einer anderen, nicht weiter zu hinterfragenden Berufungsinstanz zu bewähren haben;
- Aufklärung somit den Weg des Menschen aus seiner selbstverschuldeten Unmündigkeit bedeutet, den Menschen damit auf seine Selbstständigkeit bzw. Autonomie verweist und verpflichtet;
- Aufklärung sich selbst immer versucht aufzuklären, also ihre eigene Kritik impliziert und ihre Grenzen stets mitzubedenken versucht;
- Aufklärung sich auf das Feld der Wissenschaft, einschließlich der Theologie, der Moral und Politik, aber auch der Kunst erstreckt;
- Aufklärung den Menschen auf seine Naturrechte und damit auf das Prinzip der Freiheit, Gleichheit und Brüderlichkeit verweist;
- Aufklärung die Menschen in ihrem Wesen gleich begreift und darum den Einzelnen als Weltbürger betrachtet;
- Aufklärung eine Bewegung ist, die im Wesentlichen vom bürgerlichen Mittelstand getragen wird, der sich selbst als allgemein-menschlich versteht;
- das hier genannte Bürgertum noch eine sehr starke Binnendifferenzierung aufweist, sodass von einer in sich einheitlichen Schicht noch nicht gesprochen werden kann;
- Aufklärung im Wesentlichen auf die menschliche Praxis hin denkt, das Denken in den Dienst des Handelns, im Sinne des gut Handelns, gestellt sein will;
- die Bewegung der Aufklärung u. a. zur politischen Umgestaltung hat beitragen können (Französische Revolution);

- die Bewegung der Aufklärung in Deutschland aufgrund der noch verhältnismäßig stabilen sozialen und politischen Verhältnisse im Absolutismus keine sozialen Reformen im Sinne eines liberalen Bürgertums hat zeitigen können;
- Aufklärung sich im Wesentlichen im Medium des Gesprächs vollzieht, wobei dieses Gespräch im gelehrten Disput, im öffentlichen Bereich oder auch im privaten kleinen Kreis sich vollziehen kann;
- Aufklärung von den Aufklärern nicht nur als eine Sache der Gebildeten verstanden wird, sondern auch den ›einfachen Mann‹ mit einbeziehen will;
- Aufklärung folglich ein pädagogisches Unternehmen ist, in dessen Dienst sich auch die Literatur stellen soll, da sie es vermag, dem einfachen Menschen die Wahrheit, die oft bitter sein kann, verzuckert zu sagen;
- die Literatur der Aufklärung sich vor allem lehrhafter Formen der Dichtung bedient, wie z. B. der Abhandlung, der Streitschrift, des Theaters als ›moralischer Anstalt‹, der Fabel;
- sich im Laufe des 18. Jahrhunderts der literarische Markt in Deutschland wesentlich ändert, was die Zahl der Leser, die Änderung des Publikumsgeschmacks usw. betrifft;
- Aufklärung auch ein nationalpädagogisches Anliegen verfolgt.

In einigen Fällen wird bei der Textauswahl von dem Prinzip, nur Texte zuzufügen, die normalerweise der Epoche der Aufklärung hinzugerechnet werden, abgewichen. Das gilt für die Ausgangskonstellation, wo ein Gedicht aus dem Barock (Gryphius) einem Gedicht aus der sog. Frühaufklärung gegenübergestellt werden soll; es gilt ebenfalls für einige Texte, die in Literaturgeschichten üblicherweise dem Sturm und Drang zugerechnet werden. Dies ist insofern ein berechtigtes Vorgehen, weil es sich inzwischen als nicht mehr haltbar erwiesen hat, eine eindeutige Grenze zwischen den Epochen Aufklärung und Sturm und Drang zu ziehen, bzw. beide Epochen in Gegensatz zueinander zu bringen. In der Literaturwissenschaft hat sich die Ansicht durchgesetzt, den Sturm und Drang als eine konsequente Weiterentwicklung und Revolutionierung aufklärerischen Denkens und Dichtens zu verstehen. Insofern sehe ich mich legitimiert, an wenigen Texten zumindest anzudeuten, wie aufklärerische Positionen weitergedacht werden. Entsprechend der oben geäußerten These, dass die Aufklärung die »epochale Grundschicht« bilde, die sich in verschiedener Weise transformiere, gelten für die spezielle Transformation Sturm und Drang die folgenden Überlegungen:

Karl Eibl hat 1977 folgenden Vorschlag für eine Phaseneinteilung der Literaturgeschichte im Kontext der Entwicklung bürgerlicher Intersubjektivität im 18. Jahrhundert unterbreitet, der dazu dienen kann, die Phase des Sturm und Drang innerhalb dieses Prozesses einzuordnen:

»Phase der normativen Forderung: Normen, die der Herstellung der Intersubjektivität dienen, werden als ›Vernunft‹-Einsichten formuliert, Abweichungen sind ›Irrtümer‹, sie werden vorwiegend von der Gesellschaft der ›Vernünftigen‹ bestraft. Phase der Verinnerlichung: ›Vernunft‹ und ›Herz‹ sollen in Übereinstimmung gebracht werden, Normen werden als Bestandteil der gesamten moralischen Persönlichkeit empfunden, der Abweichler wird von seinem ›Gewissen‹ bestraft, während die Sanktion von ›außen‹ nur Hilfsfunktion besitzt. Erste binnenbürgerliche Rebellion: Die Verinnerlichung erreicht einen kritischen Punkt, die Instanz des ›Herzens‹ macht sich selbständig, wird (wieder) zur ›Leidenschaft‹, die neue Generation spürt wieder die Normativität der errungenen ›bürgerlichen‹ Intersubjektivität und empfindet sie als Zwang und Gewalt.« (Eibl: Identitätskrise und Diskurs, in: Jahrbuch der Deutschen Schillergesellschaft, XXI, 1977, S. 139)

Ausgehend von der These, dass sich im 18. Jahrhundert die Feudalgesellschaft auflöse und sich die bürgerliche Gesellschaft allmählich konstituiere, erlaubt das vorgestellte Schema, Literatur und gesellschaftliche Entwicklung in einem engen Konnex zu sehen. Die Literatur leistet danach zur gesellschaftlichen Konstitution einen wichtigen Beitrag, weil sie als Medium eines öffentlichen Diskurses fungiert, in dem gesellschaftliche Normen gesetzt, stabilisiert oder kritisch überprüft werden können. Die Phase des Sturm und Drang zeichnet sich nun dadurch aus, dass sie zwar teilhat an dem Problem der Konstitution einer neuen sozialen, nunmehr bürgerlichen Trägerschicht, dass sie aber die vom Bürgertum bislang vorgelegten Lösungsversuche weitgehend verwirft, indem sie ihre Unzulänglichkeiten aufdeckt. Der radikale oder gar revolutionäre Gestus des Sturm und Drang wäre demnach darin zu sehen, dass er literarisch konzipierte Modelle gesellschaftlichen Zusammenlebens kritisch hinterfragt und auf ungewöhnlich scharfe Weise die Suche nach Letztbegründungen vorantreibt. Diese emanzipatorischen Tendenzen verbinden den Sturm und Drang deutlich mit der Literatur der Aufklärung.

Die Stärke des Sturm und Drang liegt jedoch weniger in dem Aufweis eines realisierbaren Gesellschaftsmodells und dem Nachweis eines gangbaren Weges, wie eine neue Form der Gesellschaft zu erreichen sei, als in dem Nachweis, wie die bürgerliche Gesellschaft und ihre Normen die volle Entfaltung des Individuums blockieren und somit seine Emanzipation vereiteln. Der emphatische Hinweis auf die Natur gilt hierbei als Korrektiv bzw. Maßstab. ›Leben‹ und ›Handeln‹ sind mit ›Natur‹ austauschbare Begriffe geworden.

Natur meint nun nicht mehr die Vernunftnatur der Rationalisten, sondern eine Totalität oder Ganzheit, die der Einzelne in sich entdecken oder mit der er sich vermitteln soll. Der Austausch der Begriffe Vernunft und Natur soll folglich einer gefahrvollen Verengung und Vereinseitigung des Menschenbildes entgegenarbeiten, die die Stürmer und Dränger aufdeckten:

»Was [zunächst noch] unter den Bedingungen der frühen Aufklärung unumgänglich war, entfaltete im Fortschreiten seine Bedingtheit, wurde unter veränderten Verhältnissen obsolet: in der sog. Spätaufklärung können wir Tendenzen der Verfestigung, ja Verdinglichung der Vernunft ausmachen, wenn diese selbst autoritative Geltung verlangt, ihren selbstkritischen Charakter aufgibt und damit beckmesserisch-engstirnig wird. Dennoch erreichte das Bürgertum in der Rationalen Phase der Aufklärung zwischen 1720 und 1760 im Bemühen um eine geistige Befreiung von [primär geistlicher] Bevormundung, im Diskurs über vernünftige Normen im Rahmen von Öffentlichkeit erstmals eine gewisse Identität durch die Formulierung der eigenen Interessen und deren Absetzung von jenen der Herrschenden, deren Macht dadurch nicht angetastet wurde: Die politischen Konsequenzen vernunftbestimmter Legitimationspraxis mussten ungezogen bleiben. In diesem Stadium des Emanzipationsprozesses blieb das bürgerliche Individuum eindimensional dem Vernunftprinzip unterworfen: Zwischen der Vernunft und dem sinnlichen Teil sollte ein harmonischer Kompromiss herrschen (wie zwischen Fürst und Untertan), der sich jedoch in der Praxis als ein Herrschaftsverhältnis darstellte, das dem wachsenden Selbstbewusstsein und Selbstwertgefühl nicht mehr genügen konnte: Seit den Sechzigerjahren artikuliert sich ein wachsendes Bedürfnis nach der Anerkennung eines umfassenden Menschenbildes, nach der individuellen Erfüllung des allgemeinen Konzepts, nach einer Vereinheitlichung von Denken, Fühlen und Handeln. [...] Die Stürmer und Dränger radikalisieren diese Entwicklung insofern, als sie eine vollständige Autonomie der Gefühle und Leidenschaften von allen vernunftbestimmten Moralvorstellungen [...] im Rahmen einer umfassenden Selbstbestimmung des Individuums forderten, welche die Aufklärung auf die geistige Sphäre beschränkt hatte. [...] Das Individuum in seiner Unvergleichbarkeit löst den Primat der Vernunft ab, wobei die theoretische Verarbeitung dieser Programmatik selbst individualistisch, unsystematisch, emphatisch-genial erfolgt.« (Chr. Siegrist: Aufklärung und Sturm und Drang. Gegeneinander oder Nebeneinander?, in: Walter Hinck [Hrsg.]: Sturm und Drang, Kronberg 1978, S. 5 f.)

Entsprechend diesen Ausführungen über das Verhältnis von Aufklärung und Sturm und Drang gelten für die Unterrichtsreihe auch folgende Lernaspekte. Die Schüler sollen erkennen, dass

- der Sturm und Drang die Forderungen der Aufklärung nochmals radikalisiert;
- der Sturm und Drang eine vor allem von der damals jüngeren Schriftstellergeneration getragene Bewegung ist, in der sich somit vor allem ein Generationskonflikt dergestalt durchsetzt, dass die Jüngeren die Widersprüche der Gesellschaft offener thematisieren und ihnen deutlicher an der Autonomie des Einzelnen und weniger der Eingliederung des Einzelnen in das Gesamt der bürgerlichen Gesellschaft gelegen ist;
- der Sturm und Drang den Dichter nicht mehr als Nachahmer, sondern als ›second maker under God‹ bzw. ›Dolmetscher der Natur‹ begreift;
- der Sturm und Drang somit den Schritt von der Wirkungsästhetik der Aufklärung zur Produktionsästhetik vollzieht;
- der Sturm und Drang den Dichter mit einem genialen, ihm eigenen Selbstbewusstsein ausgestattet sieht, sodass das einzelne poetische Ingenium unauswechselbar und in seiner Einzigartigkeit verstanden werden muss, womit ein neuer Verstehensbegriff inauguriert wird;
- das Individuum sich seines unmittelbaren, nicht weiter gesellschaftlich vermittelten Ursprungs in der Natur vergewissert;
- der Sturm und Drang nach unmittelbaren, nicht weiter konventionalisierten Formen des poetischen Ausdrucks sucht.

Zum Aufbau der Unterrichtseinheit

Die Unterrichtseinheit ist auf ca. 20 Unterrichtsstunden hin konzipiert. Sie ist so strukturiert, dass sie gleich einem Baukasten aus einzelnen Blöcken bzw. Sequenzen besteht, die untereinander zum Teil austauschbar, auswechselbar gegen andere und sogar erweiterbar sind. Einzelne Segmente können auch ganz aus der Unterrichtseinheit ausgeschlossen werden, wenn es z.B. an Zeit fehlt oder der Unterrichtende glaubt, auf die entsprechenden Lernziele verzichten zu können.

Dort, wo es vonseiten der Lehrpläne her gefordert wird, einen Text aus einem zu wählenden Epochenschwerpunkt mit Texten aus der Moderne unter einem thematisch übergreifenden Gesichtspunkt zusammenzustellen, bietet das Baukastenprinzip an, entsprechende Erweiterungen vorzunehmen. Wenn auch die Reihe für Modifikationen offen ist, so verbürgt doch die hier vorgeschlagene Anordnung eine gewisse Konsistenz und trachtet nach gleitenden Übergängen zwischen den einzelnen Blöcken.

Die *erste Sequenz* hat das Ziel, einen Verstehenshorizont bei den Schülern für den Begriff Aufklärung zu schaffen. Wir beginnen mit einer Gegenüberstellung zweier Gedichte, die paradigmatisch zwei verschiedene, für ihre Zeit jeweils typische Welthaltungen darstellen: die Weltabgewandtheit des Barock und die Weltzugewandtheit, wie sie charakteristisch für die Aufklärung zu sein scheint. Es folgt in einer weiteren Stunde eine Textzusammenstellung, die mit kurzen Auszügen aus Texten von Descartes, Thomasius, Wolff und Lessing einen Einblick gewähren will in die radikale Umorientierung, die die Aufklärung bedeutet, dass nämlich gleichsam experimentell in Form eines systematischen Zweifels alles Überkommene hinterfragt werden soll und man nach Instanzen und Denkwegen Ausschau hält, die klare und deutliche Einsichten verbürgen, die an die Stelle von Glaubensinhalten, Tradition und Autorität treten können. Sie werden in der Vernunft, im menschlichen Subjekt bzw. in der klaren und deutlichen Einsicht gefunden. Es folgt als mehrere Unterrichtsstunden umfassender Block eine eingehende Analyse der Schrift Kants ›Beantwortung der Frage: Was ist Aufklärung?‹ Die Anfangsstellung dieser Schrift sollte auf jeden Fall gewahrt bleiben, stellt sie doch eine exzellente Ausgangsbasis für die folgenden Texte und Lernschritte dar. Zwar finden die Schüler nicht sehr leicht Zugang zu diesem Text, aber er liefert grundlegende Aussagen zum Selbstverständnis der Aufklärung, zur Zielbestimmung aufklärerischen Tuns. Er verbindet diese Aspekte mit dem Problem bürgerlicher Öffentlichkeit, dem privaten und öffentlichen Gebrauch der Vernunft, und er zeigt auf, wie sich das Zeitalter der Aufklärung mit dem aufgeklärten Absolutismus verbindet. Während Kant eher für die Reform als die Revolution plädiert, radikalisiert sich die Aufklärung später auch politisch, wie der Auszug aus Erhards Schrift bezeugt, der in der 18. Stunde zusammen mit der literarischen Radikalisierung behandelt wird.

Hatte bereits Kants Text auf die bürgerliche Öffentlichkeit und damit auf das Medium verwiesen, in dem sich Aufklärung vollzieht, soll in einer weiteren Stunde das sich im 18. Jahrhundert konstituierende bürgerliche Publikum näher beleuchtet werden, indem auf die sich verändernden Bedingungen des Buchmarktes, der Lesebedürfnisse bzw. des Bürgertums als neuer sozialer und kultureller Trägerschicht verwiesen wird. Eine Stunde zur Fabeldichtung der Aufklärung schließt diese erste Sequenz ab. Sie soll – noch im Vorfeld der ›Nathan‹-Interpretation – zeigen, wie sich die Aufklärung der Dichtung bedient, sie zu ihren Zwecken funktionalisiert, indem sie sie zum kritischen Instrumentarium und zum Übermittler (Medium) der bürgerlichen Interaktionsregeln gebraucht.

Während somit in der ersten Sequenz ein Bewusstsein für die geistesgeschichtlichen und literarischen Implikationen des Begriffs Aufklärung geschaffen werden sollte, steht in der *zweiten Sequenz* die Behandlung des Lessing'schen Dramas ›Nathan der Weise‹ im Mittelpunkt. Die Analyse des Textes will die in der ersten Sequenz angesprochenen Gesichtspunkte wieder aufnehmen und bündeln.

Der Schwerpunkt der Nathan-Interpretation liegt dabei auf dem impliziten pädagogischen Moment, das von Lessings Drama ausgeht, wobei jedoch das Drama nicht auf eine ›reine Lehre‹ verkürzt werden kann. Die Erziehung zu aufgeklärtem Verhalten, wie sie von Nathan praktiziert wird, ist ein komplizierterer Prozess, als dass man sie auf eine Erziehung zur Menschlichkeit bzw. Toleranz, wie es gerne geschieht, verkürzen könnte, denn das Drama stellt auch die Gefährdungen dieses Erziehungsprozesses immer mit dar. Lessing weiß um die Fragilität des utopischen Schlussbildes, um die Gefährlichkeit der nicht abstellbaren Leidenschaften, Schwärmereien und des Fanatismus. Er verweist auf die Priorität des Handelns, da Wahrheit nie in ihrer Unmittelbarkeit, sondern nur in ihrer jeweiligen Vermitteltheit erfahrbar ist.

Der ›Nathan‹-Interpretation schließt sich eine weitere Stunde an, die sich ausschließlich anhand verschiedener Textauszüge dem Problem der Toleranz widmen soll. Erst dann wird die Interpretation des ›Nathan‹ durch eine Analyse ausgewählter Paragraphen aus Lessings Abhandlung ›Die Erziehung des Menschengeschlechts‹ vervollständigt. Beide Texte verbindet u. a., dass sowohl das Drama wie auch die ›Erziehungs‹-Schrift mit der utopischen Vorstellung eines Zeitalters schließen, in dem die Menschheit befriedet ist und das Gute nur um des Guten willen getan wird.

Um den nächsten Unterrichtskomplex einzuleiten, bedarf es nochmals des Rückverweises auf die Entstehungsgeschichte des ›Nathan‹. Nachdem der Fragmenten-Streit durch den Zensurerlass beendet worden war, beschloss Lessing bekanntlich, nunmehr wieder seine alte Kanzel, das Theater, zu betreten, um hier den »Theologen einen ärgern Possen zu spielen, als noch mit zehn Fragmenten«. Dieser Ausspruch zeigt deutlich, dass Lessing das Theater als eine Stätte begriff, von der aus Wirkungen auf die Öffentlichkeit möglich waren. Genau um diesen Aspekt der ›Schaubühne als eine moralische Anstalt‹ geht es auch in der entsprechend betitelten Schiller'schen Abhandlung, die noch ganz dem poetologischen Denken der Aufklärung verhaftet ist. Hier findet sich der wirkungspoetologische Standpunkt deutlich artikuliert, und wir wollen diesen Text und nicht Auszüge aus Lessings ›Hamburgischen Dramaturgie‹ heranziehen, weil die Schiller'schen Gedanken eher mit dem ›Nathan‹ verknüpfbar erscheinen als mit den für die ›Hamburgische Dramaturgie‹ so wichtigen Passagen zur Rezeption der Aristotelischen Mitleids-Poetik.

Mit Schillers Abhandlung könnte ein bündiger Schluss für die Unterrichtseinheit gefunden sein, zumal Schillers Aufgabenzuweisung an das Theater der Aufgabe des öffentlichen Gebrauches der Vernunft bei Kant weitgehend entspricht.

Wünschenswert wäre jedoch ein Abschluss, wie er hier in der *dritten Sequenz* vorgeschlagen wird. Diese Sequenz ist dazu gedacht, ein zu enges Verständnis der Literatur der Aufklärung zu verhindern und den Sturm und Drang als sich radikalisierende Aufklärung verstehen zu lassen. Der Sturm und Drang entwickelt sich konsequent aus der Aufklärung, indem er deren Ansätze weiterdenkt und literarisch radikalisiert, was hier anhand einer Textzusammenstellung mit Texten von Erhard und Bürger demonstriert werden soll. Es folgt eine weitere Stunde, die Goethes Gedicht ›Prometheus‹ in den Gedankengang eingliedern will.

Die Aufklärungsbewegung endet jedoch nicht mit dem 18. Jahrhundert – im Gegenteil, als geistige Haltung dauert sie noch heute an, sie ist die Grundlage unseres modernen Denkens, und so gibt erst ihre geschichtliche Wirkung Auskunft über ihr Wesen. Diesen Wirkungen, Fortsetzungen und Konsequenzen aufklärerischen Denkens will die Unterrichtseinheit noch in einer Doppelstunde nachgehen. Ein so wichtiger, heute sich immer deutlicher herausstellender Komplex, der mit dem Schlagwort der ›Dialektik der Aufklärung‹

gerne in die Diskussion gebracht wird, wird so zumindest noch gestreift, obwohl er eigentlich verdiente, ins Zentrum einer Reihe über die Aufklärung gerückt zu werden. Darum sollte, wer ihn für unverzichtbar und auf jeden Fall für ergänzungsbedürftig hält, die Unterrichtsreihe in diesem Sinne noch erweitern oder modifizieren. Wir begnügen uns hier mit einer nicht sehr umfangreichen Zusammenstellung von Texten, denen sich zum einen ablesen lässt, dass schon im 18. Jahrhundert eine aufklärerische Kritik an der Aufklärung zu vernehmen war. Auszüge aus Texten aus der unmittelbaren Gegenwart (Kunert, Grass) zeigen zum andern, dass das Problem einer Kritik an der Aufklärung nach wie vor einer Abklärung bedarf. Und auch neuere Inszenierungen des ›Nathan‹ verweisen auf die Grenzen der Aufklärung bzw. melden Skepsis gegenüber einem aufklärerischen, ungebrochenen Optimismus an, wie einigen Besprechungen von Inszenierungen aus den letzten Jahrzehnten zu entnehmen ist, sodass man mit der Hinzuziehung solcher Materialien (vgl. Klett Editionenheft) nochmals zu Lessings Drama, dem eigentlichen Mittelpunkt der Unterrichtsreihe, zurückführen könnte.

Dieser Überblick über die einzelnen Themenblöcke zeigt, dass die Reihe so angelegt ist, dass der Schüler mit einer Mannigfaltigkeit von Textarten konfrontiert wird (Drama, lyrische Texte, poetologische Abhandlung, philosophischer Text, Lexikonartikel usw.). Insgesamt setzt die Unterrichtsreihe also einen Schüler voraus, der in der Sekundarstufe I bereits gelernt hat, Dramen zu analysieren, der Vertrautheit im Umgang mit lyrischen Texten gewonnen hat und in der Lage ist, theoretische Texte zu verstehen. Sollte Letzteres nicht vorausgesetzt werden können, so sind die einzelnen Analysen so zu gestalten, dass der Schüler auch diese Fähigkeit innerhalb dieser Unterrichtsreihe erst erlernen kann.

Übersicht über die Unterrichtseinheit

Sequenz I: Was ist Aufklärung?

• Vom Barock zur Aufklärung – Gedichte von Gryphius und Brockes	Stunde 1	obligatorisch
• Der Zweifel als Merkmal der Aufklärung	Stunde 2	fakultativ
• Plädoyer für Mündigkeit – Kant ›Beantwortung der Frage: Was ist Aufklärung?‹	Stunden 3+4+5	obligatorisch
• Das Bürgertum als soziale Trägergruppe der Aufklärung	Stunde 6	fakultativ
• Dichtung als Lehrdichtung – die Fabel als Prototyp	Stunde 7	obligatorisch

Sequenz II: Lessings ›Nathan der Weise‹

• Exposition, Figurenkonstellation und Handlungsstränge des ›Nathan‹	Stunden 8+9	obligatorisch
• Nathan und das Problem der Verständigung	Stunden 10+11	obligatorisch
• Die Ringparabel und die Entwicklung des Tempelherrn	Stunden 12+13	obligatorisch
• Formen der Weisheit – Klosterbruder, Derwisch, Nathan	Stunde 14	obligatorisch
• Der Toleranzgedanke	Stunde 15	obligatorisch
• Der Fortschrittsglaube der Aufklärung – Lessings ›Erziehung des Menschengeschlechts‹	Stunde 16	fakultativ
• Die Wirkung des Theaters – Schillers ›Was kann eine gute stehende Schaubühne eigentlich wirken?‹	Stunde 17	obligatorisch

Sequenz III: Die Grenzen der Aufklärung (Radikalisierung und Kritik)

• Die radikalisierte Aufklärung – Erhard ›Über das Recht des Volks zu einer Revolution‹ und Bürgers ›Der Bauer, an seinen durchlauchtigen Tyrannen‹	Stunde 18	fakultativ
• Sturm und Drang als radikalisierte literarische Aufklärung – Goethes ›Prometheus‹	Stunde 19	obligatorisch
• Kritik an der Aufklärung	Stunden 20+21	fakultativ

Was diese Unterrichtseinheit nicht leisten kann

Unter der Bedingung, dass sich die geplante Unterrichtseinheit nicht über ca. 20 Stunden ausdehnt und dass aus der Fülle möglicher Aspekte eine solche Auswahl getroffen werden muss, die sich mit den Interessen der Lebenswelt und den mitgebrachten Voraussetzungen der Schüler verbinden lässt, muss sich der Unterrichtende darüber Klarheit verschaffen, was er alles aus der Unterrichtseinheit an Gesichtspunkten, die die Epoche Aufklärung bietet, ausblenden will. Die Verluste sind schmerzlich, aber man kommt nicht umhin, sie hinzunehmen.

Im Folgenden seien die Aspekte genannt, die in der Unterrichtsreihe bewusst vernachlässigt werden:

Die Aufklärung ist keine genuin deutsche Bewegung; im Gegenteil, sie ist eine gesamteuropäische Erscheinung. Die Niederlande, England und Frankreich haben für sie wichtige Vorleistungen eingebracht – man denke an Namen wie H. Grotius, Descartes, Montesquieu, Voltaire, Diderot, Rousseau, Hume, Locke. Aus Zeitgründen muss dieser Aspekt leider weitgehend ausgeklammert bleiben. (Ausnahmen bilden allenfalls die Textauszüge von Descartes, Locke und Romilly.)

Die deutsche Aufklärungsbewegung vollzieht sich in Phasen, die hier nicht im Einzelnen berücksichtigt werden können. So teilt man sie gern in eine Früh-, Hoch- und Spätaufklärung. Die Texte für die Unterrichtsreihe entstammen weitgehend der Zeit um 1750–1780, sind somit allenfalls repräsentativ für einen kleinen Abschnitt. Eine Epoche versteht man besser, wenn man sich vergegenwärtigt, von welcher sie sich abhebt. Für die Aufklärung bedeutet das, dass ihre wesentlichen Züge besser beleuchtet würden, wenn man sie der Epoche des Barock entgegenhalten würde. Auch diesen Aspekt muss die Reihe mit einer einzigen Ausnahme – der Beschäftigung mit dem Gryphius-Gedicht in der 1. Stunde – vernachlässigen. Gleiches gilt auch für die Fortentwicklung der Aufklärung. Zwar bildet der Sturm und Drang eine – im eingeschränkten Sinne – anschauliche Kontrastfolie zur Aufklärung, aber erst, wenn man mitbedenken könnte, in welchem Verhältnis Aufklärung, Sturm und Drang und Klassik zueinander stehen, und wenn man die Romantik entweder als radikalisierende Aufklärung, als irrationalistische Gegenposition zur Aufklärung oder auch nur als wichtige Komplementärerscheinung zur Aufklärungsliteratur hinzuziehen könnte, wäre eine genauere Konturierung dessen, was man als Aufklärung versteht, möglich. Parallel zur Aufklärung gibt es eine Fülle literarischer bzw. geistesgeschichtlicher Bewegungen (Rokoko, Pietismus, Empfindsamkeit), die eigentlich nicht außer Acht gelassen werden dürften, wenn man sich das bunte Spektrum der Epoche vor Augen halten will. Die Aufklärung kann man allenfalls, wie es G. Kaiser tut, als »epochale Grundschicht« bezeichnen, zu deren Profil aber auch ihre Transformationen in die Anakreontik, den Pietismus oder den Sturm und Drang gehören. Diesem Aspekt kann die Unterrichtseinheit nur mit größten Einschränkungen gerecht werden.

Im literatursoziologischen Bereich liegt der vorliegenden Unterrichtsreihe die These zugrunde, dass die Aufklärung im Wesentlichen von einer neuen Schicht, dem Bürgertum, getragen wird. Diese These findet zwar in der gegenwärtigen Forschung weitgehend Zustimmung, nötig wäre aber, hier genauer soziologisch zu differenzieren, welche Art von Bürgertum gemeint ist, wie weit es sich etwa von dem Stadtbürgertum des Mittelalters, dem des 17. Jahrhunderts, dann aber auch des 19. oder des 20. Jahrhunderts unterscheidet und was es mit diesem gemein hat. Will man den Deutschunterricht nicht überlasten bzw. mit verkürzten Soziologismen zudecken, so müssen solche Differenzierungen ausgespart bleiben; ebenso der ausführliche Nachweis einer Verbindung zwischen der sozio-politischen Entwicklung Deutschlands im 18. Jahrhundert und der damit korrespondierenden Literaturentwicklung.

Schließlich müssen auch insofern Abstriche bei der Unterrichtseinheit gemacht werden, als wichtige Schriftsteller überhaupt nicht vertreten sind (z. B. Hagedorn, Geßner oder Lenz), andere nur mit einem Text vorgestellt werden können (Wieland, Schiller). Und selbst für jene Autoren, die gleich in mehreren Zusammenhängen und durch mehrere Werke vertreten sind, reicht die Textgrundlage sicherlich nicht dazu aus, sich ein zulängliches Bild von ihnen, ihrem Werk und ihrer literaturgeschichtlichen Bedeutung zu machen. Dies gilt z. B. auch für Lessing.

Die Auswahlkriterien und das Prinzip des Exemplarischen, nach dem die Unterrichtseinheit eingerichtet wurde, fordern auch Kürzungen, was zur Folge hat, dass der Schüler keinen Einblick in die Entstehung und Entwicklung der für die Aufklärung typischen literarischen Gattungen oder deren Transformation gewinnt. Ein besonders schmerzlicher Verlust – bedenkt man, dass z. B. kein Gewicht auf die Entstehung des bürgerlichen Trauerspiels bzw. Romans gelegt werden kann oder die sozialkritischen Komödien Lenz' (›Der Hofmeister‹, ›Die Soldaten‹) nicht behandelt werden können.

Vorbereitung der Unterrichtseinheit

Im Folgenden seien kurz jene Arbeiten zusammengestellt, die der Unterrichtende seinen Schülern rechtzeitig ankündigen und vergeben sollte. Nähere Ausführungen finden sich in den jeweiligen Sequenzen.

5. Stunde:
Schülerkurzreferat über ›Friedrich den Großen‹ als aufgeklärten absolutistischen König (Grundlage: im Unterricht benutzte Geschichtsbücher, Universallexikon, Geschichtshandbücher).

6. Stunde:
Schülervortrag über die sozialen, ökonomischen und politischen Voraussetzungen des 18. Jahrhunderts und die Veränderungen des literarischen Marktes.
Textgrundlage: Geschichte der deutschen Literatur, hrsg. v. J. Bark u. a., Bd. 1, Aufklärung/Sturm und Drang, Neuausgabe, Leipzig 2002, S. 26–34.
oder
Sieben Schüler übernehmen es, die wichtigsten Daten (Geburts- und Sterbedatum, Beruf, Wirkungsort, wichtige Werke mit Gattungsbezeichnung) zu folgenden Autoren zu ermitteln: Brockes, Gottsched, Haller, Gleim, Klopstock, Lenz, Lessing.

8./9. Stunde:
Schülervortrag über die Situation der Juden im 18. Jahrhundert in Deutschland.
Grundlage: Altmann, Zur Lage der Juden, im Editionenband ›Nathan der Weise‹, S. 176 f.; oder: Dohm, Über die bürgerliche Verbesserung der Juden, s. Arbeitsbuch Deutsch. Sekundarstufe II, Literatur und Gesellschaft, Schroedel, S. 148–150.

Ab dieser Stunde sollte der ›Nathan‹ von den Schülern ganz gelesen worden sein. Die Lektüre des gesamten Dramas sollte vorausgegangen sein, da die Besprechung in den Einzelschritten nicht der Aktfolge entsprechend angelegt, sondern weitgehend thematisch zentriert ist.
Allerdings ist vorgesehen, dass zu einzelnen Stunden als Hausaufgabe nochmals bestimmte Szenen gelesen werden sollen. Während der Lektüre sollten die Schüler außerdem eine Übersicht über das Stück (Akt/Auftritt/Ort/Zeit/auftretende Personen/Handlungsschritt[e]/wichtige Themen oder Kernstellen) erstellen, auf die im Bedarfsfall zurückgegriffen werden kann (s. S. 69 ff.).

17. Stunde:
Schülervortrag zur Entstehungsgeschichte des ›Nathan‹.
Grundlage: Materialienzusammenstellung im Editionenband ›Nathan der Weise‹, S. 160–181.

2 Darstellung der Einzelstunden

Sequenz I:
Was ist Aufklärung?

1. Stunde:
Vom Barock zur Aufklärung –
Gedichte von Gryphius und Brockes

Sachinformation

Wir stellen ein Sonett des Barockdichters Andreas Gryphius an den Anfang, weil es in exemplarischer Weise das Thema der ›Eitelkeit‹ durchspielt, das kennzeichnend sowohl für Gryphius' Werk als auch für die Literatur des Barock bzw. die Weltanschauung des 17. Jahrhunderts ist, von der sich die zur Welt eingenommene Haltung im 18. Jahrhundert deutlich unterscheiden wird. In der ursprünglichen Fassung des Sonetts wählte Gryphius den lateinischen Vers ›Vanitas, vanitatum, et omnia vanitas‹, setzte ihn dem Sonett voraus und schloss eine Unterzeile gleichsam als Übersetzung des Lateinischen an: ›Es ist alles eytel‹. Damit verweist er auf das Buch Ecclesiasticus 1,V.2. bzw. das Buch des Prediger Kohelet, wo es zu Beginn heißt:

»*Die Worte Kohelets, des Sohns des David, des Königs in Jerusalem. Nichtigkeit, nur Nichtigkeit, so spricht Kohelet; Nichtigkeit, nur Nichtigkeit. Alles ist Nichtigkeit. Was bleibt dem Menschen von all seiner Mühe, womit er sich abmüht unter der Sonne?*«

Das Sonett selbst beginnt in der ersten Zeile in der späteren Version mit den Worten: »Du sihst/wohin du sihst nur Eitelkeit auff Erden.« Die Aussage ist eine verallgemeinernde Feststellung, und da sie als Aussage an ein ›Du‹, den Leser, gerichtet ist, lässt sie sich als grundlegende Behauptung für alle

folgenden Aussagen verstehen und zugleich entspricht sie einer Aufforderung an den Leser, selbst alles, was er und wohin er auch immer sieht, als Eitelkeit anzusehen. Hierbei ist wichtig, dass man sich der ursprünglichen Wortbedeutung von ›Eitelkeit‹ vergewissert. Mit ›Eitelkeit‹ ist jene *vanitas* des Titels gemeint, d. h. ›Eitelkeit‹ bedeutet im 17. Jahrhundert – entgegen dem heutigen Sprachgebrauch – ›Nichtigkeit‹, ›Vergänglichkeit‹, ›Hinfälligkeit‹, ›Vergeblichkeit‹, ›Lüge‹, ›Trug‹. Alles Irdische ist als Irdisches dem Verfall und Untergang preisgegeben. Es ist wertlos und nicht von Dauer, hat keinen Bestand. Die erste Zeile formuliert die Grunderfahrung irdischer Nichtigkeit generalisierend und ausnahmslos. In der ersten Fassung des Sonetts hatte die erste Zeile noch gelautet: ›Ich seh' wohin ich seh/nur Eitelkeit auff Erden‹. Diese Formulierung lässt immer noch die Möglichkeit offen, dass es sich um einen subjektiven Eindruck handelt, der der Aussage zugrunde liegt. In der späteren, hier vornehmlich zugrunde gelegten Fassung der ersten Zeile des Sonetts nimmt die Aussage den Charakter eines verallgemeinernden, unumstößlichen Gesetzes bzw. einer unbezweifelbaren Wahrheit an, indem Gryphius an die Stelle des ›Ich‹ der ersten Fassung eben das angesprochene ›Du‹ des Lesers setzt.

Es folgen in den weiteren Zeilen der beiden Quartette aneinander gereihte Beispiele, die die Aussage der ersten Zeile gleichsam als Belege verifizieren sollen. Die Länge des Alexandriners nutzend, formuliert die zweite Zeile: ›Was diser heute baut/reist jener morgen ein.‹ Hier liegt die Verallgemeinerung der Aussage in der Wahl der Worte

›was‹ (im Sinne von ›was auch immer‹) und ›diser/jener‹; nur durch die Verwendung dieser Pronomina bzw. des Relativpronomens kann man die Aussage auf alle möglichen Formen des Produzierens beziehen. Alle durch Menschenhand geschaffenen Dinge sind dazu verurteilt, wieder vernichtet zu werden. Die Unbestimmtheit des ›was‹ in der zweiten Zeile einschränkend, ist in dem folgenden, das erste Quartett abschließenden Zeilenpaar von den aufgebauten Städten die Rede. Aber auch die Stadt als kulturelles Gebilde, das Festigkeit verbürgt, wird schon bald ihren Platz mit einer Wiese tauschen müssen: ›Da wird in kurtzem gehn ein Hirt mit seinen Herden‹, wie es in der ersten Fassung heißt, während die zweite Fassung die Anspielung auf die Idylle ausladender formuliert:

›Wo itzund Stadte stehn/wird eine Wisen seyn/ Auff der ein Schäfers-Kind wird spilen mit den Herden.‹

Stadt und Land sind nicht etwa positiv und negativ besetzt im Sinne der bösen Stadt und des guten Landlebens. Schon in der ersten Fassung war von der Stadt gesagt worden, sie ›stehe Herrlich/hoch und fein‹ da. Es geht folglich nicht um den Gegensatz von Gut und Böse; sondern darum, dass sich im stetigen Wechsel der Szenerie das die Menschengeschichte beherrschende Gesetz des natürlichen Wechsels, des Auf und Ab, zeigt. Nichts hat in der Menschengeschichte Bestand.

Auch im zweiten Quartett werden Beispiele für die Nichtigkeit alles Irdischen aufgezählt, wobei die Beispiele aus der Natur genommen, aber wegen der offenen Formulierung leicht auf den Humanbereich übertragbar sind:

›Was itzund prächtig blüht/sol bald zutretten werden.‹

Was für die Blumen gilt, gilt auch für den aufblühenden Menschen, der schon einen Augenblick später vergeht. Was jetzt noch alle Widerstandskraft beweist, wird schon bald zu ›Asch und Bein‹ werden. Der Tod tritt an die Stelle des Lebens, das Lebendige wird vom Toten abgelöst. Was ›jetzt‹ gilt, wird vom ›morgen‹ hinfällig gemacht. Die Zeit nichtet alles. Eine weitere Summe aus diesen beiden antithetisch gebauten Versen zieht dann die vorletzte Zeile des zweiten Quartetts, um dann nochmals in eine neue Reihung antithetisch gebauter Zeilen überzugehen. Die vorläufige *conclusio* lautet:

›Nichts ist/das ewig sey/kein Ertz/kein Marmorstein.‹ *(erste Fassung: ›Nichts ist/daß auff der Welt könt unvergänglich seyn.‹)*

Es ist eben alles eitel, nichts ist von Dauer, nichts währt ewig; so zumindest hat es den Anschein. Nicht einmal jene Dinge, die für das 17. Jahrhundert häufig dazu herhalten mussten, als Metaphern für das Unvergängliche, nicht Zerstörbare, Ewige zu dienen, zum einen Erz, dann aber vor allem der Edelstein, werden hier in Gryphius' Sonett gerade zu den Dingen gerechnet, die zwar Dauer suggerieren, aber diese doch nicht halten können. Sie sind ebenfalls dem Gesetz der ›Eitelkeit‹ unterworfen.

Mit der letzten Zeile des zweiten Quartetts wie mit der darauf folgenden ersten Zeile des ersten Terzetts wird die Beispielkette fortgesetzt, nur dass die Beispiele nunmehr wieder direkt aus dem Bereich des Menschen genommen werden. Das Glück, von dem eigentlich jeder weiß, dass es nicht von Dauer ist, wird von Beschwerden abgelöst. Das klingt und ist plausibel. Aber auch der Tatenruhm, eben das, was von einer Person überlebt, wenn sie selbst vielleicht gar nicht mehr lebt, ist kein Garant für die Ewigkeit. Der Ruhm bzw. der Nachruhm vergehen wie ein Traum. Er ist so unbeständig wie der Mensch überhaupt, der metaphorisch nunmehr als ›Spiel der Zeit‹ bezeichnet wird (in der ersten Fassung verwendet Gryphius an dieser Stelle die Metapher ›Wasserblaß‹). Der Mensch selbst und alles, was er schafft und hinterlässt, ist dem Wechsel und damit der Vergänglichkeit ausgesetzt. Aus dem bildhaft-argumentativen Vorlauf des Gedichtes muss die hier gestellte Suggestivfrage (›Soll denn das Spil der Zeit/der leichte Mensch bestehn?‹) eindeutig vom Leser negiert werden. Auch die nächste Zeile, die Schlusszeile des ersten Terzetts, ist eine solche rhetorische Frage. Die Antwort ist gleich mitgegeben durch die die Zeile einleitende Interjektion ›Ach‹, die die rhetorische Frage zugleich als Klage lesen lässt: ›Ach! was ist alles diß/was wir vor köstlich achten‹. Und die Antwort wird gleich fünffach in den nächsten zwei Zeilen gegeben: Alles ist ›schlechte Nichtigkeit‹, ›Schatten‹, ›Staub‹, ›Wind‹, eine nicht mehr wieder gefundene ›Wiesenblume‹, Metaphern für die Eitelkeit alles Seienden. Die erste Fassung hatte hier noch deutlicher im Rückgriff auf die vorangehenden Zeilen nach dem Vorbild des Konklusionsschemas durch Wiederaufnahme vorangegangener Textelemente formuliert:

›Alß schlechte Nichtikeit? als hew/staub/asch und wind?‹

Wieder endet damit das Sonett mit einer ganz und gar negativen und dadurch provokativen Feststellung. Aber wie auch in anderen Sonetten des Gryphius' schließt dieses Sonett mit einer Zeile, die gerade durch ihre Unvorbereitetheit und Plötzlichkeit um so mehr wirkt. Wenn alles nichtig ist, gibt es – so ist zu erwarten – nichts, was ewig ist. Aber gerade von dem Ewigen redet die letzte Zeile:

›Noch wil was Ewig ist kein einig Mensch betrachten!‹

Es gibt also doch etwas Ewiges, Gott nämlich, wie der Leser für sich ergänzen muss, und die unsterbliche Seele des Menschen. Die erste Zeile hatte es in der Wiederaufnahme und Abänderung der Überschrift bereits gesagt: Es ist alles eitel, und sie hatte dieser Feststellung eine Einschränkung ›auf Erden‹ beigefügt, was man aber zunächst unaufmerksam überliest. Gott und die unsterbliche Seele des Menschen, das Nichtirdische, Immaterielle, Ewige, müssen zusammengebracht werden, indem eben der Mensch Beständigkeit in der Anschauung bzw. ›Betrachtung‹ Gottes als des Ewigen beweist, und dies trotz aller Eitelkeiten, die sein menschliches Leben durchziehen, ja, die sein irdisches Dasein sogar grundlegend bestimmen. Zeit und Ewigkeit werden aus einer wissenden Distanz betrachtet. Die Menschen sehen ihr endgültiges Ziel einzig im Jenseits und so fühlen sie sich imstande, dank ihrer Heilshoffnung allen Widerwärtigkeiten der Welt und somit auch aller Vergänglichkeit zu trotzen. Die stoische Tugend der *constantia* (Beständigkeit) wird christlich überformt. Angst ist zwar die Begleiterscheinung der tödlichen Hinfälligkeit des Menschen, genauso wie sich die ›menschliche Unbeständigkeit‹ aus der Belastung durch die Erbsünde ergibt. Aber gegen die kreatürliche Angst und die menschliche Gebrechlichkeit behauptet sich der christliche Stoizismus.

Brockes' Gedicht erschien 1727 im 2. Teil der Sammlung ›Irdisches Vergnügen in Gott, bestehend in physikalisch- und moralischen Gedichten‹. Für den Aufbau ist kennzeichnend zunächst eine Situationsskizze (›Ich sah ... in kühler Nacht‹), dann eine sehr detaillierte Beschreibung des Weiß der Kirschblüte, schließlich ein Vergleich des weißen Glanzes der Blüte mit dem weißen Licht des Sternes. Das Gedicht beschließt eine *conclusio*: ›Die größte Schönheit dieser Erden/kann mit der himmlischen doch nicht verglichen werden.‹ Das ›Ergötzen an Gott im Irdischen‹, wie es in der viertletzten Zeile in Anlehnung an den Titel der gesamten Sammlung heißt, wird doch noch von den ›himmlischen Schönheiten‹ überboten, die sich als unvergleichbar mit den ›Schönheiten dieser Erden‹ erweisen. Trotz dieses der Tradition noch ganz verhafteten Gedichtausgangs und des sentenzenhaft wirkenden Schlusses aus ›betrachtendem Gemüte‹, in dem sinnliche Erscheinungen (das, was ›ins Gesicht fällt‹) auf Gedankliches hin ausgelegt werden, fällt doch auf, mit welcher Präzision und wie minutiös Brockes darauf bedacht ist, Naturerscheinungen in Sprache nachzumalen. Der Nuancenreichtum der Natur, der akribisch eingefangen und sprachlich dargestellt wird, scheint an Eigengewicht zu gewinnen, auch wenn er zu guter Letzt noch immer in ein physikotheologisches Weltbild eingebaut wird. Darin dürfte wohl auch die Funktion dieser Gedichte zu sehen sein, denn sie können als Reaktion auf die neuen Naturwissenschaften verstanden werden, die mit ihrem empirischen Ansatz die Welt nicht mehr als göttliche Schöpfung verstehen. Diese Leistung der Brockes-Gedichte sei im Folgenden genauer herausgearbeitet, wobei Brockes zugleich als ein typischer Vertreter der Literatur der Frühaufklärung vorgestellt sei.

In Deutschland trug ihm den Ruhm das oben genannte Werk ›Irdisches Vergnügen in Gott, bestehend aus physikalisch-moralischen Gedichten‹ ein, das zwischen 1721 und 1748 in neun Teilen erschien. Brockes selbst berichtet in seiner Biographie über die Entstehung des ›Irdischen Vergnügens‹:

»Wann ich aber bald gewahr ward, dass die Poesie, wofern sie keinen sonderlichen und zwar nützlichen Endzweck hätte, ein leeres Wortspiel sey, und keine große Hochachtung verdiente, also bemühete ich mich, solche Objekte meiner Dichtkunst zu erwehlen, woraus die Menschen nebst einer erlaubten Belustigung zugleich erbauet werden mögten. Daher ich denn, durch die Schönheit der Natur gerührt, mich entschloss, den Schöpfer derselben in fröhlicher Betrachtung und möglicher Beschreibung zu besingen. Wozu ich mich um so viel mehr verpflichtet hielte, als ich eine so große und fast unverantwortliche Nachlässigkeit, Unempfindlichkeit und den daraus folgenden Undank gegen den allmächtigen Schöpfer für höchst sträflich und dem Christentum ganz unanständig hielte«. (Zit. nach: Deutsche Literatur in Entwicklungsreihen. Deutsche Selbstzeugnisse, Bd. 7, Leipzig 1933, S. 207 ff.)

Dichtkunst soll demnach nutzen oder belehren und zugleich belustigen, sie soll die Rührung – dies die dritte wirkungs-poetologische Kategorie – und die ›Empfindlichkeit‹, die der Autor beim Betrachten der Natur verspürt, auf den Leser übertragen und ihn zum Lobe Gottes anleiten. Dichtkunst soll überdies erbauen, was heißt: Dichtkunst soll Funktionen übernehmen, die sonst von christlichen Erbauungsbüchern wahrgenommen wurden.

Brockes' ›Irdisches Vergnügen‹ gehört damit zu der Übergangsliteratur zwischen Erbauungsbuch und schöngeistig-weltlicher Literatur. Die für das 18. Jahrhundert kennzeichnende Entwicklung einer sich säkularisierenden Literatur wird somit bereits in seinem Werk augenfällig. Wir finden hier nicht mehr die noch im Barock geläufige Unterscheidung in geistliche und weltliche Dichtung, das ›Irdische Vergnügen in Gott‹ ist geistliche und weltliche Dichtung zugleich. Diesen Widerspruch trägt die Dichtung auf eine bezeichnende Weise in sich aus: Sie will Alphabetisierungshilfe der menschlichen Sinne sein, damit diese das Buch der Natur zu lesen lernen, gleichzeitig weist sie aber auch jeweils über die Natur hinaus auf den, der sie in ihrer Nützlichkeit und Schönheit geschaffen hat. Das in fast allen Gedichten vorfindbare Argumentationsmuster ist darum: Die Schönheit und die Nützlichkeit des beschriebenen Teils der Natur – dies kann die Kirschblüte sein, wie der Mistkäfer, die kleine Fliege, wie die Sonne, die Ameise, wie die schöne Winterlandschaft – sind Signaturen, die auf einen Schöpfergott schließen lassen, den es zu preisen gilt. Jedes Gedicht ruht einem solchen Schlussverfahren auf, deshalb der argumentative Charakter der Poesie, deshalb der logisch prosanahe Sprachduktus. Die alte Geborgenheit kann so in der Poesie in der sinnlichen Erkenntnis der unteren Seelenkräfte wieder gefunden werden. Der Optimismus setzt sich an die Stelle eines weltanschaulichen Pessimismus.

Die Naturgedichte des ›Irdischen Vergnügens‹ sind von einem Vertrauen in die göttliche Vorsehung getragen, Leibniz' Vorstellung einer *harmonia mundi* (Weltenharmonie) und der ›besten aller möglichen Welten‹ stehen im Hintergrund.

Poesie dient offensichtlich der sich konstituierenden bürgerlichen Gesellschaft zur Einübung neuer Verhaltensmuster, neuer Tugenden. Bei Brockes ist es das einer noch religiös gefärbten Gelassenheit, die sich in den folgenden Jahren verweltlicht und der Tugendideale wie Genügsamkeit, Großmut, Freude, Geselligkeit, Zufriedenheit, kluge Mäßigung und Freundschaft, Empfindsamkeit und Mitleid an die Seite treten. Es sind Verhaltensmuster, die durch Literatur eingeübt werden sollen und so auch in Literatur ihre Stilisierungsformen finden. Die Natur ist in den Gedichten von Brockes noch immer Gegenstand, *objektum*. Naturbeobachtung, besser die teleologische Naturbetrachtung, ist für ihn Gottesdienst. Dass sich Brockes so entschieden für die Naturbeobachtung einsetzt, dass er die Natur in seinen Gedichten beschreibt, schildert, ›malet‹, dass er sie in aller Ausführlichkeit bis in das kleinste Detail analysiert und seziert, dass er dem Großen, nur durch das Fernrohr Sichtbaren, seine Aufmerksamkeit zuwendet, aber auch dem Kleinen, das nur durch das Mikroskop zu erkennen ist, die gleiche Beachtung schenkt, ist das Neue an seiner Dichtung.

Hier ist ein entschiedener Einschnitt zur Barockliteratur zu verzeichnen, die die Natur nur als *locus amoenus* oder *terribilis*, nur in Form des *laus ruris* (Lob des Landlebens) oder als emblematisches Arsenal kannte. Die physikalisch-moralische Janusköpfigkeit der Brockes'schen Naturdichtung bedingt jedoch, dass sich Brockes nicht endgültig von der barocken Dichtung befreien kann.

Natur ist noch immer trotz allen Eigengewichts, das ihr Brockes einräumt, *pictura* (Bild), zu dem die göttliche *subscriptio* (hier: Erläuterung) gefunden werden muss, die

Natur ist die exoterische Offenbarung neben der Offenbarung Gottes in der Heiligen Schrift:

Der Kern, das Geistige, so in den Schriften stecket,
Ist ihnen nicht, die Hülsen nur entdecket.
Willst du nun von des Schöpfers Wesen,
Pracht, Allmacht, Weisheit, Glanz und Schein
Nicht ewig unempfindlich sein,
Geliebter Mensch, so lern um Gottes willen lesen!
Du wirst und zwar mit höchster Lust
Und innrer Regung deiner Brust,
Des Weltbuchs Inhalt bald verstehen;
Du wirst mit fast halb seelgen Freuden
An dieser Schrift die Seele weiden,
Im Irdischen was Göttlichs sehen.
(Das Weltbuch, 1727, ebd. S. 236)

Die Naturerfahrung von Brockes ist emblematisch orientiert, die poetische Naturkonstellation trägt ebenfalls noch emblematische Züge. Es wäre jedoch falsch, das ›Irdische Vergnügen in Gott‹ als barocke Dichtung klassifizieren zu wollen. Dass es die Nützlichkeit der irdischen Einrichtung ist, die auf den Schöpfergott schließen lässt, und dass es nicht zuletzt die Schönheit der Natur ist, die ein Fingerzeig auf den allmächtigen Gott ist, sind jene Züge in der vorwiegend deskriptiven Naturdichtung von Brockes, die es rechtfertigen, sie zur Aufklärungsliteratur zu rechnen.

Brockes verweist mit aller Entschiedenheit auf die Schönheit dieser irdischen Welt, er legitimiert deren ästhetischen Genuss, verteidigt das irdische Vergnügen, die ›vergnügte Seele‹, und rechtfertigt damit indirekt auch das Vergnügen an ästhetischen Phänomenen, wie es die Literatur ist. Aus der Weltabgewandtheit ist Weltzugewandtheit geworden.

Unterrichtsverlauf

Phase 1:
Analyse der Argumentationsstruktur
des Sonetts

Der Gryphius-Text sollte den Schülern in der zweiten Fassung des Sonetts vorgelegt werden, wobei man keine in Hinsicht auf die ›Rechtschreibung‹ geglättete bzw. modernisierte Vorlage wählen sollte, sondern es wäre angemessen, den Text in der schreibgetreuen Form des 17. Jahrhunderts vorzulegen (s. Arbeitsblatt S. 21), weil so unmittelbar der historische Abstand zu dem Text deutlich wird. Allerdings fordert ein solches Vorgehen auch, dass man den Schülern genügend Zeit gibt, sich in den Text und seine ›fremde‹ Sprache einzulesen. Danach sollten die Schüler den Text in eine sprachlich moderat modernisierte Form übertragen und jeweils die von ihnen vorgenommenen Änderungen benennen und begründen. Hier wird es vor allem der Begriff des ›eitel‹ sein, der sich gegen eine leichte Übersetzung sträubt, wobei aber gerade diese Übersetzungsschwierigkeit schon ein wichtiger Schlüssel zur Interpretation ist, denn im Text bedeutet ›eitel‹ ›nichtig‹ und nicht – wie heute fast ausschließlich – ›eingebildet‹.

Nach diesem Vorgehensschritt kann man die entsprechenden Bibelstellen heranziehen und so das Gedicht schon in einen entsprechenden Kontext stellen. Erst danach sollte die erste Zeile als die Setzung einer These herausgestellt werden. Danach kann man der Argumentationsstruktur des gesamten Sonetts nachfragen, d. h. die nächsten Zeilen sind als Beispielreihe zu lesen, die mit einer *conclusio* abschließt. Die Beispiele müssten im Einzelnen erläutert werden, ebenso die Glieder der *conclusio*. Ist damit das Argumentationsschema des Sonetts herausgearbeitet, sollte man es mit der vom Sonett als literarischer- lyrischer Form geforderten Struktur vergleichen und die Einpassung der Argumentation in die vorgegebene Form von zwei Quartetten und zwei Terzetten herausarbeiten.

Phase 2:
Die rhetorisierte Sprache des Sonetts

Erst wenn dies geschehen ist, kann man auf die rhetorische Ausgestaltung des Sonetts noch einen Blick werfen. Die Vehemenz, mit der Gryphius seinen Appell formuliert, resultiert aus der starken Rhetorisierung des Sonetts, die aber gleichzeitig so unaufdringlich gesetzt ist, dass die Argumentation nicht an Wirkung verliert. Es war bereits oben davon die Rede, dass das Sonett mit einer These beginnt, die dann durch eine Fülle von *exempla* belegt wird. Diese sind im Wesentlichen in antithetischer Form durchgeführt, nutzen also die Zweigliedrigkeit der Langzeile, bilden folglich nach der dritten Hebung, dem dritten Jambus des sechsfüßigen Alexandriners, eine Zäsur. Die *exempla* werden gereiht. Gryphius greift damit auf die rhetorische Figur der *amplificatio* zurück, bedient sich mehrfach der intensivierenden Nennung durch Wiederholungsfiguren und verstärkt durch Parallelismen, anaphorische Verkettung mehrerer Zeilen (z. B. Zeile 2, 5, 6 oder Zeile 12, 13) oder durch Alliterationen und Assonanzen (Städte, Schäfers-Kind, spielen; Taten/Traum; schlechte, Schatten, Staub; pocht [im Sinne von ›hochmütig sein‹]/trotzt) die Gewichtigkeit der Aussagen und unterstützt so die Klimax bzw. Finalstruktur des Sonetts, wo alles auf die Schlussaussage hin ausgerichtet ist.

Phase 3:
Die Analyse des Brockes-Gedichtes

Am Ende der Besprechung von Gryphius' Sonett muss auf jeden Fall herausgearbeitet werden, wie sehr die Weltabgewandtheit des 17. Jahrhunderts, wie sie sich in dem Gedicht zeigt, durch ein christliches Weltbild bestimmt ist, nach dem das Diesseits nichtig ist und alles im Leben auf das Jenseits hin auszurichten ist. Erst wenn dieser Aspekt herausgestellt worden ist und vielleicht auch den Schülern im Nachhinein einsichtig gemacht worden ist, warum sich uns heute das Sonett von Gryphius nicht leicht erschließt, kann man zu dem Brockes-Gedicht übergehen. Vielleicht ist ein Hinweis auf das sinnbildhafte Denken des 17. Jahrhunderts sehr nützlich, kann doch so die emblematische Form des Brockes-Gedichtes sich leichter erschließen. Auch bei diesem Text sollten die Schüler zunächst die Argumentationsschritte herausarbeiten, dann den prosanahen Sprechduktus gegenüber der strengen Form des Gryphius auswerten, denn Brockes liegt eher an einer genauen Wiedergabe des Beobachteten als an einer sprachlichen Überformung der Beschreibung (der sog. *ornatus*), der weniger an der Genauigkeit als an der sprachlichen Schönheit liegt.

Phase 4:
Die unterschiedlichen Sichtweisen
beider Gedichte

Nach diesen Arbeitsschritten kann man dann den grundlegenden Unterschied in der Stellung zur Welt, wie sie sich in beiden Texten artikuliert, zum Thema machen und in einem letzten Schritt versuchen zu klären, warum Brockes eine andere Haltung zur Welt einnimmt und wie er mit seinen Texten auf die Naturwissenschaften reagiert. Zur Beantwortung dieser Fragen kann kurz auf die Biographie von Brockes eingegangen werden und es kann der Titel des Werkes genannt und erklärt werden, aus dem der zu behandelnde Text genommen wurde, und es kann die oben wiedergegebene Passage aus der Biographie von Brockes zitiert werden.

Arbeitsblatt zur 1. Stunde   → *CD-ROM/Datei: AB_01.doc*

Andreas Gryphius: Es ist alles eitel.

[Erstmals gedruckt 1637; hier in der veränderten Fassung »letzter Hand« von 1663]

Du sihst/wohin du sihst nur Eitelkeit auff Erden.
Was diser heute baut/reist jener morgen ein:
Wo itzund Städte stehn/wird eine Wisen seyn,
Auff der ein Schäfers-Kind wird spilen mit den Herden:
Was itzund prächtig blüht/sol bald zutretten werden.
Was itzt so pocht und trotzt ist Morgen Asch und Bein/
Nichts ist/das ewig sey/kein Ertz/kein Marmorstein.
Itzt lacht das Glück uns an/bald donnern die Beschwerden.
Der hohen Thaten Ruhm muß wie ein Traum vergehn.
Soll denn das Spil der Zeit/der leichte Mensch bestehn?
Ach! was ist alles diß/was wir vor köstlich achten/
Als Schlechte Nichtikeit/als Schatten/Staub und Wind;
Als eine Wisen-Blum/die man nicht wider find't.
Noch wil was Ewig ist kein einig Mensch betrachten!
In: Andreas Gryphius: Dichtungen, hrsg. v. Karl Otto Conrady, Reinbek bei Hamburg 1968, S. 12 f.

Barthold Heinrich Brockes: Kirschblüte bei der Nacht (1727)

Ich sahe mit betrachtendem Gemüte
Jüngst einen Kirschbaum, welcher blühte,
In kühler Nacht beim Mondenschein;
Ich glaubt, es könne nichts von größrer Weiße sein.
Es schien, ob wär ein Schnee gefallen.
Ein jeder, auch der kleinste, Ast
Trug gleichsam eine rechte Last
Von zierlich-weißen runden Ballen.
Es ist kein Schwan so weiß, da nämlich jedes Blatt,
Indem daselbst des Mondes sanftes Licht
Selbst durch die zarten Blätter bricht,
Sogar den Schatten weiß und sonder Schwärze hat.
Unmöglich, dacht ich, kann auf Erden
Was Weißers ausgefunden werden.
Indem ich nun bald hin bald her
Im Schatten dieses Baumes gehe:
Sah ich von ungefähr
Durch alle Blumen in die Höhe
Und ward noch einen weißern Schein,
Der tausendmal so weiß, der tausendmal so klar,
Fast halb darob erstaunt, gewahr.
Der Blüte Schnee schien schwarz zu sein ·
Bei diesem weißen Glanz. Es fiel mir ins Gesicht
Von einem hellen Stern ein weißes Licht,
Das mir recht in die Seele strahlte.

Wie sehr ich mich an GOtt im Irdischen ergetze,
Dacht ich, hat Er dennoch weit größre Schätze.
Die größte Schönheit dieser Erden
Kann mit der himmlischen doch nicht verglichen werden.

In: Epochen der deutschen Lyrik, 1700–1770, hrsg. v. Jürgen Stenzel, München 1969, S. 105 f.

2. Stunde:
Der Zweifel als Merkmal der Aufklärung – Texte von Descartes, Thomasius, Wolff und Lessing

Sachinformation

Für diese Stunde werden einige Texte zusammengestellt, die verdeutlichen sollen, was Aufklärung als Prozess im 18. Jahrhundert meint.

Mit dem Programm eines systematischen Zweifels an allem bislang als selbstverständlich Hingenommenen (Descartes) wird in den Kräften des menschlichen Verstandes (Wolff) und nicht mehr in den Autoritäten die Quelle entdeckt, die aus den Vorurteilen Urteile werden lässt, die einer Überprüfung standhalten. Die Wahrheitsfindung wird dabei nicht als ein einmaliger Vorgang verstanden, sondern als eine lebenslange Aufgabe (Lessing).

So etwa könnte man die Bilanz ziehen aus den Textstücken hinsichtlich einer Begriffserläuterung, was denn ›Aufklärung‹ meine.

Dabei muss Descartes an den Anfang gestellt werden. Seine Philosophie steht zwar nicht im direkten Zusammenhang mit der deutschen Aufklärung, diese Stellung hat eher Leibniz inne. Aber mit Descartes systematischem Zweifel begründet sich die Philosophie der Neuzeit, indem sie den Ausgang vom Subjekt her nimmt. Den Ausgang des Denkens nimmt Descartes von seinem Satz *cogito ergo sum*, den es herzuleiten gilt.

Descartes beginnt seinen Gedanken- bzw. Argumentationsgang damit, dass er sich anders als im Bereich des Handelns, wo es unumgänglich ist, sich auf Tradition und folglich Unüberprüftes zu verlassen, im Bereich des Denkens einem Experiment unterziehen will. D. h. er nimmt sich vor, an allem systematisch zu zweifeln, was ihm bezweifelbar erscheint. Er beginnt mit jenen ›Wahrheiten‹, die als Wahrheitsquelle unsere Sinne bzw. die sinnliche Erfahrung haben. Da er davon weiß, dass es sinnliche Täuschungen gibt (z. B. der scheinbare Knick eines Stabes, der in ein Glas Wasser eingetaucht wird und der wegen der unterschiedlichen Medien mit einem unterschiedlichen Brechungskoeffizienten ›geknickt‹ erscheint), verzichtet er systematisch auf alle ›Wahrheiten‹, die auf sinnlicher Erkenntnis beruhen, denn er könnte ja durchaus sinnlichen Täuschungen aufsitzen, von deren Zustandekommen er nichts weiß. Ebenso verlässt er sich nicht auf logische Schlüsse, da es Fehlschlüsse gibt, somit wird auch die ›Urteils‹-findung mit Hilfe der Logik zu einer äußerst problematischen Vorgehensweise.

Schließlich, der radikalste Schritt, hebt Descartes im Zuge seines systematischen Zweifels auch unsere Gewissheit bezüglich der Annahme der Existenz einer von uns unabhängigen Außenwelt auf, könnte es doch sein, dass wir innerhalb eines Traumes leben, aus dem wir nur noch nicht aufgewacht sind, so wie wir morgens möglicherweise aus einem Traum aufwachen und dann wissen, dass die Realität nur eine geträumte war. So wäre durchaus vorstellbar, dass wir innerhalb eines Traumes, aus dem wir noch nicht aufgewacht sind, träumen, also sich die Traumrealität verdoppelt. Was

aber dann doch nicht anzweifelbar ist, ist die Existenz eines zweifelnden Denkens, eben jene *res cogitans*, eine denkende Sache, die existiert. Daraus folgert Descartes den berühmten Satz: ›ich denke, also bin ich‹. Mit diesem Satz hat er sein Ziel erreicht, nämlich eine Basis gefunden zu haben, auf der alles Weitere aufzubauen ist, denn das Fundament, bestehend aus dem Satz ›Ich denke, also bin ich.‹, hat die Qualität einer unmittelbar einleuchtenden, zustimmungspflichtigen Wahrheit, die plausibel, klar und deutlich erscheint. Auf diesem Satz kann Descartes im Folgenden seiner Überlegungen alles wieder restituieren, was er zuvor als Wahrheiten abgewiesen hat. D. h. er nimmt den Ausgang seines Denkens nunmehr – und das ist das radikal Neue an seinem Ansatz – beim Subjekt, nicht etwa bei einem Schöpfergott, der unhinterfragt als gründende und Wahrheit verbürgende Instanz gebracht wird.

Der Auszug aus Christian Thomasius' ›Einleitung zur Vernunftlehre‹ vertieft einen Aspekt des Descartes'schen Ansatzes. Thomasius fragt nach der Art und dem Ursprung der Irrtümer. Er findet die Quelle der Irrtümer, d. h. der Unwahrheiten, zum einen in der Unreife der Menschen. Der Verstand und die Urteilsfähigkeit haben sich noch nicht ausreichend entwickelt. Zum andern urteilen die Menschen aus Unbedachtsamkeit, eher als sie eine Sache »gehörig geprüft haben«. Vorurteile und damit Irrtümer sind zu schnell gefällte Urteile, die der ausreichenden Prüfung durch den Verstand entbehren. Quellen sind außerdem Leichtgläubigkeit, Autoritätsgläubigkeit, schließlich Ungeduld und Übereilung. Das Vorurteil gegenüber einer Autorität (*praejudicium autoritatis*) entspringt aus einer ›unvernünftigen Liebe gegen andre Menschen‹ oder auch aus ›Furcht, dass uns nichts Übels widerfahre‹. Das *praejudicium praecipitantiae* hat seine Ursache in einer unvernünftigen Selbstliebe zur Gemächlichkeit, Nachlässigkeit und Ungeduld sind daran Schuld, eine unzeitige Scham oder gar Faulheit.

Schließlich fügen wir noch einen kurzen Textausschnitt aus Wolffs ›Vernünfftige Gedancken Von den Kräfften des menschlichen Verstandes‹ hinzu, in dem Wolff die Leistung des Verstandes herausstreicht und gleichzeitig mit dem Glauben an Gott versöhnt. Christian Wolff, Mathematiker und Philosoph in Halle, gab den Menschen der Aufklärung Regeln an die Hand, wie durch den systematischen Gebrauch des Verstandes wissenschaftliche, ethische, aber auch religiöse Fragen angegangen und gelöst werden könnten. Der Verstand ist die vorzüglichste Gabe Gottes, mit dem Gott den Menschen ausgestattet hat. Mit Hilfe des Verstandes ehrt der Mensch Gott und dient den Mitmenschen. Der Gebrauch des Verstandes macht sogar den Gelehrten aus, Gelehrtheit – so rückt nämlich Wolff ein Missverständnis zurecht, ist nicht ›Gedächtnis=Werck‹, sondern Nachsinnen bzw. ›Nachdencken‹. Man schult die Kräfte seines Verstandes durch Erfahrung bzw. den Gebrauch. Den Gelehrten macht nicht das eklektizistische Zusammenschreiben anderer Gedanken aus, man muss schon selbst ›erfinden‹, die Wahrheit selbst begreifen. Das aber lernt man am ehesten, wenn man gründlich demonstrierte Wahrheiten recht begreifen lernt, wobei demonstrierte Wahrheiten die sind, die klar und deutlich vor uns ausgebreitet werden.

Lessing grenzt sich schließlich in dem kleinen Ausschnitt aus der ›Duplik‹ unmissverständlich von jenen selbstzufriedenen Besitzern der Wahrheit ab, die in dem weiten Bereich der Gelehrtenwelt den Ton angeben:

»*Nicht die Wahrheit, in deren Besitz irgend ein Mensch ist, oder zu sein vermeinet, sondern die aufrichtige Mühe, die er angewandt hat, hinter die Wahrheit zu kommen, macht den Wert des Menschen. Denn nicht durch den Besitz, sondern durch die Nachforschung der Wahrheit erweitern sich seine Kräfte, worin allein seine immer wachsende Vollkommenheit bestehet. Der Besitz macht ruhig, träge, stolz.*«

Die absolute Wahrheit, das Wissen um das Ganze, ist nur Sache Gottes, nicht des Menschen, dem kommt nur das Streben nach Wahrheit zu.

Unterrichtsverlauf

Phase 1:
Descartes' methodischer Zweifel

Man darf die Schüler mit der Descartes-Lektüre nicht allein lassen, denn es ist durchaus möglich, dass die Begegnung mit dem Descartes-Textauszug die erste Konfrontation eines Großteils der Schüler mit einem philosophischen Text ist. Deshalb sollte man die Lektüre begleiten, d. h. den entsprechenden Textauszug zu lesen ist den Schülern nicht als Hausaufgabe aufzugeben, sondern der Text wird abschnittweise gemeinsam gelesen.

Zunächst sollte der ganze Textauszug vorgelesen werden, dann nach einem ersten Verständnis in dem Sinne gefragt werden, worum es Descartes womöglich gegangen sei. Vielleicht kommen die Schüler auf die Antwort, dass Descartes sich hier einem Gedankenexperiment unterziehen wollte, dessen Ziel es sein sollte, jenen Punkt auszumachen, wo man auf eine unmittelbare, nicht mehr weiter zu bezweifelnde Wahrheit bzw. Einsicht stoße, auch wenn man sich vorgenommen habe, alles systematisch zu bezweifeln.

Ist einmal der Zielpunkt bestimmt, sollte man sich nunmehr eine Satz-für-Satz-Lektüre vornehmen, wobei die einzelnen Sätze zu paraphrasieren wären, um mit Hilfe der Paraphrase sicherzustellen, dass der Text verstanden wurde. Hilfreich könnten auch anzuführende Beispiele sein, z. B. dafür, dass Descartes innerhalb des praktischen Bereichs sich nicht des Überlieferten begeben kann, weil er sonst handlungsunfähig würde. Ebenfalls könnten Beispiele für Sinnestäuschungen angeführt werden (ein Rückgriff auf den Biologieunterricht oder den Bereich Optik der Physik ist hier sehr hilfreich). Logische Fehlschlüsse könnten angeführt werden. Auch die Vorstellung der Realität als lediglich geträumter ist den Schülern nicht ganz fremd, kennen sie doch Computersimulationen, Cyberspace u.Ä.; ein Hinweis auf den Film ›Matrix‹ lohnt möglicherweise auch.

So kann die Argumentationskette bis zu dem Satz ›Ich denke, also bin ich‹ nachgezeichnet werden. Erst dann sollte den Schülern gezeigt werden, wie im Folgenden des Textes Descartes wieder versucht, auf dem neu gefundenen Fundament dieser nicht weiter hinterfrag- bzw. bezweifelbaren Wahrheit sowohl einen Beweis zur Existenz Gottes und zur ›Realität‹ der Außenwelt nachzuliefern.

Phase 2:
Die Textauszüge von Thomasius,
Wolff und Lessing

Ist in dieser ersten Phase die Erkenntnis gewonnen, dass sich die Aufklärung offensichtlich vorgesetzt hat, Überliefertes oder nur durch Autorität Verbürgtes auf den Prüfstand der Vernunft zu fordern, könnten sich nun die gruppenteiligen Lektüren und Erklärungen der Textauszüge von Thomasius, Wolff und Lessing anschließen. Die Lektüren der Gruppen könnten mit dem Arbeitsauftrag versehen werden, wie die drei Texte einzelne Aspekte des Descartes-Textes nochmals aufgriffen und erläuterten.

Hausaufgabe

Als Hausaufgabe könnte den Schülern Frieds Gedicht ›Die Abnehmer‹ zur Interpretation vorgelegt werden (s. Arbeitsblatt S. 29). Es stammt aus dem im Jahre 1964 erschienenen Band ›Warngedichte‹. Die vier Strophen, von denen die ersten drei deutlich parallel gebaut sind, zielen auf den Höhepunkt des Gedichtes, die sich in der vierten Strophe verbergende Pointe: die verhängnisvolle Folge der in den ersten drei Strophen beschriebenen Vorgänge der Entmündigung in den Bereichen des Denkens, Fühlens und Handelns. Sachwalter verfügen über diese dem Menschen eigentümlichen Vermögen, derer er sich begibt. Er entmündigt sich; es ist eine selbstverschuldete Entmündigung, und damit ist der Übergang von diesem Warngedicht zu Kants Text in der nächsten Stunde geschaffen.

Statt einer Kurzinterpretation des Textes könnte man auch von den Schülern eine Fortsetzung des Gedichtes fordern, die sich der gleichen Aufbau- und Formulierungsverfahren bedient.

---

1. Arbeitsblatt zur 2. Stunde

→ CD-ROM/Datei: AB_02_1.doc

René Descartes: Die Beweisgründe für das Dasein Gottes und der menschlichen Seele als Grundlage der Metaphysik (Auszug)

Ich weiß nicht, ob ich euch von den ersten Betrachtungen (meditations, cogitationes), die ich hier gemacht habe, unterhalten soll, denn sie sind so metaphysisch und so wenig in der gewöhnlichen Art, dass sie wohl schwerlich nach jedermanns Geschmack sein werden. Doch, um prüfen zu lassen, ob die Grundlagen, die ich genommen habe, fest genug sind, bin ich gewissermaßen genötigt, davon zu reden. Seit langem hatte ich bemerkt, dass in Betreff der *Sitten* man bisweilen Ansichten, die man als sehr unsicher kennt, folgen müsse (wie schon oben gesagt worden), als ob sie ganz zweifellos waren. Aber weil ich damals bloß der Erforschung der Wahrheit leben wollte, so meinte ich gerade das Gegenteil tun zu müssen und alles, worin sich auch nur das kleinste Bedenken auffinden ließe, als vollkommen falsch verwerfen, um zu sehen, ob danach nichts ganz Unzweifelhaftes in meinem Fürwahrhalten übrig bleiben würde. So wollte ich, weil unsere *Sinne* uns bisweilen täuschen, annehmen, dass kein Ding so wäre, wie die Sinne es uns bisweilen vorstellen lassen; und weil sich manche Leute in ihren *Urteilen* selbst bei den einfachsten Materien der Geometrie täuschen und Fehlschlüsse machen, so verwarf ich, weil ich meinte, dem Irrtum so gut wie jeder andere unterworfen zu sein, alle Gründe als falsch, die ich vorher zu meinen Beweisen genommen hatte; endlich, wie ich bedachte, dass alle Gedanken, die wir im Wachen haben, uns auch im *Schlaf* kommen können, ohne dass dann einer davon wahr sei, so machte ich nur absichtlich die erdichtete Vorstellung, dass alle Dinge, die jemals in meinen Geist gekommen, nicht wahrer seien als die Trugbilder meiner Träume. Alsbald aber machte ich die Beobachtung, dass, während ich so denken wollte, alles sei falsch, doch notwendig ich, der, das dachte, irgendetwas sein müsse, und da ich bemerkte, dass diese Wahrheit *»ich denke, also bin ich«* (je pense, donc je suis; Ego cogito, ergo sum, sive existo) so fest und sicher wäre, dass auch die überspanntesten Annahmen der Skeptiker sie nicht zu erschüttern vermochten, so konnte ich sie meinem Dafürhalten nach als das erste Prinzip der Philosophie, die ich suchte, annehmen. Dann prüfte ich aufmerksam, was ich wäre, und sah, dass ich mir vorstellen könnte, ich hätte keinen Körper, es gäbe keine Welt und keinen Ort, wo ich mich befände, aber dass ich mir deshalb nicht vorstellen könnte, dass *ich* nicht wäre; im Gegenteil selbst daraus, dass ich an der Wahrheit der anderen Dinge zu zweifeln dachte, folgte ja ganz einleuchtend (évidemment) und sicher, dass ich war. Sobald ich dagegen aufgehört zu denken, mochte wohl alles andere, das ich mir jemals vorgestellt, wahr gewesen sein, ich aber hatte keinen Grund mehr, an mein Dasein zu glauben.

Ich erkannte daraus, dass ich eine Substanz sei, deren ganze Wesenheit (essence) oder Natur bloß im *Denken* bestehe und die zu ihrem Dasein weder eines Ortes bedürfe noch von einem materiellen Dinge abhänge, sodass dieses Ich, das heißt die *Seele*, wodurch ich bin, was ich bin, vom Körper völlig verschieden und selbst leichter zu erkennen ist als dieser und auch ohne Körper nicht aufhören werde, alles zu sein, was sie ist. Darauf erwog ich im Allgemeinen, was zur Wahrheit und Gewissheit eines Satzes (proposition; enuntiatio) gehört.

Denn weil ich soeben einen gefunden hatte, den ich als wahr und gewiss erkannt, so meinte ich, müsse ich auch wissen, worin jene Gewissheit bestehe. Nun hatte ich bemerkt, dass in dem Satze: *»ich denke, also bin ich«* nichts weiter liegt, was mich von seiner Wahrheit überzeugt, als dass ich ganz klar (très clairement; manifestissime) einsehe, dass, um zu denken, man sein müsse. Darum meinte ich, als allgemeine Regel den Satz annehmen zu können: *dass die Dinge, welche wir sehr klar und sehr deutlich* (fort clairement et fort distinctement; valde delucide et distincte) *begreifen, alle wahr sind*: aber dass allein darin einige Schwierigkeit liege, wohl zu bemerken, welches die Dinge sind, die wir deutlich begreifen.

Da ich nun weiter bedachte, dass ich zweifelte und also mein Wesen nicht ganz vollkommen wäre, denn ich sah klar, dass es vollkommener sei, zu erkennen als zu zweifeln, so verfiel ich auf die Untersuchung, woher mir der Gedanke an ein vollkommeneres Wesen als ich selbst gekommen, und ich sah ohne weiteres ein (je connus évidemment), dass er von einem Wesen herrühren müsse, das in der Tat vollkommener sei. Was jene Gedanken betrifft, die ich von einer Menge außer mir befindlicher Wesen hatte, wie vom Himmel, der Erde, dem Licht, der Wärme und tausend anderen Dingen, so war ich über deren Ursprung nicht so sehr in Verlegenheit; denn da ich in ihnen nichts bemerkte, was mir überlegen war, so konnte ich glauben, wenn sie wahr waren, dass sie einen Zubehör meiner Natur bildeten, sofern diese eine gewisse Vollkommenheit hätte und wenn sie nicht wahr wären, sie für Ausgeburten des Nichts zu halten, das heißt, dass sie in mir wären wegen der Mangelhaftigkeit meines Wesens. Aber das konnte sich nicht ebenso verhalten mit der Idee eines vollkommnern Wesens als das meinige, denn offenbar war es unmöglich, diese Idee aus dem Nichts zu ziehen. Dass das vollkommenste Wesen Folge und Zubehör des weniger vollkommenen sein solle, ist kein geringerer Widerspruch, als dass aus nichts etwas hervorgehe. Darum konnte ich jene Idee auch nicht für ein Geschöpf meiner selbst halten, Und so blieb nur übrig, dass sie in mich gesetzt war durch ein in Wahrheit vollkommneres Wesen als ich, welches alle Vollkommenheiten, von denen ich eine Idee haben konnte, in sich enthielt, das heißt, um es mit einem Worte zu sagen, durch *Gott*.

In: René Descartes: Abhandlungen über die Methode des richtigen Vernunftgebrauchs. Übers. v. Kuno Fischer, Stuttgart 1961, S. 54 ff.

Christian Thomasius: Von denen Irrtümern und deren Ursprung (1691)

Dreizehntes Hauptstück der Einleitung zur Vernunftlehre

Aus diesem, was wir bisher gesagt haben, werden gar leicht die Ursprünge und Hauptquellen aller Irrtümer zu erkennen sein. Sie werden insgemein Praejudicia oder Vorurteile genennet, teils weil dieselben bei den Menschen alsbald sich ereignen, ehe ihr Verstand und Judicium noch recht reif ist, teils weil vermittelst derselben der Mensch aus Unbedachtsamkeit eher urteilet, als er die Sache gehörig geprüfet. Dannenhero sind die Praejudicia und Vor-Urteile nichts anders als falsche Meinungen, die uns von Erkenntnis der Wahrheit abführen, welche sich der Mensch ohne Ursache wahr zu sein beredet, entweder weil er aus Leichtgläubigkeit von anderen, deren Autorität er getrauet, dessen beredet worden, oder weil er aus Ungeduld und darauf erfolgter Übereilung sich dessen selber beredet.

Dass die Praejudicia uns von der Erkenntnis der Wahrheit abführen, das haben sie mit allen falschen Meinungen gemein; darinnen aber ist der Unterschied, dass bei denen Praejudiciis die Ursache, darauf sie sich gründen, ganz keine notwendige Konnexion mit dergleichen Irrtümern hat und also für keine Ursache zu halten ist, da doch in andern aus dergleichen Praejudiciis hergeleiteten falschen Meinungen zum wenigsten eine notwendige Konnexion zwischen dem Irrtum und der Praejudicio sein kann. Die Praejudicia sind der Quell aller falschen Meinungen, die übrigen Irrtümer sind die daraus fließenden Bächlein.

Der Hauptquell aller Praejudiciorum ist der elende Zustand des Verstandes der Menschen in ihrer Jugend und die demselben anklebende Leichtgläubigkeit, durch welche er sich was Falsches geschwinde bereden lässt oder selbst beredet. Und weil diese eilte Beredung teils außer dem Menschen von andern herrühret, teils in ihm selbst verborgen ist, so entstehen dahero zwei allgemeine Haupt-Praejudicia, denen man alle Irrtümer, die auf der Welt sein, zuschreiben kann, davon wir das eine das Vorurteil menschlicher Autorität, das andere aber das Vorurteil der Übereilung nennen wollen. Wie es mit beiden in der Jugend hergehe, haben wir allbereit in vorigem genugsam betrachtet, jetzo wollen wir nur diese beiden Brunnquellen alles Übels noch ein wenig gegen einander konferieren.

Jenes, das praejudicium autoritatis, rühret aus einer unvernünftigen Liebe gegen andere Menschen her und wird zuweilen durch eine eingedruckte Furcht, dass uns nichts Übels widerfahre, bekräftiget. Dieses aber, das praejudicium praecipitantiae, rühret aus einer unvernünftigen Selbstliebe zu unserer Gemachlichkeit her, unserer Nachlässigkeit und Ungeduld zu schmeicheln und ihnen sanfte zu tun, und wird auf gleiche Weise durch eine unzeitige Scham oder Faulheit bekräftiget; Jenes ist älter als dieses und dannenhero tiefer eingewurzelt, denn wir glauben anderen Leuten eher, als wir selbst zu raisonnieren anfangen. Also folget auch daraus, dass man dieses eher los werden kann als jenes, wiewohl dieser Satz auch aus dem ersten Unterschied erwiesen werden kann. Denn weil das praejudicium autoritatis sich fürnehmlich in einer unvernünftigen Liebe anderer Menschen gründel, die Praecipitanz aber mehr auf eine unvernünftige Selbstliebe zielet, so hänget auch jenes dem Menschen fester an als dieses; maßen wir denn schon zu seiner Zeit dieses Paradoxum gar ausführlich beweisen wollen, dass die unvernünftige Liebe gegen andere Dinge allezeit stärker ist als die unvernünftige Eigenliebe.

In: Fritz Brüggemann: Aus der Frühzeit der deutschen Aufklärung. Christian Thomasius und Christian Weise. Nachdruck: Darmstadt 1972, S. 31 ff.

Christian Wolff: Vernünfftige Gedancken Von den Kräfften des menschlichen Verstandes (1713)

[...] Der Mensch hat nichts vortreflicheres von GOTT empfangen als seinen Verstand: denn so bald er nur in demselben verrücket wird/so bald wird er entweder ein Kind/oder ärger als ein wildes Thier/und ist also ungeschickt GOTT zu ehren und den Menschen zu dienen. Solcher gestalt kann einer um so viel mehr ein Mensch genennet werden/je mehr er die Kräffte seines Verstandes zu gebrauchen weiß. Und dannenhero sollte ein jeder/absonderlich aber der ein Gelehrter seyn oder werden wollte/mit rechtem Eifer darnach streben/wie er zu so hurtigem Gebrauche der Kräffte seines Verstandes gelangen möchte/als nur immer möglich ist. Allein daran gedencken die wenigsten und die meisten machen aus der Gelehrsamkeit ein blosses Gedächtnis=Werck/fliehen vor dem Nachsinnen ärger als vor einer Schlangen. Daher ist ihnen alles verhasset/was Nachdencken erfordert und sie zu fertigem Gebrauche ihres Verstandes bringet; hingegen angenehm/was sie als ein Mährlein halb schlaffend fassen können und sie bey der Art zu dencken lässet/welche sie von Kindheit auf mit ungelehrten Leuten gemein gehabt. Man kan aber die Kräffte des menschlichen Verstandes nicht anders als durch die Erfahrung erkennen/in dem wir sie gebrauchen. Solcher gestalt können diejenigen/welche nur anderer Gedancken zusammen schreiben/niemals im Erfinden sich geübet/auch die Zeit ihres Lebens keine demonstrirte/das ist/recht gründlich ausgeführte Wahrheit begriffen/wenig oder gar nichts von den Kräfften des Verstandes und ihrem Gebrauche wissen/es sey denn dass sie etwas in tauglichen Büchern davon gelesen. Allein die Bücher sind in dieser Materie eben nicht in allen Buchläden zu finden und ich fürchte/wenn auch einer/der noch nicht in gründlichen Wissenschafften erfahren/eines antrifft/er werde das wenigste davon verstehen. Also ist kein anderes Mittel zu dieser Erkäntnis zu gelangen/als wenn mann gründlich demonstrirte Wahrheiten recht begreiffen lernet/darnach untersuchet/wie sie hätten können erfunden werden und wenn man dadurch einige Fähigkeiten nachzusinnen erlanget/Sachen zu suchen sich bemühet/die uns noch unbekandt sind/ja auch wohl noch sonst von niemanden erfunden worden; endlich genau zu erforschen sich angelegen seyn lässet/was die Ursache sey/dass wir von demonstrirten Wahrheiten so deutlich überführet werden/und wie es zugehe/dass man aus einigen Wahrheiten andere noch verborgene herleiten könne.

In: Die deutsche Literatur. Texte und Zeugnisse. Bd. 4, München 1983, S. 15 f.

Gotthold Ephraim Lessing: Über die Wahrheit

Ein Mann, der Unwahrheit unter entgegengesetzter Überzeugung in guter Absicht ebenso scharfsinnig als bescheiden durchzusetzen sucht, ist unendlich mehr wert als ein Mann, der die beste, edelste Wahrheit aus Vorurteil, mit Verschreiung seiner Gegner, auf alltägliche Weise verteidiget.

Will es denn *eine* Klasse von Leuten nie lernen, dass es schlechterdings nicht wahr ist, dass jemals ein Mensch wissentlich und vorsetzlich sich selbst verblendet habe? Es ist nicht wahr, sag ich; aus keinem geringem Grunde, als weil es nicht möglich ist. Was wollen sie denn also mit ihrem Vorwurfe mutwilliger Verstockung, geflissentlicher Verhärtung, mit Vorbedacht gemachter Plane, Lügen auszustaffieren, die man Lügen zu sein weiß? Was wollen sie damit? Was anders, als – Nein; weil ich *auch ihnen* diese Wahrheit muss zugute kommen lassen; weil ich auch von *ihnen* glauben muss, dass sie vorsetzlich und wissentlich kein falsches verleumderisches Urteil fällen können: so schweige ich und enthalte mich alles Widerscheltens. Nicht die Wahrheit, in deren Besitz irgendein Mensch ist oder zu sein vermeinet, sondern die aufrichtige Mühe, die er angewandt hat, hinter die Wahrheit zu kommen, macht den Wert des Menschen. Denn nicht durch den Besitz, sondern durch die Nachforschung der Wahrheit erweitern sich seine Kräfte, worin allein seine immer wachsende Vollkommenheit bestehet. Der Besitz macht ruhig, träge, stolz –

Wenn Gott in seiner Rechten alle Wahrheit und in seiner Linken den einzigen immer regen Trieb nach Wahrheit, obschon mit dem Zusatze, mich immer und ewig zu irren, verschlossen hielte und spräche zu mir: wähle! Ich fiele ihm mit Demut in seine Linke und sagte: Vater gib! die reine Wahrheit ist ja doch nur für dich allein!

In: Lessing: Werke, hrsg. v. Kurt Wölfel, Bd. 3, Frankfurt/M. 1967, S. 321 f.

2. Arbeitsblatt zur 2. Stunde → CD-ROM / Datei: AB_02_2.doc

Erich Fried: Die Abnehmer

Einer nimmt uns das Denken ab
Es genügt
seine Schriften zu lesen
und manchmal dabei zu nicken

Einer nimmt uns das Fühlen ab
Seine Gedichte
erhalten Preise
und werden häufig zitiert

Einer nimmt uns
die großen Entscheidungen ab
über Krieg und Frieden
Wir wählen ihn immer wieder

Wir müssen nur
auf zehn bis zwölf Namen schwören
Das ganze Leben
nehmen sie uns dann ab

In: Erich Fried: Warngedichte, München 1964, S. 64. © 1964 Verlag Klaus Wagenbach Berlin.

3. Stunde:
Plädoyer für Mündigkeit –
Kant ›Was ist Aufklärung?‹ (I)

Sachinformation

In der Dezember-Nummer der ›Berlinischen Monatsschrift‹ von 1784 veröffentlichte Kant (1724–1804) seine so berühmt gewordene Abhandlung ›Beantwortung der Frage: Was ist Aufklärung?‹. Zuvor war bereits in diesem Organ, das zwischen 1783 und 1796 von dem Berliner Bibliothekar Johann Erich Biester und dem Gymnasialdirektor Friedrich Gedike herausgegeben wurde und das zu seinen Beiträgern so illustre Mitarbeiter wie Benjamin Franklin, Christian Garve, Wilhelm von Humboldt, Thomas Jefferson, Graf Mirabeau, Justus Möser, Karl Philipp Moritz, Christian F. D. Schubart und Johann Heinrich Voß zählen durfte, Moses Mendelssohns Abhandlung ›Über die Frage: was heißt aufklären?‹ erschienen. Kant erfuhr von dieser Schrift, hielt sie aber während der Konzeption seiner Abhandlung noch nicht in Händen, wie er selbst in einer seinem Aufsatz beigegebenen Anmerkung vermerkt: »Mir ist sie noch nicht zu Händen gekommen; sonst würde sie die gegenwärtige zurückgehalten haben, die jetzt nur zum Versuche dastehen mag, wiefern der Zufall Einstimmigkeiten der Gedanken zuwege bringen könne.«
Mendelssohns wie Kants Schriften reagierten beide auf einen im Grunde nichtigen Anlass. In der Dezember-Nummer derselben Zeitschrift hatte nämlich der Berliner Pfarrer Johann Friedrich Zöllner einen Artikel gegen die Zivilehe veröffentlicht. Zöllner beharrte auf der kirchlichen Eheschließung im Interesse des Staates und wetterte in seinem Artikel gegen die Verwirrung, die »unter dem Namen der Aufklärung« nunmehr unter den Menschen entstanden sei. In einer Fußnote zum Begriff ›Aufklärung‹ stellte er die Frage: »Was ist Aufklärung? Diese Frage, die beinahe so wichtig ist, als: was ist Wahrheit, sollte doch wohl beantwortet

werden, ehe man aufzuklären anfinge! Und doch habe ich sie nirgends beantwortet gefunden!«
Zöllner forderte dazu auf, den Begriff der Aufklärung zu definieren, und Kants Schrift ist ein solcher Definitionsversuch. Gleich zu Beginn heißt es:»Aufklärung ist der Ausgang des Menschen aus seiner selbstverschuldeten Unmündigkeit.« Das Definiens wird zum Definiendum, sodass nunmehr in einem zweiten Schritt erneut die Begriffe ›selbstverschuldet‹ und ›Unmündigkeit‹ eigens erläutert werden.
Kants Definition beschreibt Aufklärung als einen Prozess, ein Aspekt, der im letzten Teil der Abhandlung nochmals aufgegriffen wird, wenn es heißt:»Wenn denn nun gefragt wird: leben wir jetzt in einem aufgeklärten Zeitalter? so ist die Antwort: Nein, aber wohl in einem Zeitalter der Aufklärung.« Er macht zugleich bei seinem Definitionsversuch die Voraussetzung, die man als Provokation seiner Zeit mithören muss: Der Mensch ist von Natur aus, seinem Wesen nach, mündig. Seine Unmündigkeit, der Zustand, in dem er sich nunmehr befindet, ist selbstverschuldet, er ist menschliche ›Unnatur‹, aus der als einer Form menschlicher Entfremdung sich der Mensch, will er sein Wesen verwirklichen, befreien muss. Kant begreift demnach Aufklärung zunächst als Selbstaufklärung, als Mündigwerden, Selbstemanzipation. Der Mensch muss seine potentielle Freiheit aktualisieren, seine faktische Freiheit realisieren. Am Anfang der Aufklärung steht also ein bewusster Akt, der Entschluss zur Umkehr. Dazu sind Mut und Entscheidungskraft vonnöten (sapere aude!), wo sie fehlen, hat Aufklärung keinen Erfolg. Dass der Mensch Herr seiner selbst wird, sich seine Autonomie erarbeitet, heißt, Faulheit, Trägheit und Feigheit überwinden, die immer wieder als Mangel an Selbstständigkeit und Angst vor dem Mündigwerden den Prozess der Aufklärung stören können.
Die Initiation zur Mündigkeit, der Akt der Selbstbefreiung kann also nicht von oben

oktroyiert werden. Nicht die Vormünder, die ihr Volk in Unmündigkeit gelassen haben, tragen allein die Schuld an mangelnder Aufklärung. Aufklärung als der Versuch, selber und alleine zu gehen, ist jedermann zumutbar. Und nur, wenn diese Revolution der Gesinnung als Initialzündung vorhanden ist, kann sie glücken. So sehr Kant auch den Ausgang aus der Unmündigkeit im einzelnen Individuum begründet sieht, bedenkt er doch auch im weiteren Teil seiner Abhandlung den gesellschaftlichen Rahmen, der nötig ist, Aufklärung zu ermöglichen. Für jeden einzelnen Menschen ist es »schwer, sich aus der beinahe zur Natur gewordenen Unmündigkeit herauszuarbeiten«. Ja, Rückfälle in die alte Trägheit und Feigheit sind vorstellbar, sodass es nur wenigen gelungen ist, »durch eigene Bearbeitung ihres Geistes sich aus der Unmündigkeit herauszuwickeln und dennoch einen sicheren Gang zu tun«. Aufklärung ist, so fährt Kant fort, eher möglich, sogar »beinahe unausbleiblich«, wenn sich ein Publikum, womit er die Öffentlichkeit, hier noch genauer die Gelehrten, das Lesepublikum, aber schließlich auch die Welt bzw. die Menschheit meint, bildet und selbst aufklärt. Voraussetzung für die Herausbildung eines solchen Publikums bzw. für die Konstituierung einer räsonierenden bürgerlichen Öffentlichkeit ist Freiheit. Was Kant mit diesem Begriff ›Freiheit‹ meint, erläutert er später, so jedem Missverständnis vorbeugend.

Mit ›Freiheit‹ meint er nicht jene politische Umgestaltung der Gesellschaft, mit der durch Revolution ein Abfall vom »persönlichen Despotism und von gewinnsüchtiger oder herrschsüchtiger Bedrückung« allenfalls bewirkt, nicht jedoch eine wahre »Reform der Denkungsart« eingeleitet werden kann. Mit Freiheit meint er vielmehr »die unschädlichste unter allem, was nur Freiheit heißen mag, nämlich die: von seiner Vernunft in allen Stücken öffentlichen Gebrauch zu machen«. Der öffentliche Gebrauch der Vernunft gewährt somit eine Form kollektiver Selbstaufklärung in einer gemeinsamen Fortschrittsgeschichte, denn die Öffentlichkeit garantiert den Dialog und damit die gegenseitige Hilfestellung.

Kant beschränkt jedoch die Diskussionsmöglichkeiten in einer bezeichnenden Weise ein, indem er zwischen dem öffentlichen Gebrauch der Vernunft und deren Privatgebrauch klar unterscheidet, wobei er unter dem Privatgebrauch, entgegen dem heute üblichen Sprachgebrauch, jenen Gebrauch der Vernunft verstanden wissen will, den jedermann von ihr »in einem gewissen ihm anvertrauten bürgerlichen Posten oder Amte machen darf«. Dieser Privatgebrauch der Vernunft »darf öfters sehr enge eingeschränkt sein, ohne doch darum den Fortschritt der Aufklärung sonderlich zu hindern«. Es ist ganz »im Interesse des gemeinen Wesens«, d. h. der Gesellschaft, dass man sich »bloß passiv« dort verhält, wo ein gewisser gesellschaftlicher »Mechanism« notwendig ist. Soweit gilt die Devise: gehorchen, statt räsonieren, oder mit den Worten Friedrichs II.: »Räsoniert, so viel ihr wollt und worüber ihr wollt; aber gehorcht.« Nur innerhalb der weltweiten Gelehrtenrepublik, innerhalb der »Leserwelt«, ist unbeschränkte Freiheit der Diskussion gegeben. Insofern verlangt Kant von den Trägern der Vernunft ein geradezu schizophrenes Rollenspiel. Als Bürger eines gemeinen Wesens gilt es zu gehorchen, als »Glied eines ganzen gemeinen Wesens, ja sogar der Weltbürgerschaft«, sind dem Räsonnement hingegen keine Grenzen gesetzt. Ist demnach der öffentliche Diskurs ein Spielfeld der Intellektuellen ohne Auswirkung auf die Praxis? Ist er ein Ventil, wo sich die Gelehrten Luft machen können und sich so ihr kritisches Potential verflüchtigt, ohne gesellschaftlich wirksam geworden zu sein?

Zunächst wird man festhalten müssen, dass Kant, bezogen auf seine Zeit, nach einem Kompromiss zwischen Staatserhaltung und den Zielen der Aufklärung trachtet. In Friedrich II., dem Vertreter des aufgeklärten Absolutismus, sieht er jenen vernünftigen Herrscher, durch den er die Gewährung der nötigen Freiheit zum öffentlichen Diskurs garantiert sieht. Kant denkt geschichtlich und setzt auf Zeit. Wenn auch im Folgenden der Abhandlung zunächst von den Kontrakten innerhalb des kirchlich-institutionellen Raumes die Rede ist, so spricht Kant doch davon, dass »ein Kontrakt, der auf immer alle weitere Aufklärung vom Menschengeschlechte abzuhalten geschlossen würde, schlechterdings null und nichtig« wäre. Und eben dies gilt auch für die Regierungsform, sodass Kant zwar durchaus für den Augenblick den Kompromiss im Auge hat, dennoch aber auch an eine Erweiterung der faktischen Grenzen der Geistesfreiheit in Zukunft denkt. So heißt es:

»Wenn denn die Natur unter dieser harten Hülle den Keim, für den sie am zärtlichsten sorgt, nämlich den Hang und Beruf zum freien Denken, ausgewickelt hat; so wirkt dieser allmählich zurück auf die Sinnesart des Volks (wodurch dieses der Freiheit zu handeln nach und nach fähiger wird) und endlich auch sogar auf die Grundsätze der Regierung, die es ihr selbst zuträglich findet, den Menschen, der nun mehr als Maschine ist, seiner Würde gemäß zu behandeln.« Damit hat sich der aufgeklärte Absolutismus selbst überwunden. Die geistige Mündigkeit – so schließt Kant, getragen von Optimismus – ist nicht ohne die Tendenz auch zur politischen.

Arbeitsblatt zur 3., 4. und 5. Stunde   → *CD-ROM / Datei: AB_03_05.doc*

Immanuel Kant: Beantwortung der Frage: Was ist Aufklärung?

(5. Dezemb. 1783, S. 516)[1]
Aufklärung ist der Ausgang des Menschen aus seiner selbst verschuldeten Unmündigkeit. Unmündigkeit ist das Unvermögen, sich seines Verstandes ohne Leitung eines anderen zu bedienen. Selbstverschuldet ist diese Unmündigkeit, wenn die Ursache derselben nicht am Mangel des Verstandes, sondern der Entschließung und des Mutes liegt, sich seiner ohne Leitung eines andern zu bedienen. Sapere aude! Habe Mut, dich deines eigenen Verstandes zu bedienen! ist also der Wahlspruch der Aufklärung.
Faulheit und Feigheit sind die Ursachen, warum ein so großer Teil der Menschen, nachdem sie die Natur längst von fremder Leitung frei gesprochen (naturaliter maiorennes), dennoch gerne zeitlebens unmündig bleiben; und warum es anderen so leicht wird, sich zu deren Vormündern aufzuwerfen. Es ist so bequem, unmündig zu sein. Habe ich ein Buch, das für mich Verstand hat, einen Seelsorger, der für mich Gewissen hat, einen Arzt, der für mich die Diät beurteilt, usw.: so brauche ich mich ja nicht selbst zu bemühen. Ich habe nicht nötig zu denken, wenn ich nur bezahlen kann; andere werden das verdrießliche Geschäft schon für mich übernehmen. Dass der bei weitem größte Teil der Menschen (darunter das ganze schöne Geschlecht) den Schritt zur Mündigkeit, außer dem dass er beschwerlich ist, auch für sehr gefährlich halte: dafür sorgen schon jene Vormünder, die die Oberaufsicht über sie gütigst auf sich genommen haben. Nachdem sie ihr Hausvieh zuerst dumm gemacht haben, und sorgfältig verhüteten, dass diese ruhigen Geschöpfe ja keinen Schritt außer dem Gängelwagen, darin sie sie einsperreten, wagen durften: so zeigen sie ihnen nachher die Gefahr, die

---

1   Der Seitenverweis der »Berlinischen Monatsschrift« bezieht sich auf die nachfolgende Anmerkung in dem Aufsatz »Ist es ratsam, das Ehebündnis ferner durch die Religion zu sanzieren?« vom Hrn. Pred. Zöllner: »*Was ist Aufklärung?* Diese Frage, die beinahe so wichtig ist, als: *was ist Wahrheit,* sollte doch wohl beantwortet werden, ehe man aufzuklären anfinge! Und doch habe ich sie nirgends beantwortet gefunden!«

---

ihnen drohet, wenn sie es versuchen, allein zu gehen. Nun ist diese Gefahr zwar eben so groß nicht, denn sie würden durch einigemal Fallen wohl endlich gehen lernen; allein ein Beispiel von der Art macht doch schüchtern, und schreckt gemeiniglich von allen ferneren Versuchen ab.

Es ist also für jeden einzelnen Menschen schwer, sich aus der ihm beinahe zur Natur gewordenen Unmündigkeit herauszuarbeiten. Er hat sie sogar lieb gewonnen, und ist vor der Hand wirklich unfähig, sich seines eigenen Verstandes zu bedienen, weil man ihn niemals den Versuch davon machen ließ. Satzungen und Formeln, diese mechanischen Werkzeuge eines vernünftigen Gebrauchs oder vielmehr Missbrauchs seiner Naturgaben, sind die Fußschellen einer immerwährenden Unmündigkeit. Wer sie auch abwürfe, würde dennoch auch über den schmalesten Graben einen nur unsicheren Sprung tun, weil er zu dergleichen freier Bewegung nicht gewöhnt ist. Daher gibt es nur wenige, denen es gelungen ist, durch eigene Bearbeitung ihres Geistes sich aus der Unmündigkeit heraus zu wickeln, und dennoch einen sicheren Gang zu tun.

Dass aber ein Publikum sich selbst aufkläre, ist eher möglich; ja es ist, wenn man ihm nur Freiheit lässt, beinahe unausbleiblich. Denn da werden sich immer einige Selbstdenkende, sogar unter den eingesetzten Vormündern des großen Haufens, finden, welche, nachdem sie das Joch der Unmündigkeit selbst abgeworfen haben, den Geist einer vernünftigen Schätzung des eigenen Werts und des Berufs jedes Menschen, selbst zu denken, um sich verbreiten werden. Besonders ist hiebei: dass das Publikum, welches zuvor von ihnen unter dieses Joch gebracht worden, sie hernach selbst zwingt, darunter zu bleiben, wenn es von einigen seiner Vormünder, die selbst aller Aufklärung unfähig sind, dazu aufgewiegelt worden; so schädlich ist es, Vorurteile zu pflanzen, weil sie sich zuletzt an denen selbst rächen, die, oder deren Vorgänger, ihre Urheber gewesen sind. Daher kann ein Publikum nur langsam zur Aufklärung gelangen. Durch eine Revolution wird vielleicht wohl ein Abfall von persönlichem Despotism und gewinnsüchtiger oder herrschsüchtiger Bedrückung, aber niemals wahre Reform der Denkungsart zu Stande kommen; sondern neue Vorurteile werden, eben sowohl als die alten, zum Leitbande des gedankenlosen großen Haufens dienen.

Zu dieser Aufklärung aber wird nichts erfordert als *Freiheit;* und zwar die unschädlichste unter allem, was nur Freiheit heißen mag, nämlich die: von seiner Vernunft in allen Stücken *öffentlichen Gebrauch* zu machen. Nun höre ich aber von allen Seiten rufen: *räsoniert nicht!* Der Offizier sagt: räsoniert nicht, sondern exerziert! Der Finanzrat: räsoniert nicht, sondern bezahlt! Der Geistliche: räsoniert nicht, sondern glaubt! (Nur ein einziger Herr in der Welt sagt: *räsoniert,* so viel ihr wollt, und worüber ihr wollt; *aber gehorcht!*) Hier ist überall Einschränkung der Freiheit. Welche Einschränkung aber ist der Aufklärung hinderlich? welche nicht, sondern ihr wohl gar beförderlich? – Ich antworte: der *öffentliche* Gebrauch seiner Vernunft muss jederzeit frei sein, und der allein kann Aufklärung unter Menschen zu Stande bringen; der *Privatgebrauch* derselben aber darf öfters sehr enge eingeschränkt sein, ohne doch darum den Fortschritt der Aufklärung sonderlich zu hindern. Ich verstehe aber unter dem öffentlichen Gebrauche seiner eigenen Vernunft denjenigen, den jemand *als Gelehrter* von ihr vor dem ganzen Publikum der *Leserwelt* macht. Den Privatgebrauch nenne ich denjenigen, den er in einem gewissen ihm anvertrauten *bürgerlichen Posten,* oder Amte, von seiner Vernunft machen darf. Nun ist zu manchen Geschäften, die in das Interesse des gemeinen Wesens laufen, ein gewisser Mechanism notwendig, vermittelst dessen einige Glieder des gemeinen Wesens sich bloß passiv verhalten müssen, um durch eine künstliche Einhelligkeit von der Regierung zu öffentlichen Zwecken gerichtet, oder wenigstens von der Zerstörung dieser Zwecke abgehalten zu werden. Hier ist es nun freilich nicht erlaubt, zu räsonieren; sondern man muss gehorchen. So fern sich aber dieser Teil der Maschine zugleich als Glied eines ganzen gemeinen Wesens[2], ja sogar der Weltbürgerschaft ansieht, mithin in der Qualität eines Gelehrten, der sich an ein Publikum im eigentlichen Verstande durch Schriften wendet: kann er allerdings räsonieren, ohne dass dadurch die Geschäfte leiden, zu denen er zum Teile als passives Glied angesetzt ist. So würde es sehr verderblich sein, wenn ein Offizier, dem von seinen Oberen etwas anbefohlen wird, im Dienste über die Zweckmäßigkeit oder Nützlichkeit dieses Befehls laut vernünfteln wollte; er muss gehorchen. Es kann ihm aber billigermaßen nicht verwehrt werden, als Gelehrter, über die Fehler im Kriegesdienste Anmerkungen zu machen, und diese seinem Publikum zur Beurteilung vorzulegen. Der Bürger kann sich nicht weigern, die ihm auferlegten Abgaben zu leisten; sogar kann ein vorwitziger Tadel solcher Auflagen, wenn sie von ihm geleistet werden sollen, als ein Skandal (das allgemeine Widersetzlichkeiten veranlassen könnte) bestraft werden. Eben derselbe handelt demohngeachtet der Pflicht eines Bürgers nicht entgegen, wenn er, als Gelehrter, wider die Unschicklichkeit oder auch Ungerechtigkeit solcher Ausschreibungen[3] öffentlich seine Gedanken äußert. Eben so ist ein Geistlicher verbunden, seinen Katechismusschülern und seiner Gemeinde nach dem Symbol der Kirche, der er dient, seinen Vortrag zu tun; denn er ist auf diese Bedingung angenommen worden. Aber als Gelehrter hat er volle Freiheit, ja sogar den Beruf dazu, alle seine sorgfältig geprüften und wohlmeinenden Gedanken über das Fehlerhafte in jenem Symbol[4], und Vorschläge wegen besserer Einrichtung des Religions- und Kirchenwesens, dem Publikum mitzuteilen. Es ist hiebei auch nichts, was dem Gewissen zur Last gelegt werden könnte. Denn, was er zu Folge seines Amts, als Geschäftsträger der Kirche, lehrt, das stellt er als etwas vor, in Ansehung dessen er nicht freie Gewalt hat, nach eigenem Gutdünken zu lehren, sondern das er nach Vorschrift und im Namen eines andern vorzutragen angestellt ist. Er wird sagen: unsere Kirche lehrt dieses oder jenes; das sind die Beweisgründe, deren sie sich bedient. Er zieht alsdann allen praktischen Nutzen für seine Gemeinde aus Satzungen, die er selbst nicht mit voller Überzeugung unterschreiben würde, zu deren Vortrag er sich gleichwohl anheischig machen kann, weil es doch nicht ganz unmöglich ist, dass darin Wahrheit verborgen läge, auf alle Fälle aber wenigstens doch nichts der innern Religion Widersprechendes darin angetroffen wird. Denn glaubte er das letztere darin zu finden, so würde er sein Amt mit Gewissen nicht verwalten können; er müsste es niederlegen. Der Gebrauch also, den ein angestellter Lehrer von seiner Vernunft vor seiner Gemeinde macht, ist bloß ein *Privatgebrauch;* weil diese immer nur eine häusliche, obzwar noch so große, Versammlung ist; und in Ansehung dessen ist er, als Priester, nicht frei, und darf es auch nicht sein, weil er einen fremden Auftrag ausrichtet. Dagegen als Gelehrter, der durch Schriften zum eigentlichen Publikum, nämlich der Welt, spricht, mithin der Geistliche im *öffentlichen Gebrauche* seiner Vernunft, genießt einer uneingeschränkten Freiheit, sich seiner eigenen Vernunft zu bedienen und in seiner eigenen Person zu sprechen. Denn dass die Vormünder des Volks (in geistlichen Dingen) selbst wieder unmündig sein sollen, ist eine Ungereimtheit, die auf Verewigung der Ungereimtheiten hinausläuft. Aber sollte nicht eine Gesellschaft von Geistlichen, etwa eine Kirchenversammlung, oder eine ehrwürdige Classis[5] (wie sie sich unter den Holländern selbst nennt) berechtigt sein, sich eidlich untereinander auf ein gewisses unveränderliches Symbol zu verpflichten, um so eine un-

---

2 Gemeinwesen

3 Steuerauflagen

4 Hier: Bekenntnisschriften, auf die protestantische Geistliche einen Eid bei ihrem Dienstantritt musssten.

5 Kirchenversammlung in Holland als Trägerin der Kirchengesetzgebung

aufhörliche Obervormundschaft über jedes ihrer Glieder und vermittelst ihrer über das Volk zu führen, und diese so gar zu verewigen? Ich sage: das ist ganz unmöglich. Ein solcher Kontrakt, der auf immer alle weitere Aufklärung vom Menschengeschlechte abzuhalten geschlossen würde, ist schlechterdings null und nichtig; und sollte er auch durch die oberste Gewalt, durch Reichstäge und die feierlichsten Friedensschlüsse bestätigt sein. Ein Zeitalter kann sich nicht verbünden und darauf verschwören, das folgende in einen Zustand zu setzen, darin es ihm unmöglich werden muss, seine (vornehmlich so sehr angelegentliche) Erkenntnisse zu erweitern, von Irrtümern zu reinigen, und überhaupt in der Aufklärung weiter zu schreiten. Das wäre ein Verbrechen wider die menschliche Natur, deren ursprüngliche Bestimmung gerade in diesem Fortschreiten besteht; und die Nachkommen sind also vollkommen dazu berechtigt, jene Beschlüsse, als unbefugter und frevelhafter Weise genommen, zu verwerfen. Der Probierstein alles dessen, was über ein Volk als Gesetz beschlossen werden kann, liegt in der Frage: ob ein Volk sich selbst wohl ein solches Gesetz auferlegen könnte? Nun wäre dieses wohl, gleichsam in der Erwartung eines bessern, auf eine bestimmte kurze Zeit möglich, um eine gewisse Ordnung einzuführen; indem man es zugleich jedem der Bürger, vornehmlich dem Geistlichen, frei ließe, in der Qualität eines Gelehrten öffentlich, d. i. durch Schriften, über das Fehlerhafte der dermaligen Einrichtung seine Anmerkungen zu machen, indessen die eingeführte Ordnung noch immer fortdauerte, bis die Einsicht in die Beschaffenheit dieser Sachen öffentlich so weit gekommen und bewähret worden, dass sie durch Vereinigung ihrer Stimmen (wenn gleich nicht aller) einen Vorschlag vor den Thron bringen könnte, um diejenigen Gemeinden in Schutz zu nehmen, die sich etwa nach ihren Begriffen der besseren Einsicht zu einer veränderten Religionseinrichtung geeinigt hätten, ohne doch diejenigen zu hindern, die es beim Alten wollten bewenden lassen. Aber auf eine beharrliche, von niemanden öffentlich zu bezweifelnden Religionsverfassung, auch nur binnen der Lebensdauer eines Menschen, sich zu einigen, und dadurch einen Zeitraum in dem Fortgange der Menschheit zur Verbesserung gleichsam zu vernichten, und fruchtlos, dadurch aber wohl gar der Nachkommenschaft nachteilig, zu machen, ist schlechterdings unerlaubt. Ein Mensch kann zwar für seine Person, und auch alsdann nur auf einige Zeit, in dem, was ihm zu wissen obliegt, die Aufklärung aufschieben; aber auf sie Verzicht zu tun, es sei für seine Person, mehr aber noch für die Nachkommenschaft, heißt die heiligen Rechte der Menschheit verletzen und mit Füßen treten. Was aber nicht einmal ein Volk über sich selbst beschließen darf, das darf noch weniger ein Monarch über das Volk beschließen; denn sein gesetzgebendes Ansehen beruht eben darauf, dass er den gesamten Volkswillen in dem seinigen vereinigt. Wenn er nur darauf sieht, dass alle wahre oder vermeinte Verbesserung mit der bürgerlichen Ordnung zusammen bestehe: so kann er seine Untertanen übrigens nur selbst machen lassen, was sie um ihres Seelenheils willen zu tun nötig finden; das geht ihn nichts an, wohl aber zu verhüten, dass nicht einer den andern gewalttätig hindere, an der Bestimmung und Beförderung desselben nach allem seinen Vermögen zu arbeiten. Es tut selbst seiner Majestät Abbruch, wenn er sich hierin mischt, indem er die Schriften, wodurch seine Untertanen ihre Einsichten ins Reine zu bringen suchen, seiner Regierungsaufsicht würdigt, sowohl wenn er dieses aus eigener höchsten Einsicht tut, wo er sich dem Vorwurfe aussetzt: Caesar non est supra grammaticos[6], als auch und noch weit mehr, wenn er seine oberste Gewalt so weit erniedrigt, den geistlichen Despotism einiger Tyrannen in seinem Staate gegen seine übrigen Untertanen zu unterstützen.

Wenn denn nun gefragt wird: Leben wir jetzt in einem *aufgeklärten* Zeitalter? so ist die Antwort: Nein, aber wohl in einem Zeitalter der *Aufklärung*. Dass die Menschen, wie die Sachen

---

6   Der Kaiser steht nicht über den Grammatikern.

jetzt stehen, im Ganzen genommen, schon im Stande wären, oder darin auch nur gesetzt werden könnten, in Religionsdingen sich ihres eigenen Verstandes ohne Leitung eines andern sicher und gut zu bedienen, daran fehlt noch sehr viel. Allein, dass jetzt ihnen doch das Feld geöffnet wird, sich dahin frei zu bearbeiten, und die Hindernisse der allgemeinen Aufklärung, oder des Ausganges aus ihrer selbst verschuldeten Unmündigkeit, allmählich weniger werden, davon haben wir doch deutliche Anzeigen[7]. In diesem Betracht ist dieses Zeitalter das Zeitalter der Aufklärung, oder das Jahrhundert *Friedrichs*.

Ein Fürst, der es seiner nicht unwürdig findet, zu sagen: dass er es für *Pflicht* halte, in Religionsdingen den Menschen nichts vorzuschreiben, sondern ihnen darin volle Freiheit zu lassen, der also selbst den hochmütigen Namen der *Toleranz* von sich ablehnt: ist selbst aufgeklärt, und verdient von der dankbaren Welt und Nachwelt als derjenige gepriesen zu werden, der zuerst das menschliche Geschlecht der Unmündigkeit, wenigstens von Seiten der Regierung, entschlug, und jedem frei ließ, sich in allem, was Gewissensangelegenheit ist, seiner eigenen Vernunft zu bedienen. Unter ihm dürfen verehrungswürdige Geistliche, unbeschadet ihrer Amtspflicht, ihre vom angenommenen Symbol hier oder da abweichenden Urteile und Einsichten, in der Qualität der Gelehrten, frei und öffentlich der Welt zur Prüfung darlegen; noch mehr aber jeder andere, der durch keine Amtspflicht eingeschränkt ist. Dieser Geist der Freiheit breitet sich auch außerhalb aus, selbst da, wo er mit äußeren Hindernissen einer sich selbst missverstehenden Regierung[8] zu ringen hat. Denn es leuchtet dieser doch ein Beispiel vor, dass bei Freiheit, für die öffentliche Ruhe und Einigkeit des gemeinen Wesens nicht das Mindeste zu besorgen sei. Die Menschen arbeiten sich von selbst nach und nach aus der Rohigkeit heraus, wenn man nur nicht absichtlich künstelt, um sie darin zu erhalten.

Ich habe den Hauptpunkt der Aufklärung, die des Ausganges der Menschen aus ihrer selbst verschuldeten Unmündigkeit, vorzüglich in *Religionssachen* gesetzt: weil in Ansehung der Künste und Wissenschaften unsere Beherrscher kein Interesse haben, den Vormund über ihre Untertanen zu spielen; über dem auch jene Unmündigkeit, so wie die schädlichste, also auch die entehrendste unter allen ist. Aber die Denkungsart eines Staatsoberhaupts, der die erstere begünstigt, geht noch weiter, und sieht ein: dass selbst in Ansehung seiner *Gesetzgebung* es ohne Gefahr sei, seinen Untertanen zu erlauben, von ihrer eigenen Vernunft *öffentlichen* Gebrauch zu machen, und ihre Gedanken über eine bessere Abfassung derselben, sogar mit einer freimütigen Kritik der schon gegebenen, der Welt öffentlich vorzulegen; davon wir ein glänzendes Beispiel haben, wodurch noch kein Monarch demjenigen vorging, welchen wir verehren.

Aber auch nur derjenige, der, selbst aufgeklärt, sich nicht vor Schatten fürchtet, zugleich aber ein wohldiszipliniertes zahlreiches Heer zum Bürgen der öffentlichen Ruhe zur Hand hat, – kann das sagen, was ein Freistaat nicht wagen darf: *räsoniert, so viel ihr wollt, und worüber ihr wollt, nur gehorcht!* So zeigt sich hier ein befremdlicher, nicht erwarteter Gang menschlicher Dinge; so wie auch sonst, wenn man ihn im Großen betrachtet, darin fast alles paradox ist. Ein größerer Grad bürgerlicher Freiheit scheint der Freiheit des *Geistes* des Volks vorteilhaft, und setzt ihr doch unübersteigliche Schranken; ein Grad weniger von jener verschafft hingegen diesem Raum, sich nach allem seinen Vermögen auszubreiten. Wenn denn die Natur unter dieser harten Hülle den Keim, für den sie am zärtlichsten sorgt, nämlich den Hang und Beruf zum *freien Denken*, ausgewickelt hat: so wirkt dieser allmählich zurück auf die Sinnesart des Volks (wodurch dieses der *Freiheit zu handeln* nach und nach fähiger

---

7 Anzeichen

8 eine Regierung, die Angelegenheiten zu verwalten sucht, die nicht in ihren Regierungsbereich fallen

wird), und endlich auch sogar auf die Grundsätze der *Regierung,* die es ihr selbst zuträglich findet, den Menschen, der nun *mehr als Maschine* ist, seiner Würde gemäß zu behandeln.*

Königsberg in Preußen, den 30. Septemb. 1784.   *I. Kant.*

* In den *Büschingschen* wöchentlichen Nachrichten vom 13. Sept. lese ich heute den 30sten eben dess. die Anzeige der Berlinischen Monatsschrift von diesem Monat, worin des Herrn *Mendelssohn* Beantwortung eben derselben Fragen angeführt wird. Mir ist sie noch nicht zu Händen gekommen; sonst würde sie die gegenwärtige zurückgehalten haben, die jetzt nur zum Versuche da stehen mag, wiefern der Zufall Einstimmigkeit der Gedanken zuwege bringen könne.

In: Immanuel Kant, Werke XI. Schriften zur Anthropologie, Geschichtsphilosophie, Politik und Pädagogik. 1, hrsg. v. W. Weischedel. S. 53–61. © Insel Verlag, Frankfurt/M. 1964.

Unterrichtsverlauf

Phase 1:
Der Begriff Aufklärung

Um die Besprechung der Kant'schen Abhandlung (s. S. 32 ff.) vorzubereiten, wäre es ratsam, zunächst die Frage ›Was ist Aufklärung?‹ zu der Fragestellung abzuwandeln: In welchen sprachlichen Verwendungszusammenhängen benutzt man *heute* Wörter wie ›Aufklärung‹, ›aufklären‹, ›aufgeklärt‹, ›aufklaren‹? Dabei werden von Schülern sicherlich folgende oder ähnliche in Partnerarbeit gefundene Beispiele angeführt werden: ›das Wetter, der Himmel, das Gesicht klärt sich auf‹; ›das Geheimnis, das Missverständnis, eine dunkle Stelle in einem Buch klärt sich auf‹; ›jemanden über einen Irrtum aufklären‹; ›ein Verbrechen aufklären‹; ›Jugendliche über geschichtliche Fragen aufklären‹, ›eine Gegend aufklären‹ (militärisch erkunden). Denkbar ist auch die Nennung solcher Begriffe wie: ›Aufklärer‹ (Flugzeug, ausgerüstet mit automatischen Kameras, das zur Erkundung von Bodenzielen für den Luftkrieg eingesetzt wird), ›Aufklärungstruppen‹, ›Sexualaufklärung‹, ›ärztliche und richterliche Aufklärungspflicht‹ usw. Man wird nunmehr diese Beispiele auf das ihnen Gemeinsame hin untersuchen können. In allen Fällen handelt es sich darum, dass jemand sich selbst oder einen anderen über etwas bislang Verborgenes, Dunkles in Kenntnis setzt, jemand jemanden oder sich selbst belehrt bzw. etwas erkennen lässt. Man könnte auch metaphorisch formulieren: Es wird Licht ins Dunkel gebracht. So meint auch die meteorologische Verwendung des Begriffs (›Aufklaren‹) das Sichtbarwerden des blauen Himmels durch eine Wolkendecke bei ständig abnehmender Bewölkung.

Nunmehr kann der Begriff der ›Aufklärung‹ als eine Epochenbezeichnung eingeführt werden, sollte er bislang in der Beispielreihe der Schüler nicht mitgenannt worden sein. Die Schüler können in dieser Bezeichnung, die sich ein Zeitalter selbst gab, schon etwas von dem Selbstverständnis dieser Zeit erschließen, wenn sie die Lichtmetaphorik bemerken: Aufklärung heißt dann ›Licht in die Dunkelheit der Unwissenheit und des Aberglaubens bringen‹. Bezeichnenderweise, so kann der Unterrichtende die Bestimmung der Wortbedeutung erhärten, nennt man in England die Aufklärungsphase ›enlightenment‹, in Frankreich ›siècle des lumières‹ bzw. ›siècle éclairé‹ oder ›siècle philosophique‹.

Wer Wert darauf legt, mag die Wortanalyse mit den entsprechenden Abschnitten aus Grimms Wörterbuch, dem Stilduden oder einem Lexikon unterstützen (s. Arbeitsblatt S. 38 f.).

Begriffsfeld »Aufklären/Aufklärung«

AUFKLÄREN. *die romanischen sprachen unterscheiden zart zwei reihen* 1) *it.* chiarire, *sp.* clarecer, *prov. clarzir; franz.* claircir *erloschen.* 2) *it.* chiarare, *sp.* clarear, *prov.* clareiar; *franz.* clairer *erloschen. wiederum* 1) *it.* schiarire, *sp.* esclarecer, *prov.* esclarzir, *franz.* éclaircir; 2) *it.* schiarare, *sp.* esclarear, *prov.* esclareiar, *franz.* éclairer. *die erste reihe weist auf lat.* clarescere, *die zweite auf* clarare, *jene sollte intransitiv, diese transitiv geblieben sein, doch mischen sich die bedeutungen. unser* aufklären, *wie das nnl.* opklaren, *beide immer transitiv, entsprechen mehr dem* schiarare, éclairer *als dem* schiarire, éclaircir, *welchen vorzugsweise die sinnliche bedeutung des hellen und heiteren gebührt (s.* aufhellen, aufheitern*), während* schiarare *und* éclairer *in abstractionen übergiengen, doch mit mancher ausnahme. in einem kirchengesang heiszt es:*

herr der schönen himmelslichter,
kläre deinen himmel auf!
ir seid noch immer da! nein das ist unerhört,
verschwindet doch! wir haben ja aufgeklärt.
    GÖTHE 12, 217;

eine dunkle stelle, ein rätsel aufklären; das geheimnis aufklären; das volk, die leute sollen aufgeklärt werden; aufgeklärte zeiten; ein aufgeklärteres jahrhundert. was die gegenstände an sich selbst sein mögen, würde uns durch die aufgeklärteste erkenntnis der erscheinungen niemals bekannt werden. KANT 2, 78.

o laszt mich doch bei meiner bibel,
laszt mich in meiner dunkelheit,
denn ohne hofnung wird mir übel
bei dieser aufgeklärten zeit,
und ohne hofnung bin ich hier
ein elend aufgeklärtes thier.
    wunderhorn 3, 169.

Intransitivbedeutung umschreiben wir mit sich: *der himmel, das wetter klärt sich auf; und nun genug davon, heute schenke dich mir, komm kläre dich auf (mitte jam istaec, da te hodie mihi, exporge frontem). Lessing 7, 323; wenn man diesen begrif festhält, wird man sich über einen seltenen und seltsamen mann am ersten aufklären. GÖTHE 48, 142.*

AUFKLÄRER, *m.* man sehe die finsterlinge gegen aufklärung und aufklärer sich erheben. WIELAND 29, 23; sich zu aufklärern des haufens aufwerfen. KLINGER 8, 304.

AUFKLÄREREI, *f.* aufklärung? nein aufklärerei. VOSS 6, 228; auch mochte vielleicht jener philosoph einigen wolgefallen an der aufklärerei der (allgem. deutsch.) bibliothekare gefunden und geäuszert haben. FICHTE *Nicolais leben* 37; so war ihm (Lessing) die aufklärerei und der neologismus in der theologie, wie er in der d. b. getrieben wurde, ein wahrer greuel. 99.

> **AUFKLÄRUNG**, *f.* aufklärung ist die maxime jederzeit selbst zu denken. KANT 1, 136; befreiung vom aberglauben heiszt aufklärung, weil, obschon diese benennung auch der befreiung von vorurtheilen überhaupt zukommt, jener doch vorzugsweise ein vorurtheil genannt zu werden verdient. 7, 153;
>
> Bd. 1, Sp. 675
>
> man spricht viel von aufklärung und wünscht mehr licht. mein gott, was hilft aber alles licht, wenn die leute entweder keine augen haben, oder die, welche sie haben, vorsätzlich verschlieszen. *LICHTENBERG* 1, 201. *auch nur aufschlusz, erklärung:* kannst du mir aufklärung geben?
>
> *In: Deutsches Wörterbuch von Jacob und Wilhelm Grimm, Leipzig 1854.*

Phase 2:
Kants Definition der Aufklärung

An diese einleitende Phase schließt sich nunmehr die Besprechung von Kants Abhandlung: ›Beantwortung der Frage: Was ist Aufklärung?‹ an.

Für eine Besprechung des Textes könnte dieser – wie es auch in vielen Lesebüchern für die Oberstufe geschieht – um einige Abschnitte gekürzt werden. So könnte man sich auf die Abschnitte 1–4 und 7–9 beschränken. Wir wollen aber die ungekürzte Abhandlung dem Stundenverlauf zugrunde legen, da die häufig ausgeschlossenen Abschnitte, in denen es im Wesentlichen um die Aufklärung »in Religionssachen« geht, mit Beispielen angereichert sind und so ein Verständnis der Kant'schen Abhandlung erleichtern.

Die Schüler dürften damit überfordert sein, ohne Hilfestellung und ohne Erläuterungen den Text sich durch eigene Lektüre anzueignen. Darum sei hier vorgeschlagen, zunächst den ersten Abschnitt der Abhandlung und den ersten Satz des zweiten Abschnitts zu lesen und zu besprechen, um auf diese Weise einen Einstieg zu gewinnen.

Im Unterrichtsgespräch müsste zunächst der erste kursiv gesetzte Satz der Abhandlung als Kants Definition des Begriffs ›Aufklärung‹ erkannt und danach das Definitionsverfahren beschrieben werden, das darin besteht, dass im zweiten und dritten Satz die zur Begriffsdefinition verwandten Begriffe nochmals eigens erläutert werden, bis dass ein Konsens über die Bedeutung der verwandten Wörter bei den Lesern vorausgesetzt werden darf.

In einem nächsten Gesprächsschritt sind die Voraussetzungen zu benennen, die Kant bei seiner Definition unausgesprochen macht, wenn er Aufklärung als den »Ausgang des Menschen aus seiner selbstverschuldeten Unmündigkeit« begreift. Kant setzt voraus, dass der Mensch seinem Wesen nach mündig ist, sich dieser Mündigkeit jedoch schuldhaft begeben hat. Dabei muss unentschieden bleiben (weil Kant darüber keine Ausführungen macht), ob er sich den Übergang des Menschen von der Mündigkeit zu selbstverschuldeter Unmündigkeit als zwei – in Analogie zum biblischen Sündenfall gedachte – geschichtliche Stadien der Menschheit denkt oder sich den Umschlag von Mündigkeit in Unmündigkeit als einen sich bei jedem Menschen erneut einstellenden Wechsel vorstellt. Eine weitere Voraussetzung, die Kant macht, ist, dass Aufklärung einen Entschluss bedeutet, den zunächst jeder Einzelne für sich fassen muss, dass Aufklärung mithin zunächst eine ganz und gar individuelle und erst in zweiter Linie eine Sache des Kollektivs ist, wie auch der Verlust der Mündigkeit nicht primär durch die Gesellschaft verschuldet ist, sondern von Kant als Schuld des Individuums angesprochen wird, da nämlich der Einzelne sich seinem Wesen insofern entfremdet, als er darauf verzichtet, sich seines eigenen Verstandes zu bedienen.

Des Weiteren müsste in dem Gespräch über die ersten beiden Abschnitte geklärt werden, dass Kant zwischen einer dem Menschen *a priori* zugesprochenen Mündigkeit und einer entwicklungsbedingten kindlichen und folglich natürlichen Unmündigkeit (*naturaliter maiorennes*) unterscheidet. Die Schüler sollen in einer Stillarbeitsphase Beispiele für eine solche natürliche Unmündigkeit und eine selbstverschuldete Unmündigkeit zusammentragen. Für die zuletzt genannte Form der Unmündigkeit kann auf die von Kant im zweiten Abschnitt gegebenen Beispiele (Buch, Seelsorger, Arzt) zurückgegriffen werden.

Phase 3:
Gründe für Unmündigkeit

Vor der Auswertung des zweiten und dritten Abschnitts lesen die Schüler erneut den Text und schließen dabei nun auch den dritten Abschnitt mit ein. Die die Lektüre begleitende Fragestellung ist: Welche Ursachen benennt Kant dafür, dass »ein so großer Teil der Menschen gerne zeitlebens unmündig bleibt«? Die von Kant genannten Ursachen können stichwortartig an der Tafel festgehalten werden. Es sind dies: Faulheit, Feigheit, Bequemlichkeit. Sie ermöglichen wiederum die Vorherrschaft der »Vormünder«. Diese wiederum reden den Entmündigten ein, dass es gefährlich sei, den Schritt zur Mündigkeit zu tun. Eine weitere Ursache ist, dass die Vormünder es verstehen, den Unmündigen einzureden, dass es für die Vormünder schwer sei, die Oberaufsicht – wie Kant ironisch sagt – ›gütigst‹ auf sich genommen zu haben. Ursache für den Hang zur Unmündigkeit ist auch, dass durch ein Straucheln bei den ersten mündigen Gehversuchen der Mensch leicht den Mut verliert, weiterzuschreiten. Der dritte Abschnitt nennt außerdem noch folgende Gründe: Der Mensch hat sich an den Zustand der Unmündigkeit gewöhnt. Satzungen und Formeln entlasten den Menschen zwar in seinem Handeln, indem sie Denken und Handeln ritualisieren und der Begründungspflicht entheben, aber so sind sie auch unbemerkt zu Fußfesseln geworden.

Eine Möglichkeit der Zusammenfassung der ersten Ergebnisse bietet die Auswertung des letzten Satzes des dritten Abschnitts: Für Kant bedeutet Aufklärung danach einen Prozess, der von dem einzelnen Individuum seinen Ausgang nehmen muss, indem dieses die »eigene Bearbeitung (seines) Geistes« wagt, d. h. ungeprüfte Autoritäten abweist. Warum dies bislang nur wenigen gelungen ist und wie es gerade diesen wenigen gelungen ist, darauf gibt der Text keine Antwort.

Hausaufgabe

Die Schüler sollen nunmehr die übrigen Abschnitte der Abhandlung (4–10) lesen und zu jedem Abschnitt eine geeignete Teilüberschrift in Stichwörtern finden.

4./5. Stunde:
Plädoyer für Mündigkeit –
Kant ›Was ist Aufklärung?‹ (II)

Unterrichtsverlauf

Phase 1:
Öffentlicher und privater Vernunftgebrauch

Die Auswertung der Hausaufgabe kann in Form eines Tafelanschriebes erfolgen. Dabei sind jeweils die geeignetsten Teilüberschriften, die die Schüler gefunden haben, an der Tafel festzuhalten. Das Ergebnis könnte folgendermaßen lauten:

Abschnitt 4: Wahre Reform der Denkungsart statt Revolution

Abschnitt 5: Öffentlicher und privater Gebrauch der Vernunft

Abschnitt 6: Freiheit in Religionssachen

Abschnitt 7: Aufgeklärtes Zeitalter oder Zeitalter der Aufklärung

Abschnitt 8: Aufgabe eines aufgeklärten Monarchen

Abschnitt 9/10: Freiheit in Ansehung der Gesetzgebung.

Das sich in der Auffindung der Zwischenüberschriften artikulierende Verständnis der einzelnen Abschnitte muss im Folgenden noch vertieft werden. Wir schlagen ein schrittweises, sich an den einzelnen Abschnitten orientierendes Vorgehen vor. Da sich jedoch die komprimierten Ausführungen des vierten Abschnitts wohl eher erschließen, wenn man sich zunächst über Kants Trennung zwischen dem Privatgebrauch und dem öffentlichen Gebrauch der Vernunft Klarheit verschafft hat, überspringen wir mit Ausnahme des ersten Satzes den vierten Abschnitt und wenden uns nach einem kurzen Gespräch dem fünften Abschnitt zu.

Im vierten Abschnitt (s. ersten Satz) wechselt Kant sein Thema von der Aufklärung des Individuums zur Aufklärung eines Publikums. Schwierigkeiten macht dem Schüler sicherlich die heute ungewöhnliche Verwendung des Begriffs ›Publikum‹, aber es bedarf nur des Verweises auf den lateinischen Ursprung (publicus), um den Schülern zu verdeutlichen, dass mit ›Publikum‹ die ›Öffentlichkeit‹ gemeint ist. Damit ist die Brücke zum fünften Abschnitt schon geschlagen. Hatte Kant als Voraussetzung zur Aufklärung der Öffentlichkeit, um die es ihm jetzt anstelle des Individuums geht, die Freiheit genannt, greift er diesen Gedanken nochmals zu Beginn dieses Abschnitts auf und erläutert im Folgenden, welche Form von Freiheit er darunter versteht. Freiheit ordnet er dem öffentlichen, Gehorsam dem Privatgebrauch der Vernunft zu. Was das für den Einzelnen bedeutet, liest man den zahlreichen Beispielen, die dieser Abschnitt enthält, leicht ab. Die Beispiele sollen die Schüler in einer Partnerarbeitsphase unter diesem Aspekt auswerten und zugleich nach weiteren Begriffen suchen, die Kant anstelle des Begriffs ›Publikum‹ verwendet (›Weltbürgerschaft‹, ›Leserwelt‹).

Die Ergebnisse der Partnerarbeit können in einem Tafelbild festgehalten werden. Dabei wären die Beispielfiguren (Offizier, Geistlicher und Finanzrat) in die Mitte zu setzen, sodass deutlich wird, dass sie als ein und dieselbe Person sowohl an dem öffentlichen (linkes Feld) als auch an dem Privat-gebrauch der Vernunft (rechtes Feld) partizipieren, sowohl Glied eines auf Gehorsam verpflichteten gemeinen Wesens als auch Mitglied innerhalb einer Weltbürgergesellschaft der Gelehrten sind und als solche keine Einschränkung ihrer Freiheit erfahren dürfen (s. Tafelanschrieb auf dem Stundenblatt).

Phase 2:
»Aufklärung in Religionssachen«

Die Analyse der ›Aufklärung in Religionssachen‹, wie sie Kant im sechsten Abschnitt vorlegt, ist paradigmatisch zu verstehen, beschreibt doch hier Kant, wie er sich den Aufklärungsprozess denkt, der von einer ›Verewigung der Ungereimtheiten‹ freigehalten und stattdessen als ein Kontinuum voranschreitenden Erkenntnisgewinns offen gehalten werden muss. Die Schüler sollen sich den sechsten Abschnitt der Abhandlung durch eine kleinere schriftliche Arbeit selbst erschließen. Unter der Fragestellung, ›Warum sollte eine Gesellschaft von Geistlichen nicht berechtigt sein, sich eidlich untereinander auf ein gewisses unveränderliches Symbol zu verpflichten, um so eine unaufhörliche Obervormundschaft über jedes ihrer Mitglieder und vermittels ihrer über das ganze Volk zu führen?‹ soll der Kant'sche Argumentationsgang in diesem Abschnitt möglichst in eigenen Worten wiedergegeben und auf seine Konsequenzen für die Aufgabe des Monarchen befragt werden. Ein solcher Kontrakt wäre nach Kant wider die »menschliche Natur, deren ursprüngliche Bestimmung gerade in diesem Fortschreiten besteht«; er verstieße gegen die Verpflichtung, die eine Gesellschaft gegenüber ihren Nachkommen hat, würde damit die »heiligsten Rechte der Menschheit verletzen und mit Füßen treten«. Auch der Monarch, wenn er sich so versteht, dass sich in ihm der gesamte Volkswillen vereinigt, darf nicht wider das Volk beschließen. Im Gegenteil, seine Aufgabe ist es, die Möglichkeit einer öffentlichen Diskussion über die Religionssachen zu gewährleisten.

Phase 3:
Öffentlichkeit heute

Sollte nach der schriftlichen Arbeit noch genug Zeit bleiben, so wäre der restliche Teil der Stunde für eine Diskussion mit den Schülern zu nutzen, deren Leitfrage sein könnte, wer heute die Aufgabe des Kant'schen Publikums übernommen habe bzw. worin sich heute bürgerliche Öffentlichkeit konstituiere und welchen Gefahren sie ausgesetzt sei. Fernsehen, Rundfunk und Presse sind heute neben den in Forschung und Lehre freien Wissenschaften wesentliche Bestandteile der bürgerlichen Öffentlichkeit, denen allerdings durch Monopolisierung, Kommerzialisierung bzw. Privatisierung im Zeitalter der Massenmedien unübersehbare Gefahren drohen.

Phase 4:
Aufgabe des aufgeklärten absolutistischen Monarchen

Am Beginn dieser Phase steht ein Schülerkurzreferat zu dem Thema ›Friedrich II. als aufgeklärter absolutistischer Monarch‹, das auf Informationen aus den im Unterricht benutzten Geschichtsbüchern, Universallexika oder Geschichtshandbüchern rekurrieren kann. Nach diesem Referat sollten die Schüler all jene Textstellen zusammentragen, wo Kant selbst die Aufgabe des Monarchen umreißt (s. vierter Abschnitt, Ende des sechsten Abschnitts, siebter bis neunter Abschnitt). Die Auswertung der Textstellen ergibt, dass Kant im absolutistischen Monarchen einen selbstdenkenden Herrscher sieht, der Toleranz übt, durch die Gewährung eines öffentlichen Gebrauches der Vernunft Freiheit des Denkens ermöglicht und sogar fördert, somit nicht den Fortschritt der Aufklärung behindert. Kant sieht ein solches Herrscherideal in Friedrich II. verkörpert, er nennt sogar nach ihm das ›Zeitalter der Aufklärung‹ das ›Jahrhundert Friedrichs‹. In diesem Monarchen findet er einen Herrscher, dessen Denkungsart als Staatsoberhaupt dahin geht, dass es einsieht, »dass selbst in Ansehung der Gesetzgebung es ohne Gefahr sei, seinen Untertanen zu erlauben, von ihrer eigenen Vernunft öffentlich Gebrauch zu machen und ihre Gedanken über eine bessere Abfassung derselben, sogar mit einer freimütigen Kritik der schon gegebenen, der Welt öffentlich vorzulegen«.

Phase 5:
»Wahre Reform der Denkungsart statt Revolution«

Bislang wurde eine nähere Betrachtung des vierten Abschnitts der Abhandlung ausgespart. Die Schüler sind erst jetzt in der Lage, diesen schwierigen Teil zu verstehen. Bei der Aufstellung der Teilüberschriften (s. o.) wurde bereits dieser Textabschnitt mit der Überschrift ›Wahre Reform der Denkungsart statt Revolution‹ versehen. Jetzt kann in einem fragend-entwickelnden Gespräch erörtert werden, warum Kant für die Reform plädiert, warum er die Revolution ablehnt und welche Gefahren er in einer Revolution sieht. Sie nützt nämlich seiner Ansicht nach nichts, weil das Volk selbst bei einem selbstdenkenden Herrscher, solange sich die Denkungsart nicht geändert hat, doch wieder neue Vormünder suchen wird und sich durch Demagogen in Unmündigkeit halten lässt. Die Revolution bringt allenfalls einen »Abfall von persönlichem Despotismus und gewinnsüchtiger oder herrschsüchtiger Bedrückung«. Jedoch werden neue Vorurteile »ebenso wohl als die alten, zum Leitbande des gedankenlosen Haufens dienen«.

Phase 6:
Der öffentliche Gebrauch der Vernunft in der Gesetzgebung

In der Fortsetzung des fragend-entwickelnden Gesprächs wird in einem letzten Schritt nochmals auf den letzten Abschnitt der Abhandlung verwiesen. Kant entwirft hier das Bild einer Gesellschaft, die den Schritt vom freien Denken zum freien Handeln vollzieht, und einer »Regierung, die es ihr selbst zuträglich findet, den Menschen, der nun mehr als Maschine ist, seiner Würde gemäß zu behandeln«.

Hausaufgabe

Als Hausaufgabe sollen die Schüler folgende Sätze aus Hamanns Kritik an Kants Auffassung erläutern und zu ihnen Stellung nehmen (s. Brief Johann Georg Hamanns an Christian Jacob Kraus, 18. Dez. 1784):

»Da reden sie als Vormünder, und müßen alles vergeßen u allem widersprechen, sobald sie in ihre eigene selbstverschuldete Unmündigkeit dem Staat Schaarwerk (= harte Arbeit) thun sollen. Also der öffentl. Gebrauch der Vernunft u Freyheit ist nichts als ein Nachtisch, ein geiler Nachtisch. Der Privatgebrauch ist das tägl. Brodt, das wir für jenen entbehren sollen.«

Eine Alternative zu dieser Hausaufgabe könnte sein, aus dem Beitrag, den Wieland auf die Fragestellung hin ›Was ist Aufklärung?‹ verfasste (s. unten) ein Plakat zu entwickeln, das den vorgelegten Auszug aus Wielands Text zu einigen wenigen ›aufklärerischen Parolen‹ zusammenfasst und gut lesbar festhält. Dies Plakat könnte, wenn es gelungen sein sollte, die Unterrichtsreihe insofern begleiten, als man es in dem Klassenraum an geeigneter Stelle befestigt und dort für die gesamte Unterrichtsreihe hängen lässt.

Arbeitsblatt zur 4./5. Stunde → *CD-ROM / Datei: AB_04_05.doc*

Christoph Martin Wieland: Sechs Fragen zur Aufklärung (Auszug)

Also I. »Was ist *Aufklärung?*«
Antwort: Das weiß jedermann, der vemittelst eines Paars sehender Augen erkennen gelernt hat, worin der Unterschied zwischen Hell und Dunkel, Licht und Finsternis besteht. Im Dunkeln sieht man entweder gar nichts oder wenigstens nicht so klar, dass man die Gegenstände recht erkennen und voneinander unterscheiden kann: sobald Licht gebracht wird, klären sich die Sachen auf, werden sichtbar und können voneinander unterschieden werden – doch wird dazu zweierlei notwendig erfodert: 1) dass Licht genug vorhanden sei, und 2) dass diejenige, welche dabei sehen sollen, weder blind noch gelbsüchtig seien, noch durch irgendeine andere Ursache verhindert werden, sehen zu können oder sehen zu wollen.
II. »Über welche Gegenstände *kann* und *muss* sich die Aufklärung ausbreiten?«
Drolligte Frage! Worüber, als über alle sichtbare Gegenstände? Das versteht sich doch wohl, dächte ich; Oder muss es dem Herrn noch bewiesen werden? Nun wohlan! Im Dunkeln (ein einziges löbliches und gemeinnütziges Geschäfte ausgenommen) bleibt für ehrliche Leute nichts zu tun als zu schlafen. Im Dunkeln sieht man nicht wo man ist? noch wo man hingeht, noch was man tut, noch was um uns her, zumal in einiger Entfernung, passiert; man läuft Gefahr, bei jedem Schritte die Nase anzustoßen, bei jeder Bewegung etwas umzuwerfen, zu beschädigen oder anzurühren, was man nicht anrühren sollte, kurz, alle Augenblicke Missgriffe und Misstritte zu tun; so dass, wer seine gewöhnlichen Geschäfte im Dunkeln treiben wollte, sie sehr übel treiben würde. Die Anwendung ist kinderleicht. Das Licht des Geistes, wovon hier die Rede ist, ist die Erkenntnis des Wahren und Falschen, des Guten und Bösen. Hoffentlich wird jedermann zugeben, dass es ohne diese Erkenntnis ebenso unmöglich ist, die Geschäfte des Geistes recht zu treiben, als es ohne materielles Licht möglich ist, materielle Geschäfte recht zu tun. Die Aufklärung, d. i. so viel Erkenntnis, als nötig ist, um das Wahre und Falsche immer und überall unterscheiden zu können, *muss* sich also über alle Gegenstände ohne Ausnahme ausbreiten, worüber sie sich ausbreiten *kann*, d. i. über alles dem äußern und innern Auge sichtbare. [...]

Alle Gegenstände unsrer Erkenntnis sind entweder geschehene Dinge oder Vorstellungen, Begriffe, Urteile und Meinungen. Geschehene Dinge werden aufgeklärt, wenn man bis zur Befriedigung eines jeden unparteiischen Forschers untersucht, ob und wie sie geschehen sind? Die Vorstellungen, Begriffe, Urteile und Meinungen der Menschen werden aufgeklärt, wenn das Wahre vom Falschen daran abgesondert, das Verwickelte entwickelt, das Zusammengesetzte in seine einfachern Bestandteile aufgelöst, das Einfache bis zu seinem Ursprung verfolgt und überhaupt keiner Vorstellung oder Behauptung, die jemals von Menschen für Wahrheit ausgegeben worden ist, ein Freibrief gegen die uneingeschränkteste Untersuchung gestattet wird. Es gibt kein anderes Mittel, die Masse der Irrtümer und schädlichen Täuschungen, die den menschlichen Verstand verfinstert, zu vermindern als dieses, und es kann kein anderes geben. [...]

In: Was ist Aufklärung? Thesen und Definitionen, hrsg. v. Ehrhard Bahr, Stuttgart 1974, S. 22 ff.

6. Stunde:
Das Bürgertum als soziale Trägergruppe der Aufklärung

Sachinformation

In dieser Stunde soll zweierlei klar gemacht werden:
1. Es soll dem Schüler anhand weniger Beispiele verdeutlicht werden, dass die Trägerschicht der Aufklärungsbewegung das Bürgertum war.
   »Doch muss man sich klar sein, dass nicht von einer bürgerlichen Klasse im Deutschland des 18. Jahrhunderts gesprochen werden kann. Zum Bürgertum als Summe von nichtadligen, nichtbäuerlichen, nebenständischen Kräften gehörten heterogene Gruppen, Männer im Dienst der Fürsten oder der Kirche, Kaufleute. Sie alle besaßen keinen festen Platz in der ständischen Gesellschaft; sie alle waren die ›Bürgerlichen‹ im neuen Sinne, die weder ökonomisch noch im Anspruch auf und in der Teilhabe an Bildung eine homogene Gruppe bildeten.« (Geschichte der deutschen Literatur. Aufklärung/Sturm und Drang, a.a.O., S. 28)
2. Was dem Bürgertum des 18. Jahrhunderts also gemein ist, ist allenfalls, dass es eben nichtadlig, nichtbäuerlich usw. ist. Und damit ist genau jenes Problemfeld bezeichnet, zu dessen Lösung die Literatur und die Wissenschaften im

18. Jahrhundert ihren Beitrag leisten. Die sich im Laufe des 18. Jahrhunderts konstituierende bürgerliche Gesellschaft, die sich zunächst einmal ein Verständnis ihrer selbst schaffen muss, bedarf des Diskussions- und des Erprobungsfeldes für bürgerliches Handeln und funktioniert in diesem Sinne Literatur um. Literarische Texte werden zu Verständigungstexten einer neu sich bildenden sozialen Gruppe, eine Funktion, die auch der Literatur in der Aufbauphase der DDR zufiel oder heute der Frauenliteratur zukommt.

Für die literarische Produktion des 18. Jahrhunderts gilt dann grob Folgendes:
* Die Aufklärung und die sie befördernde Literatur sind vor allem eine städtische Erscheinung, wobei insbesondere an große Handels- und Universitätsstädte zu denken ist, wie Hamburg, Leipzig, Frankfurt, Zürich, Halle oder Göttingen. Hier bildet sich – vor allem im protestantischen Norddeutschland – ein interessiertes Lesepublikum, wohingegen die Höfe – sieht man einmal von den sog. Hofpoeten zu Beginn des 18. Jahrhunderts ab – sich nicht an der nationalsprachlichen Literatur orientieren, sondern vornehmlich der französischen und italienischen Literatur bis weit ins 18. Jahrhundert hinein huldigen. Erst am Ende des Jahrhunderts unterstüt-

zen einige Höfe (Weimar, Darmstadt oder Karlsruhe) die deutsche Literatur. Im Gegensatz zu anderen europäischen Staaten fehlt es in Deutschland folglich an einem Zentrum. Erst ab 1780 nehmen – allerdings mit Einschränkungen – Berlin bzw. Wien diese Rollen ein.

• Im Laufe des 18. Jahrhunderts ist ein stetiges Anwachsen der literarischen und publizistischen Produktion zu verzeichnen. So verdoppelt sich im 18. Jahrhundert die Buchproduktion auf 400 000 bis 500 000 Titel, wobei der Anteil der in Latein geschriebenen Veröffentlichungen seine dominierende Stellung verlor. Zum Ende des 18. Jahrhunderts umfasste er lediglich noch 4 % (zu Beginn des Jahrhunderts nahm er noch 28 % in Anspruch). Die anwachsende literarische Produktion hat mehrfache Ursachen. Der Anteil der alphabetisierten Bevölkerung vergrößerte sich. Am Ende des Jahrhunderts betrug dieser 50 % (Beginn des 18. Jahrhunderts ca. 80–90 % Analphabeten), somit stieg auch sprunghaft die Anzahl potentieller Leser. Diese belief sich nach heutigen Schätzungen um 1770 auf 15 %, um 1800 aber bereits schon auf 25 % der Bevölkerung. Die Abkehr von der gelehrtsprachlichen lateinischen Buchkultur, damit die Öffnung zur Volkssprache, die Änderung des Leseverhaltens (von der intensiven zur extensiven Buchlektüre), das Anwachsen der Freizeit innerhalb der bürgerlichen Kleinfamilie, die zunehmende Freistellung von hausfraulichen Arbeiten, die Pädagogisierung und damit Literarisierung der Kindererziehung sind weitere Gründe für die steigende Buchproduktion. Man wird jedoch Vorsicht walten lassen müssen bezüglich der Einschätzung, wer denn nun im 18. Jahrhundert der Leser der Buch- und Presseerzeugnisse war. Ein Großteil des Bürgertums, vor allem des heute sog. Kleinbürgertums, hat gar keine Zeit zur Lektüre. Leser sind vor allem großbürgerliche Kreise, bzw. Bürger aus dem gehobenen Bürgertum und Dienstboten, letztere immerhin 10–20 % der Gesamtbevölkerung darstellend.

• Mit den Änderungen auf dem literarischen Markt ändert sich auch der Schriftstellertyp und dessen Selbstverständnis. Oberflächlich betrachtet, wird man sagen dürfen, dass sich innerhalb des 18. Jahrhunderts die Entwicklung von einem mäzenatisch betreuten Schriftsteller zum Typ des freien, vom literarischen Markt abhängigen Berufsschriftstellers vollzieht, der sich dem literarischen Geschmack der Zeit unterwerfen oder bewusst von ihm distanzieren kann und der andere Autoren als Konkurrenten begreifen muss. Abgesehen von den oben bereits erwähnten Hofpoeten wie Canitz, Besser und König nehmen für viele Autoren des 18. Jahrhunderts der Magistrat, die Kirche oder Bildungsinstitutionen wie die Universität mäzenatische Funktion ein, indem sie für ein festes Salär sorgen und dem Poeten die für seine Poesie nötigen Nebenstunden gewähren. Einige Beispiele mögen dies verdeutlichen: Hamburger Patrizier sind Brockes und Hagedorn, Leipziger Steuereinnehmer Rabener und Weiße, Gelehrte Haller, Bodmer, Breitinger und Gottsched. Eine andere Gruppe von Schriftstellern zeichnet sich dadurch aus, dass sie aus gebildetem, aber besitzlosem Mittelstand (Beamte, Pastoren- oder Lehrersöhne) stammt. Ab 1770 tritt dann noch eine weitere Gruppe von Literaten auf. Sie stammen aus den unteren bürgerlichen oder bäuerlichen Schichten wie Seume, Voß, Jung-Stilling, Moritz oder Klinger. Nur wenigen Autoren gelingt es im 18. Jahrhundert – und dies auch nur zeitweilig –, allein durch die literarische Produktion ihren Lebensunterhalt zu verdienen. Versuche dieser Art finden sich phasenweise bei Klopstock oder Lessing. Was von diesen intendiert wurde, musste jedoch erst real ermöglicht werden, z. B. durch das Verbot von Raub- und Nachdrucken wie durch eine Sicherung von geistigem Eigentum.

Unterrichtsverlauf

Vorbemerkung

Wer Zeit sparen will, könnte sich auch statt des vorgeschlagenen Unterrichtsverlaufs damit begnügen, durch ein einziges Schülerreferat die Grundlagen der literarischen Entwicklung im 18. Jahrhundert darzustellen. Sucht man in der Sekundärliteratur nach einer für Schüler geeigneten Textgrundlage, die zugleich verständlich, aber auch informativ gehalten ist, bietet sich besonders der entsprechende Abschnitt in der ›Geschichte der deutschen Literatur, Bd. 1, Aufklärung/ Sturm und Drang‹ von Theo Herold und Hildegard Wittenberg an (Klett Verlag, Leipzig 2002, S. 26–34).

Dieser Ausschnitt hat neben seiner Leichtverständlichkeit noch den Vorteil, dass zunächst ein kurzer Überblick über die politischen, sozialen und wirtschaftlichen Voraussetzungen der Aufklärungsbewegung im 18. Jahrhundert gegeben wird. Neben den politischen und sozioökonomischen Voraussetzungen liefert er in einem weiteren Teil brauchbare Informationen über spezifische Veränderungen des literarischen Marktes, des Lesepublikums und der Stellung des Autors innerhalb des Buchmarktes (vom Mäzenatentum zum freien Schriftsteller). Der Schüler, der mit dem entsprechenden Referat nach Möglichkeit noch vor Beginn der gesamten Unterrichtsreihe beauftragt werden sollte, wäre zugleich dazu anzuhalten, dass er die wichtigsten Sachverhalte in Form eines Thesenpapiers festhält und seinen Mitschülern zugänglich macht.

Phase 1:
Analyse von Voß' ›Stand und Würde‹

Den Schwerpunkt bilden die Anfertigung einer Tabelle und die Auswertung von Schaubildern und Statistiken, die in Gruppenarbeit erfolgen können. Um dafür den thematischen Rahmen zu geben, der darin zu sehen ist, dass das sich konstituierende Bürgertum im Wesentlichen Träger der Aufklärung und ihrer Literatur ist, sei vorweg ein Gedicht von Voß (1751–1826) behandelt, an dem die Situation und das sich ändernde Selbstverständnis des Bürgers im 18. Jahrhundert leicht ablesbar sind.

Das Gedicht, das im Unterrichtsgespräch leicht analysierbar ist, ist ein kurzer Dia-

---

1. Arbeitsblatt zur 6. Stunde → CD-ROM/Datei: AB_06_1.doc

Johann Hinrich Voß: Stand und Würde

Der adliche Rat.
Mein Vater war ein Reichsbaron!
Und Ihrer war, ich meine ...?

Der bürgerliche Rat.
So niedrig, dass, mein Herr Baron,
Ich glaube, wären Sie sein Sohn,
Sie hüteten die Schweine.
In: Voß: Werke in einem Band, Berlin u. Weimar 1976, S. 292.

log eines adligen und eines bürgerlichen Rates, wobei die einzelnen Dialogpartien auf die beiden Strophen verteilt sind. Dabei bleibt dem Bürger bezeichnenderweise das letzte Wort, ihm gehört der längere Redepart, denn die zweite Strophe ist um eine Zeile verlängert. Die mit der ersten Strophe gesetzte Reimabfolge spannt durch geschickte Verzögerung die Aufmerksamkeit auf das letzte Reimwort »Schweine«, die eigentliche Pointe des Gedichtes, die jedoch nicht vom Autor, sondern vom Leser selbst aufgeschlüsselt werden muss. Bürgerliches Selbstbewusstsein prägt diesen Kurzdialog, denn auf die blasierte, hämisch abbrechen-

de Frage des Barons, nachdem dieser stolz (s. das Ausrufezeichen am Ende der 2. Zeile) auf seine Herkunft, seinen ererbten Stand hingewiesen hat, weiß der Bürger mit einer ihm eigenen Schlagfertigkeit zu antworten, indem er auf sein Verdienst, die von ihm erbrachte Leistung hinweist. Das Gedicht legt Zeugnis ab für ein vom Bürger erworbenes Selbstbewusstsein. Seine auf Leistung rekurrierende Würde hält er dem Geburtsadel entgegen, er fühlt sich dem Adligen gleichgestellt, ja sogar überlegen. Der dreiste, witzig-spöttelnde Ton des bürgerlichen Rates beweist es.

---

2. Arbeitsblatt zur 6. Stunde → CD-ROM / Datei: AB_06_2.doc

Gruppe 1

Statusgruppen einer Residenzstadt im 18. Jahrhundert

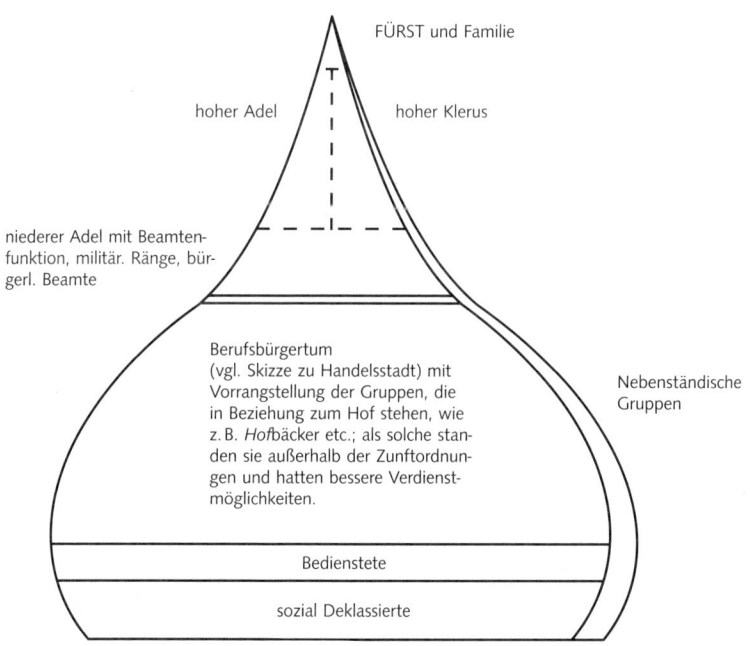

FÜRST und Familie

hoher Adel   hoher Klerus

niederer Adel mit Beamten-
funktion, militär. Ränge, bür-
gerl. Beamte

Berufsbürgertum
(vgl. Skizze zu Handelsstadt) mit
Vorrangstellung der Gruppen, die
in Beziehung zum Hof stehen, wie
z. B. *Hof*bäcker etc.; als solche stan-
den sie außerhalb der Zunftordnun-
gen und hatten bessere Verdienst-
möglichkeiten.

Nebenständische
Gruppen

Bedienstete

sozial Deklassierte

Zeichnungen aus: W. Barner/G. Grimm/H. Kiesel/M. Kramer: Lessing. Ein Arbeitsbuch für den literaturgeschichtlichen Unterricht. Verlag C. H. Beck, München 1975, S. 52 f.

Statusgruppen einer Handelsstadt im 18. Jahrhundert

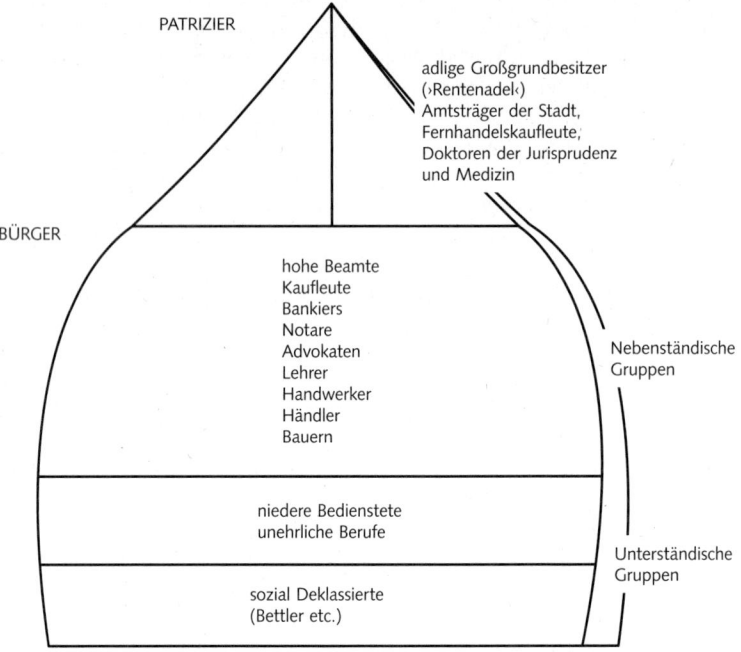

PATRIZIER

adlige Großgrundbesitzer
(›Rentenadel‹)
Amtsträger der Stadt,
Fernhandelskaufleute,
Doktoren der Jurisprudenz
und Medizin

BÜRGER

hohe Beamte
Kaufleute
Bankiers
Notare
Advokaten
Lehrer
Handwerker
Händler
Bauern

Nebenständische
Gruppen

niedere Bedienstete
unehrliche Berufe

Unterständische
Gruppen

sozial Deklassierte
(Bettler etc.)

Arbeitsaufträge:

• Wie unterscheidet sich der Statusaufbau einer Residenzstadt von dem einer Handelsstadt?

• Wo findet sich jeweils jene Gruppe, aus der sich später das so genannte ›Bürgertum‹ bilden wird?

• Wo könnte man in diesen Skizzen jeweils den Schriftsteller einordnen?

Gruppe 2

Tabelle 1

In den Jahren von 1780 bis 1782 verzeichnete das ›Magazin des Buch- und Kunst-Handels‹ insgesamt 7846 Titel »inländischer Schriften«. Nach Wittmanns regionaler Aufgliederung der Gesamtzahl von 7846 Büchern ergibt sich folgendes Bild der deutschen Verlagstätigkeit, wobei die Randgebiete und kooperierende ausländische Verleger mitberücksichtigt sind:

Norddeutschland	mit Leipzig:	5311 = 69,17 %
	ohne Leipzig:	4120 = 53,67 %
	(Leipzig:	1191 = 15,50 %)
Süddeutschland	mit Frankfurt:	1451 = 18,90 %
	ohne Frankfurt:	1190 = 15,50 %
	(Frankfurt:	261 = 3,40 %)

Tabelle 2

Die folgende Tabelle von Jentzsch zeigt den Wandel im Angebot lateinisch geschriebener Bücher in den einzelnen Sachgebieten nach den Leipziger Ostermess-Katalogen von 1740, 1770 und 1800:

	1740	1770	1800
In der Gesamtproduktion	27,68%	14,25%	3,97%
Außerklassische Philologie	80,00%	37,5%	3,57%
Naturwissenschaften	66,67%	30,44%	16,28%
Philosophie im engeren Sinne	62,96%	26,92%	7,69%
Jurisprudenz	53,79%	40,98%	6,2%
Klassische Philologie	55,55%	51,43%	41,03%
Philosophie im weiteren Sinne			
(mit Einschluss der Alchimie usw.)	45,45%	20,59%	7,45%
Allgemeine Gelehrsamkeit	42,50%	25,00%	15,625%
Medizin	38,00%	25,27%	4,306%
Fachmännisch-gelehrte theolog.			
Literatur	31,65%	24,14%	5,16%
Geschichte – Geographie	23,53%	8,18%	1,84%
Mathematik	23,08%	11,54%	1,88%
Gesamte Theologie	15,46%	12,86%	2,59%
Populär-moralische Schriften	8,00%	–	–
Schöne Künste und Wissenschaften	6,82%	3,72%	0,54%

Tabelle 3

Auf ständig rückläufiger Bahn bewegen sich:

	1740	1770	1800
die Theologie	38,54%	24,47%	13,55%
Jurisprudenz	12,85%	5,33%	5,02%
Allgemeine Gelehrsamkeit	5,298%	4,46%	1,44%

Alle Übrigen lassen sich als in stetem Vordringen begriffen beobachten:

	1740	1770	1800
Schöne Künste und Wissenschaften	5,83%	16,43%	21,45%
Populär-moralisch-philosophische			
Schriften	3,31%	3,41%	3,97%
Erziehung und Unterricht	0,535%	1,75%	4,09%
Praktische Hausbücher	0,93%	1,40%	2,06%
Staatswissenschaft	1,34%	2,80%	3,62%
Mathematik – Naturwissenschaft	3,31%	6,206%	7,12%
Medizin	6,62%	7,95%	8,135%
Landwirtschaft – Gewerbe	1,06%	5,24%	8,06%

Tabellen entnommen: Helmuth Kiesel, Gesellschaft und Literatur im 18. Jahrhundert, Verlag C. H. Beck, München 1977, S. 186, 198 f., 202.

Phase 2:
Der ›Bürger‹ in Stadt und Residenz

Mit einer Auslegung des Voss'schen Gedichtes kann dem Schüler verdeutlicht werden, welches Selbstbewusstsein die Bürger im Laufe des 18. Jahrhunderts gewinnt. Ein nächster Schritt wäre nun, sich anhand zweier Schaubilder zu vergegenwärtigen (s. S. 47 f.), welcher Stand denn der des Bürgertums im 18. Jahrhundert ist, welchen Ort es innerhalb der Ständehierarchie einnimmt. Die Interpretation dieser Schaubilder kann von einer Schülergruppe geleistet werden (die Ergebnisse sollen in einem kurzen Text wiedergegeben werden).

Eine andere Gruppe soll die Statistiken auf S. 48 f. auswerten, erläutern und ihre Ergebnisse in einem kurzen, selbstverfassten Text wiedergeben.

Eine dritte Gruppe kann damit beauftragt werden, sich über die Dichterbiographien einiger typischer Schriftsteller des 18. Jahrhunderts zu informieren. Die Autoren sind: Brockes, Gottsched, Haller, Gleim, Klopstock, Lenz, Lessing. Sie wurden ausgewählt, weil sie verschiedene Dichtertypen darstellen und verschiedene literarische Zentren und Gruppierungen bezeichnen. Außerdem sind sie z. T. Verfasser später zu behandelnder Texte. Die von den Schülern zusammengetragenen Daten müssten nun nach folgenden Gesichtspunkten ausgewertet werden:

* Lebensdaten
* Beruf neben der Schriftstellerei
* hauptsächlicher Wirkungskreis
* wichtige Werke (mit Gattungsbezeichnung)

Die Vorbereitung für diese Aufgabe müsste allerdings rechtzeitig – schon gleich zu Beginn der gesamten Unterrichtsreihe – gestellt werden, denn ein solcher Suchauftrag ist nicht leicht zu erfüllen, wenn die Nachschlagewerke nicht direkt im Unterricht zugänglich sind.

D. h. sieben Schüler müssten sich bereit erklären, Daten über die oben genannten Autoren zusammenzutragen, die nunmehr innerhalb der Gruppenarbeit in eine Tabelle eingearbeitet und allen Schülern kopiert zur Verfügung gestellt werden könnte. Ein Beispiel für eine solche Tabelle findet sich auf dem Stundenblatt.

Phase 3:
Bürgertum als kulturelle Trägerschicht

Nach Beendigung der Gruppenarbeit können deren Ergebnisse in einem Gespräch zusammengetragen werden, das sich auf die Frage konzentriert: Welche Rolle kommt dem Bürgertum innerhalb der Aufklärungsbewegung und ihrer Literatur zu? Erwähnung müsste in diesem Gespräch nochmals finden, dass man bei dem ›Bürgertum‹ des 18. Jahrhunderts zunächst noch von einer recht inhomogenen Gruppe ausgehen muss. So unterscheidet sich z. B. das Bürgertum einer Residenzstadt von dem einer Handelsstadt erheblich. Trotz dieser Unterschiede wird man aber die Behauptung aufstellen können, dass sich das Bürgertum zur wichtigsten kulturellen Trägerschicht herausbildet. Aus ihm stammen die Autoren wie die Leser, sodass allmählich an die Stelle des höfischen Mäzenatentums der literarische Markt tritt, der nunmehr im Wesentlichen von der deutschsprachigen Literatur, die vornehmlich dem Unterhaltungs-, Bildungs- und Erziehungsbedürfnis nachkommt, beherrscht wird.

Hausaufgabe

Einen besonderen Typ des Bürgers könnte der Schüler kennen lernen, wenn man ihm Gellerts Gedicht ›Der baronisirte Bürger‹ vorlegt. Hausaufgabe wäre dann, den von Gellert hier kritisch beleuchteten Typ des Bürgers zu charakterisieren und dabei die in der vorangegangenen Unterrichtsstunde gemachten Erkenntnisse über das Bürgertum im 18. Jahrhundert zugrunde zu legen. Was Gellert hier parodiert, ist der Typ des aufsteigenden Bürgers – heute würde man vom ›Neureichen‹ oder dem ›Parvenü‹ sprechen –, der den Reichtum von seinem Vater ererbt hat, den dieser noch durch Fleiß, Arbeit und karge Lebensführung gewonnen hatte. Die geerbte Million verhilft dem Sohn zum Adelstitel; er wird Baron. Angesichts dieses Reichtums, der ihm in den Schoß fällt, adaptiert er aus purem, dümmlichem Stolz den Lebensstil des Adels. Und ohne dass ein innerer Wert dem entsprochen hätte, ahmt er das gebieterische Wesen des Adels nach. Er erwägt, wo er mehr Ehre erwerben kann: im Kabinett oder in der Schlacht, auf politischem Feld oder auf dem Schlachtfeld. Ohne sich entscheiden zu können, besinnt er sich darauf, Baron zu sein, und sucht nach der entsprechenden Form der Repräsentation: Er umgibt sich mit Läufern und Heiducken, nimmt die halbe Stadt in Sold. Die Schmeichler, mit denen er sich umgeben hat, nutzen ihn aus, sodass schon sehr bald sein Reichtum dahin geschmolzen ist. Schuld daran sind: Wollust, Pracht und Stolz.

---

3. Arbeitsblatt zur 6. Stunde → CD-ROM / Datei: AB_06_3.doc

Christian Fürchtegott Gellert: Der baronisirte Bürger

Des kargen Vaters stolzer Sohn
Ward, nach des Vaters Tod, Herr einer Million,
Und für sein Geld in kurzer Zeit Baron.
Er nahm sich vor, ein grosser Mann zu werden,
Und ahmte, wenn ihm gleich der innre Werth gebrach,
Doch die gebiethrischen Gebehrden
Der Grossen zuversichtlich nach.
Bald wünscht er sich des Staatsmanns Ehre,
Vertraut mit Fürsten umzugehn;
Bald wünscht er sich das Glück, dereinst vor einem Heere
Mit Lorbern des Eugens zu stehn.
Kurz, er blieb ungewisse wo er mehr Ansehn hätte,
Ob in dem Feld, ob in dem Cabinette?
Indessen war er doch Baron;
Und sein Verdienst, die Million,
Ließ sich, zu alles Volks Entzücken,
In Läufem und Heiducken blicken.
Er nahm die halbe Stadt in Sold,
Bedeckte sich und sein Gefolg mit Gold,
Und brüstete sich mehr in seiner Staatscarosse,
Als die daran gespannten Rosse.

Er war der Schmeichler Mäcenat.
Ein Geck, der ihn gebückt um seine Gnade bat,
Und alles, was sein Stolz begonnte,
Recht unverschämt bewundern konnte,
Der kam so gleich in jener Freunde Zahl,
In der man mit ihm aß, ihn lobt, und ihn bestahl,
Und, wenn man ihn betrog, zugleich ihn überredte,
Dass er des Argus Augen hätte.
Was braucht es mehr, als Stolz und Unverstand,
Um Millionen durchzubringen?
Unsichrer ist kein Schatz, als in des Jünglings Hand,
Den Wollust, Pracht und Stolz zu ihren Diensten zwingen.
Der Herr Baron vergaß bay seinem grossen Schatz
Den Staatsmann und den Held, ward sinnreich im Verschwenden,
Und sah in kurzer Zeit sein Gut in fremden Händen;
Starb arm und unberühmt. Kurz, er bewies den Satz,
Dass Aeltern ihre Kinder hassen,
Wofern sie ihnen nichts, als Reichthum, hinterlassen.

In: Gellert: Werke, Bd. 1, hrsg. v. Gottfried Honnefelder, Frankfurt/M.: Insel 1979, S. 89.

7. Stunde:
Dichtung als Lehrdichtung – die Fabel als Prototyp

Sachinformation

Es lag nahe, dass die Lyrik der Aufklärung für sich die Fabeldichtung wieder entdecken sollte, kam sie doch der belehrenden Tendenz der Aufklärungsdichtung wie keine andere literarische Gattung entgegen, ja sie galt als eigene Gattung, wurde eher der Lehrdichtung als der Lyrik zugeordnet, und so bediente man sich zur Fabeldichtung sowohl der versifizierten, lyrischen Form wie der Prosa.

Als zu Beginn des 18. Jahrhunderts der Literatur ganz allgemein eine vorwiegend Nutzen bringende und erzieherische Aufgabe zugeteilt wurde, rückte die äsopische Fabel als eine didaktische Gattung sui generis in den Mittelpunkt praktischer, aber auch theoretischer Bemühungen. Den Anstoß zur Neubelebung gab in diesem Falle die Fabeldichtung Frankreichs, und hier insbesondere die La Fontaines, der dort zwischen 1668 und 1694 die Fabel wieder zu Ansehen brachte. Im Zeitraum zwischen 1740 und 1780 erlebte die Beschäftigung mit der Fabel in Deutschland einen Höhepunkt: Sie wurde gleichsam zur Modegattung. Zahlreiche Fabeldichter genossen eine ungebrochene Popularität; heute sind sie weitgehend vergessen: Namen wie Meyer von Knonau, Lichtwer, Gleim, Kästner, J. A. Schlegel, Zachariae, Pfeffel, Nicolay kennt heute kaum noch jemand.

Die Fabel als literarische Kurzform, die durch Verhüllung der Wahrheit mittels einer Fiktion Belehrung erteilt, erfüllt die seit Horaz verpflichtende Aufgabe der Poesie, nämlich sowohl zu belehren als auch gleichzeitig zu unterhalten. Sie bedient sich der Fiktionalität, indem sie vorwiegend tierische oder andere nichtmenschliche Protagonisten wählt, die jedoch über menschliche Verhaltensweisen verfügen. Sie kombiniert dies mit der Konstruktion demonstrativer und in ihrer Übertragbarkeit auf menschliches Handeln und Sein unmittelbar einsichtiger Fälle. So entstehen anschauliche Beispielerzählungen, die durch Pro- oder Epimythien auf eine oder mehrere Anwendungssituationen übertragen werden und gegebenenfalls in beigefügten Belehrungen geistlich, moralisch, politisch usw. ausgelegt werden. Lessings Definition der Fabel lautet:

»Wenn wir einen allgemeinen moralischen Satz auf einen besonderen Fall zurückführen, diesem besonderen Falle die Wirklichkeit erteilen, und jene Geschichte daraus dichten, in welcher man den allgemeinen Satz anschauend erkennt: so heißt diese Erdichtung eine Fabel.«

Neben die epigrammatisch zugespitzte Prosafabel Lessings tritt Modell bildend die Verserzählung eines Gellert, die für die Entwicklung der Fabel im 18. und 19. Jahrhundert und deren Pädagogisierung maßgeblich wurde, denn sie vermochte noch mehr, der Horazischen Forderung, Dichtung müsse belehren und zugleich unterhalten, entgegenzukommen. Sie diente einerseits der angenehmen Lektüre, andererseits der Tugendvermittlung, denn die sich im 18. Jahrhundert formierende bürgerliche Gesellschaft bediente sich ihrer, um so auf vergnüglich-belehrende Weise einen neuen, ihren Interessen entsprechenden Moralkodex zu vermitteln.

Im Folgenden sei an drei versifizierten Fabeln von Gellert, Lessing und Pfeffel gezeigt, wie die drei Autoren sich des Fabelmotivs vom Tanzbären bedienen und es in unterschiedlicher Weise bearbeiten.

Gellert wählt eine prosanahe, wenig durchformte Sprache, die ganz den gepflegten Plauderton annimmt, locker, ungezwungen und leicht wirkt. Kein vorgegebenes Reimschema wird eingehalten, die Zahl der Jamben variiert frei in den einzelnen Versen. Bei seinem Tanzbären erwähnt Gellert nur kurz, gleichsam als Vorgeschichte, dass sich der Tanzbär, der lange Zeit sein Brot ertanzen musste, entronnen war und sich seinen alten Brüdern wieder zugesellte (›und wählte sich den ersten Aufenthalt‹). Er berichtet von seinen Abenteuern in fremden Ländern, redet vom Tanzen und seinen Tanzkünsten, macht sie sogar vor; seine Brüder

versuchen, es ihm nachzutun, fallen aber aus Ungeschick hin und vertreiben ihn schließlich, weil sie seine Kunst verdrießt: ›Du Narr willst klüger sein als wir.‹

Daraus folgt als Moral ein Appell, seine Geschicklichkeit nicht herauszukehren, weil man nur dann, wenn man ungeschickt ist, von den andern nicht gehasst werde, denn nur so sei man jedermann ähnlich. Wenn man sich sogar dazu hinreißen lässt, von seinen Künsten vor den anderen zu prahlen, wird einem nach einer kurzen Zeit der Bewunderung schnell aus lauter Neid diese Geschicklichkeit als unvergebliches Verbrechen ausgelegt. Die Folge ist, dass man aus der Gemeinschaft der sich Ähnlichen ausgestoßen wird. Prahlsucht und Neid werden als zwei Eigenschaften des Menschen ausgewiesen, die dazu führen können, dass die Integration in die Gesellschaft missglückt.

Ganz anders geht Lessing das Motiv des Tanzbären an. Auch sein Tanzbär hat sich der Kette entrissen und ist wieder in den Wald zurückgekehrt und tanzt dort seiner Schar ein Meisterstück vor. Anders als bei Gellert kommentiert dieser Tanzbär sein Kunststück. Er ›schreit‹ es sogar aus, dass er sein Tanzen für ein Meisterstück hält: ›Seht das ist Kunst, das lernt man in der Welt.‹ Und er fordert die anderen Bären dazu auf, es ihm gleichzutun, wenn es ihnen gefalle und wenn sie es vermöchten. Ein alter Bär entgegnet ihm darauf, dass das Tanzen, so schwer und rar es auch sei, nur seinen niedern Geist und seine Sklaverei zeige. Anders ist also die Ausdeutung, die Lessing der Geschichte vom zurückkehrenden Tanzbären gibt. Während Gellert die Fabel schichtenunspezifisch ausdeutet, schreibt Lessing das Verhalten des Tanzbären einer bestimmten gesellschaftlichen Schicht zu. Es ist der Hofmann, der bei Hofe die höfischen Tanzstückchen gelernt hat und der sie nun vorzüglich spielend einsetzen kann: Lug, List, Kabalen, das Spielen mit Wort und Schwur. Dies alles auf Kosten des Witzes und der Tugend. Und so fragt sich, ob die Kunststücke des Bären wirklich lobenswert und nicht eher tadelnswert sind. Mit dieser unbeantwortet bleibenden Frage schließt Lessing den Auslegungsteil, aber durch die Zeichnung des Tanzbären im ersten Teil erweist sich die Frage nur als eine rhetorische. Sicherlich, das Verhalten des Tanzbären ist tadelnswert, denn er verhält sich durch die bei Hofe erlernte Kunst nur widernatürlich, und so tadelt der alte Bär zu Recht. Aus einer eindeutig bürgerlichen Position heraus wird von Lessing die Fabel vom Tanzbären bearbeitet. Sie verurteilt den prahlenden Höfling, der seine Herkunft vergessen hat.

Wieder anders behandelt Pfeffel die Figur des Tanzbären. Er malt die Vorgeschichte aus, indem er den Bären noch als Kind von einem Gauner aus den Pfoten der Mutter rauben lässt. Zugleich konkretisiert er die Örtlichkeit:

›Ein Gauner an dem Weichselstrand
Wo man nichts kennet als Despoten
Mit ehrnen Zeptern und Heloten
In Lumpen ...‹

Damit bekommt die Fabel auch ihren genauer bestimmten sozialen Kontext: Der Bärenraub geschieht in einem Land, das von einem Despoten regiert wird; die Untertanen sind dort, wie im alten Sparta, zu Staatssklaven gemacht. Ebenfalls verzichtet Pfeffel nicht darauf, den Despotismus des Gauners detailliert zu beschreiben. Die Mutter des Bärchens wird wohl getötet (›die durch ihn fiel‹), dem Bären hängt der Sieger einen Korb ums raue Kinn, Ring und Eisenkette würgen dem Bären fürderhin den Hals, und die Zähne werden stumpf gemacht, damit der Bär nicht beißen kann. Der Despot verfügt über den Tanzbären mitleidlos; er zwingt den armen Wicht zum Tanz und fordert von ihm, ganz widernatürlich auf seinem Rücken zur Belustigung des Publikums einen Fratzen schneidenden Affen ›durch die Welt‹ zu tragen. Geäußerter Unmut oder sogar Widerstand des Bären müssen sogleich seine Knochen oder sein Magen büßen. Nach drei Jahren der Knechtschaft eröffnet sich plötz-

lich die Freiheit, als der Despot im Sturm der Schwelgerei vergisst, den Bären an die Kette zu schließen. Der Bär ergreift umgehend die Flucht und flieht zu seinen Brüdern. Hier setzten eigentlich erst die Fabeln von Lessing und Gellert ein. Pfeffel hatte die Vorgeschichte ausgemalt, um auf diese Weise die von ihm intendierte Verstehensdisposition zu schaffen. Es geht bei dem Tanzbären um Freiheit und Knechtschaft, bzw. um das Aufbegehren wider den Tyrannen und damit um eine bewusste Aktualisierung der dem Leser der damaligen Zeit in der Gellert- und Lessingschen Bearbeitung bekannten Fabel. Der Bär vergisst nicht, was man ihm angetan hat, auch wenn er bei seinen Brüdern herzlichst aufgenommen wird, man ihn sogar zum Bürger ›einweiht‹. Als er seinen einstigen Henker den dunklen Wald durchstreifen sieht, stürzt er sich auf ihn und brüllt: ›Nun kommt der Tanz an dich‹. Und er ›packt ihn mit seinen Tatzen, presst ihn mit wilder Lust an seine Brust, dass diesem alle Rippen zerplatzen‹.

Es folgt die epigrammatische Zuspitzung der Fabel in den letzten Versen:

›Ihr Zwingherrn, bebt! Es kömmt ein Tag,
An dem der Sklave seine Ketten
Zerbrechen wird, und dann vermag
Euch nichts vor seiner Wut zu retten.‹

So droht Pfeffel kurz nach Ausbruch der Französischen Revolution als Warnung an die Adresse des deutschen Despoten, dass ihn nicht das Schicksal des Henkers in der Fabel ereile. Damit erweitert Pfeffel die ethisch-moralische Didaktik Gellerts zu einer praktisch-politischen Didaktik.

Unterrichtsverlauf

Phase 1:
Vom Nutzen und Wesen der Fabel

An den Anfang der Stunde stellen wir zwei kurze Auszüge aus Lessings Fabelabhandlungen (s. S. 55 f.), die aber nur dazu dienen sollen, den Schülern das in ihre Erinnerung zurückzurufen, was sie in früheren Jahrgangsstufen über und an Fabeln kennen gelernt haben. Nach den Lehrplänen wird wohl meist die Fabellektüre bzw. die ›Behandlung‹ von Fabeltexten in den Klassen der Orientierungsstufe angenommen werden müssen, d. h. in den Klassen 5 oder 6. Meist ist es auch so, dass die Schüler sich der Fabel als einer ›Tierdichtung‹ erinnern können, die ein moralischer Lehrsatz beschließt. Diese Erinnerungsstücke dürften ausreichen, um sie mit dem Auszug aus der Lessingschen Fabelabhandlung zu verbinden. Mit den Schülern wäre nun herauszuarbeiten, warum – was ihnen als Information an die Hand gegeben werden müsste – gerade die Zeit der Aufklärung die Fabel für sich wieder entdeckt, es geradezu zu einer Renaissance dieser literarischen Gattung kommt. Es dürfte leicht für die Schüler einzusehen sein, dass gerade die Fabel dann wegen ihres ›didaktischen‹ Charakters wieder in Mode kommt, wo die Literatur zu einem großen Teil in den Dienst der ›moralischen Erziehung‹ oder der Internalisierung neuer moralischer Regeln, die für die neue soziale Trägerschicht unabdingbar sind, gestellt wird.

Phase 2:
Drei ›Tanzbär‹-Fabeln im Vergleich

In einem weiteren Schritt sind die drei Fabeln von Gellert, Lessing und Pfeffel auszuteilen (s. S. 57 ff.), wobei die Lerngruppe nach Möglichkeit in drei Kleingruppen gegliedert wird, von denen jede eine der drei Fabeln zur Bearbeitung vorgelegt bekommt. Die Arbeitsaufträge an die Gruppen sollten zum einen dahingehend formuliert sein, dass die Mitglieder der Gruppe versuchen, die ›Moral der Geschichte‹ in eigenständigen, kurzen, aber präzisen Formulierungen zu fassen. Zum andern sollten sie die Machart des Textes beschreiben, indem sie eine Inhaltsangabe geben, den erzählerischen Duktus zu charakterisieren versuchen und auch auffällige Formelemente benennen.

Phase 3:
Chronologische Reihung der Fabeln

Haben die einzelnen Gruppen ihre Ergebnisse vorgetragen, könnte in einem weiteren Unterrichtsschritt darüber spekuliert werden, in welcher zeitlichen Folge die Texte erschienen sind. Dazu ist allerdings wichtig, dass den Schülern die Texte ohne Entstehungsdatum ausgehändigt worden sind. Sie müssten nun eine chronologische Reihe der Textentstehung ersinnen und jeweils begründen. Es dürfte nicht allzu schwer fallen, in den drei Texten eine Radikalisierung vorzufinden, die der Aufklärungsbewegung und der ihr innewohnenden Radikalisierung über die letzten Jahrzehnte des 18. Jahrhunderts hinweg entspricht.

---

1. Arbeitsblatt zur 7. Stunde → CD-ROM/Datei: AB_07_1.doc

Gotthold Ephraim Lessing: Von einem besonderen Nutzen der Fabeln in den Schulen

Den Nutzen, den ich itzt mehr berühren als umständlich erörtern will, würde man den heuristischen Nutzen der Fabeln nennen können. Warum fehlt es in allen Wissenschaften und Künsten so sehr an Erfindern und selbst denkenden Köpfen? Diese Frage wird am besten durch eine andre Frage beantwortet: Warum werden wir nicht besser erzogen? Gott gibt uns die Seele; aber das Genie müssen wir durch die Erziehung bekommen. Ein Knabe, dessen gesamte Seelenkräfte man, so viel als möglich, beständig in einerlei Verhältnissen ausbildet und erweitert; den man angewöhnt, alles, was er täglich zu seinem kleinen Wissen hinzulernt, mit dem, was er gestern bereits wusste, in der Geschwindigkeit zu vergleichen, und Acht zu haben, ob er durch diese Vergleichung nicht von selbst auf die Dinge kömmt, die ihm noch nicht gesagt worden; den man beständig aus einer Scienz in die andere hinübersehen lässt; den man lehrt, sich ebenso leicht von dem Besondern zu dem Allgemeinen zu erheben, als von dem Allgemeinen zu dem Besondern sich wieder herabzulassen. Der Knabe wird ein Genie werden oder man kann nichts in der Welt werden. Unter den Übungen nun, die diesem allgemeinen Plane zufolge angestellet werden müssten, glaube ich, würde die Erfindung äsopischer Fabeln einen von denen sein, die dem Alter eines Schülers am allerangemessensten wären; nicht dass ich damit suchte, alle Schüler zu Dichtern zu machen; sondern weil es unleugbar ist, dass das Mittel, wodurch die Fabeln erfunden worden, gleich dasjenige ist, das allen Erfindern überhaupt das Allergeläufigste sein muss. Dieses Mittel ist das Principium der Reduktion.

G. E. Lessing: Von einem besonderen Nutzen der Fabeln in den Schulen, in: Lessing: Werke, hrsg. v. Herbert Göpfert u. a., Bd. 5, München 1973, S. 416.

Gotthold Ephraim Lessing: Von dem Wesen der Fabel

Die anschauende Erkenntnis ist vor sich selbst klar. Die symbolische entlehnet ihre Klarheit von der anschauenden.

Das Allgemeine existiert nur in dem Besondern und kann nur in dem Besondern anschauend erkannt werden. Einem allgemeinen symbolischen Schlusse folglich alle Klarheit zu geben, deren er fähig ist, das ist, ihn so viel als möglich zu erläutern, müssen wir ihn auf das Besondere reduzieren, um ihn in diesem anschauend zu erkennen. [...] Das Mehrere aber, das die Sittenlehre außer der Erläuterung ihren allgemeinen Schlüssen schuldig ist, bestehet eben in dieser ihnen zu erteilenden Fähigkeit, auf den Willen zu wirken, die sie durch die anschauende Erkenntnis in dem Wirklichen erhalten, da andere Wissenschaften, denen es um die bloße Erläuterung zu tun ist, sich mit einer geringern Lebhaftigkeit der anschauenden Erkenntnis, deren das Besondere, als bloß möglich betrachtet, fähig ist, begnügen.

Hier bin ich also! Die Fabel erfordert deswegen einen wirklichen Fall, weil man in einem wirklichen Falle mehr Bewegungsgründe und deutlicher unterscheiden kann als in einem möglichen; weil das Wirkliche eine lebhaftere Überzeugung mit sich führet als das bloß Mögliche. [...] Und nunmehr glaube ich meine Meinung von dem Wesen der Fabel genugsam verbreitet zu haben. Ich fasse daher alles zusammen und sage: Wenn wir einen allgemeinen moralischen Satz auf einen besondern Fall zurückführen, diesem besondern Falle die Wirklichkeit erteilen und eine Geschichte daraus dichten, in welcher man den allgemeinen Satz anschauend erkennt, so heißt diese Erdichtung eine Fabel.

G. E. Lessing: Vom Wesen der Fabel, in: Lessings Werke in fünf Bänden, hrsg. v. den Nationalen Forschungs- und Gedenkstätten der klassischen deutschen Literatur in Weimar, Bd. 5, Berlin u. Weimar 1965, S. 181 f.

2 Darstellung der Einzelstunden

Christian Fürchtegott Gellert: Der Tanzbär (1746)

Ein Bär, der lange Zeit sein Brot ertanzen müssen,
Entrann und wählte sich den ersten Aufenthalt.
Die Bären grüßten ihn mit brüderlichen Küssen
Und brummten freudig durch den Wald,

Und wo ein Bär den andern sah,
So hieß es: »Petz ist wieder da!«
Der Bär erzählte drauf, was er in fremden Landen
Für Abenteuer ausgestanden,
Was er gesehn, gehört, getan.
Und fing, da er vom Tanzen red'te,
Als ging er noch an seiner Kette,
Auf Polnisch schön zu tanzen an.

Die Brüder, die ihn tanzen sahn,
Bewunderten die Wendung seiner Glieder,
Und gleich versuchten es die Brüder;
Allein anstatt, wie er, zu gehn,
So konnten sie kaum aufrecht stehn,
Und mancher fiel die Länge lang darnieder.
Um desto mehr ließ sich der Tänzer sehn;
Doch seine Kunst verdross den ganzen Haufen.
»Fort«, schrien alle, »fort mit dir!
Du Narr willst klüger sein als wir?«
Man zwang den Petz, davonzulaufen.

Sei nicht geschickt, man wird dich wenig hassen,
Weil dir dann jeder ähnlich ist;
Doch je geschickter du vor vielen andern bist,
Je mehr nimm dich in Acht, dich prahlend sehn zu lassen.
Wahr ist's, man wird auf kurze Zeit
Von deinen Künsten rühmlich sprechen;
Doch traue nicht, bald folgt der Neid
Und macht aus der Geschicklichkeit
Ein unvergebliches Verbrechen.

In: Gellert: Werke, Bd. 1, hrsg. v. Gottfried Honnefelder, Frankfurt/M.: Insel 1979, S. 30.

Gotthold Ephraim Lessing: Der Tanzbär (1759)

Ein Tanzbär war der Kett' entrissen,
Kam wieder in den Wald zurück,
Und tanzte seiner Schar ein Meisterstück
Auf den gewohnten Hinterfüßen.
»Seht«, schrie er, »das ist Kunst; das lernt man in der Welt.
Tut es mir nach, wenn's euch gefällt;
Und wenn ihr könnt!« – »Geh«, brummt ein alter Bär,
»Dergleichen Kunst, sie sei so schwer,
Sie sei so rar sie sei,
Zeigt deinen niedern Geist und deine Sklaverei.«

Ein großer Hofmann sein,
Ein Mann, dem Schmeichelei und List
Statt Witz und Tugend ist;
Der durch Kabalen steigt, des Fürsten Gunst erstiehlt,
Mit Wort und Schwur als Komplimenten spielt,
Ein solcher Mann, ein großer Hofmann sein,
Schließt das Lob oder Tadel ein?

Gottlieb Konrad Pfeffel: Der Tanzbär (1783)

Ein Gauner an dem Weichselstrand,
Wo man nichts kennet als Despoten
Mit ehrnen Zeptern und Heloten[1]
In Lumpen, zog mit kecker Hand
Ein Bärchen aus der Mutter Pfoten,
Die durch ihn fiel. Der Sieger hing
Flugs einen Korb dem armen Waisen
Ums rauhe Kinn; ein dichter Ring
Mit einem Gängelband von Eisen
Würgt ihm den Hals, und überdies
Stumpft er, um sich vor seinem Biss
Zu schützen, ihm die jungen Zähne.
Da half kein Heulen, keine Träne.
Noch mehr: er zwang den armen Wicht,
Mit aufgerecktem Kopf und Ranzen,
Er mochte wollen oder nicht,
Nach seinem Dudelsack zu tanzen und seinen Affen Favorit[2],
Der, taub gleich ihm, bei Petzens Klagen,
Wenn dieser seufzte, Fratzen schnitt,
Als Reitpferd durch die Welt zu tragen.
Wenn ihn der Unmut überwand,

---

1   Staatssklaven in Sparta
2   Günstling

So büßten seinen Widerstand
Bald seine Knochen, bald sein Magen.
So strich ihm unter tausend Plagen
Bereits das dritte Jahr vorbei,
Als einst, im Sturm der Schwelgerei,
Sein Herr vergaß, ihn anzuschließen.
Die Freiheit winkt; mit schnellen Füßen
Verlässt er seine faule Streu
Und fliehet, von den Finsternissen
Der Nacht bedeckt, durch Busch und Moor
Ins nahe Holz. Mit frohen Küssen
Empfängt ihn seiner Brüder Chor.
Der eine reicht ihm leckre Speisen,
Der andre hilft ihm, von dem Eisen
An Hals und Schnauze sich befrein.
Der Hetmann[3] eilet voll Entzücken,
Den Gast mit Eichenlaub zu schmücken,
Und weihet ihn zum Bürger ein.
Kaum konnte Petz sein Glück ermessen,
Doch lernt er eher Honig fressen
Und nur sich selbst gehorsam sein
Als seines Henkers Wut vergessen.
Einst sah er ihn den dunkeln Hain
Durchwandeln; gleich dem Höllendrachen
Stürzt er mit aufgesperrtem Rachen
Sich über ihn. »Ha, Wüterich!«
Brüllt er. »Nun kommt der Tanz an dich.«
Jetzt packt er ihn mit seinen Tatzen
Und presset ihn mit wilder Lust
So fest an seine Felsenbrust,
Dass alle Rippen ihm zerplatzen.

Ihr Zwingherrn, bebt! Es kömmt ein Tag,
An dem der Sklave seine Ketten
Zerbrechen wird, und dann vermag
Euch nichts vor seiner Wut zu retten.

Zitiert nach Klett Editionenheft »Fabel und Parabel«, Stuttgart 1982, S. 40/41.

---

3   im damaligen Königreich Polen Befehlshaber der Truppen

Sequenz II:
Lessings ›Nathan der Weise‹

Vorüberlegungen zum ›Nathan‹

Der ›Nathan‹ ist zum ›Klassiker‹ geworden. Er beherrscht die Bühne und gehört in den Schulen zumindest zum ›geheimen Kanon‹ oder schon wieder zur verpflichtenden Lektüre bzw. zum verbindlich gemachten Kanon. Damit aber ist die Gefahr gegeben, dass der ›Nathan‹ zur abgeklapperten Schullektüre, zum konsumierten ›Bildungsgut‹, eben zum ›toten Klassiker‹ wird und sein Autor Lessing, wie Jean Améry warnend feststellte, »feierlich im deutschen Pantheon begraben« wird. Die routinierte Lektüre des ›Nathan‹ im Bildungs- und Kulturgeschäft glättet den Text, ebnet seine Widerstandsfähigkeit zugunsten einer in Festreden herbeibeschworenen idealisierten Humanität ein, die von der Wirklichkeit in jedem Augenblick Lügen gestraft wird: Die Schüler sind hellhörig und skeptisch gegenüber einer solchen scheinhaften Harmonisierung, deren ideologische Interessen sie leicht durchschauen können.

Aber auch noch andere Schwierigkeiten birgt eine Behandlung des ›Nathan‹ in der Schule in sich. Gemessen an anderen ihnen bekannten Dramen halten die Schüler den ›Nathan‹ für ein äußerst sprödes Werk, dem es an erwarteter Spannung mangelt. Die weitgehende Aussparung eigentlich szenisch-theatralischer Elemente zugunsten des reinen Dialogs schreckt ab. Gleiches gilt auch für die dem Drama oft unterstellte Lehrhaftigkeit. Schon die Zeitgenossen Lessings sprachen von ›Nathan‹ als einem »dramatischen Lehrgedicht« (Mendelssohn). Blankenburg nennt ihn das »erhabenste aller Lehrgedichte«, und Engel meint gerade hinsichtlich der dialogischen Form, »Nathan sei das vielleicht rührendste und erhabenste, wie das tiefste und ideenreichste aller Lehrgedichte«.

Auch in der heutigen Forschung findet sich zuweilen diese Ansicht wieder. So stellt G. Mattenklott fest, dass Lessing mit seinem ›Nathan‹ von seinem früher befolgten dramaturgischen Konzept abweiche:

»Mit dem ›Nathan‹ wird das Drama philosophisch. Das heißt, seine Wahrheit ereignet sich nicht in der Sprache des Dialogs, in dessen Rationalität sie zum Erscheinen käme, und sie ist von keiner dramatischen Vergegenwärtigung mehr glaubwürdig zu veranschaulichen. So wird die dramatische Handlung als eine Parabel relativiert, die auf eine Wahrheit jenseits ihrer selbst verweist. Dass der ›Nathan‹ kein Drama mehr im Sinne seiner Dramaturgie ist, hat Lessing angedeutet, wenn er das Stück – im Anschluss an Voltaires Bezeichnung des ›genre moyen‹ – ein ›dramatisches Gedicht‹ nennt.« (Gerd Mattenklott: Drama – Gottsched bis Lessing, in: Deutsche Literatur. Eine Sozialgeschichte, hrsg. v. Horst Albert Glaser, Bd. 4, Hamburg 1980, S. 197)

Wer die Ansicht teilt, Lessings ›Nathan‹ sei nichts anderes als ein dramatisiertes Lehrgedicht, wird zum einen Verständnis für jene Schüler aufbringen können, die sich solcher direkten Belehrung mit gutem Recht verschließen. Er wird es zum andern auch für legitim erachten – was häufig in der Schule praktiziert wird –, dass der ›Nathan‹ lediglich auf sein Herzstück, die Parabel von den drei Ringen, verkürzt wird, denn hier habe man – so argumentieren diejenigen, die den Text entsprechend behandeln – das didaktische Konzentrat in Händen, das man ohne weiteres aus dem dramatischen Kontext herauslösen könne. Die Parabel biete den Leitgedanken des Stückes, dass nämlich die Dogmen einer Religion für sich nichts bedeuten und über ihren Rang gegen andere Religionen einzig die humanisierende Kraft entscheide, die dem Glauben innewohne. Praktische Humanität übersteige an Wert jede Theorie und jeden für das soziale Verhalten folgenlosen Wahrheitsbesitz. Ein solcher, das Drama illegitim verkürzender Interpretationsversuch verursacht selbst bei den Schülern Desinteresse dem Stück gegenüber.

Nach all dem Gesagten dürfte deutlich geworden sein, dass ein Interpretationsansatz für den ›Nathan‹ in der Schule gefunden werden muss, der Ringparabel und dramatische Handlung in eine einsichtige Beziehung zueinander setzt, und zwar so, dass nicht die Handlung lediglich als Exemplifizierung der Parabel gedeutet wird. Darüber hinaus muss auch die Schülerkritik ernst genommen werden, die dem ›Nathan‹ ein Höchstmaß an Unwahrscheinlichkeit, Konstruiertheit und damit Unglaubwürdigkeit und Folgelosigkeit unterstellt. Schüler verweisen bei diesem Punkt immer wieder auf die Schluss-Szene, die ihnen in der »stummen Wiederholung allseitiger Umarmungen« zu sehr erzwungen, gestellt, ja sentimental und beinahe kitschig zu sein scheint. Und sie wehren sich gegen die Nathan-Gestalt selbst als eine zu sehr idealisierte, dem Leben schon zu sehr enthobene Pädagogenfigur. Es sind aber genau diese kritischen Schüleräußerungen, die fruchtbar gemacht werden können. Lessing selbst geht auf die Unwahrscheinlichkeit seines ›Nathan‹ ein, wenn er in der Ankündigung des Stückes (der Nathan ist zur Subskription ausgeschrieben worden) davon spricht, dass er im »Augenblicke des Verdrusses, in welchem man immer gern vergessen möchte, wie die Welt wirklich ist« (S. 179, Zitate erfolgen nach der Klett Editionen-Ausgabe mit Materialien), seinen »alten theatralischen Versuch« wieder in die Hand genommen habe, um an ihn die »letzte Feile« (ebd.) zu legen. Der Augenblick des Verdrusses ist nicht ungeeignet für dieses Unterfangen, sondern »mitnichten: die Welt, wie ich sie mir denke, ist eine ebenso natürliche Welt, und es mag an der Vorsehung wohl nicht allein liegen, dass sie nicht ebenso wirklich ist« (ebd.).

Der ›Nathan‹ selbst entstammt also einem Augenblick, in dem Lessing der defizien-te Modus der Wirklichkeit besonders klar vor Augen trat. Der ›Nathan‹ ist aber keine Flucht aus dieser Welt in ein Reich der Versöhnung, sondern er ist ganz und gar eben das Widerspiel von Wirklichem und Natürlichem, von dem, was ist, und dem, was sein könnte, wenn der Mensch zu seiner Natur fände, die als Möglichkeit in ihm schlummert. Der im ›Nathan‹ am Ende erreichte Zustand der Menschlichkeit ist keine Fluchtutopie mehr, sondern er wird als ein in sich fragiler Zustand gezeigt. Nathan ist nicht das bürgerliche Humanitäts- und Toleranzdrama, auf das es reduziert wurde, sondern vielmehr, darin hat Wolfgang Kröger Recht, das »Drama einer gefährdeten Utopie«. Kröger schreibt:

»Die Aufklärung, die in Lessings Arbeiten und in seinem Verhalten zum Ausdruck kommt, verfügt nicht – wie es Adorno/Horkheimer in ihrer ›Dialektik der Aufklärung‹ für alle Aufklärungsphilosophie unterstellen – im ›Blick des Herrn, im Kommando‹ über die Geschichte, sondern die Aufklärungshoffnung ist der Geschichte ausgeliefert, und der Aufklärer Lessing versucht deshalb, möglichst viele Menschen auf ihr Richteramt im Streit um die Wahrheit und damit an ihre Möglichkeiten als Subjekte geschichtlichen Handelns und geschichtlicher Verantwortung zu erinnern. [...] Lessing hat im Fragmentenstreit und im ›Nathan‹ versucht, humanes aufklärerisches Handeln zu begründen und zu initiieren, ohne über die geschlossene ›Geschichtstheologie‹ zu verfügen, die den Weg und das Ende der Geschichte zu wissen behauptet. Wenn heute vielfach nur noch die Alternative zwischen resignativer Passivität und dem geschichts- und menschenverachtenden Systemzwang dogmatischer Weltanschauungen zu bestehen scheint, wird die Art ›unbefriedigter Aufklärung‹, die noch immer in Arbeit, im Fortschritt, im Werden ist (so Herder über Lessings Methode), neu lebendig.« (Wolfgang Kröger: Lessings ›Nathan‹: Drama einer gefährdeten Utopie, in: literatur für leser, Heft 1, 1979, S. 10)

Im ›Nathan‹ sind die Menschen nicht Objekte der Geschichte. Sicherlich, es gibt eine göttliche Vorsehung, und der ›Nathan‹ ist das Spiel einer solchen Vorsehung, ein Anti-›Candide‹. Aber die Menschen müssen sich als Subjekte ihrer eigenen Geschichte bewähren, denn

»die Vereinigung des Getrennten schreitet in dem Maße fort, wie es gelingt, das in der Parabel ausgesprochene Gebot vorurteilsfreier praktischer Frömmigkeit und Nächstenliebe zu verwirklichen. Die verwandtschaftliche Beziehung der Personen ist vorgegeben, aber sie muss innerlich nachvollzogen und angeeignet werden, ehe sie volle Wirklichkeit gewinnen kann, und der Anstoß dazu geht von einer Gestalt aus, die biologisch in dieses Verwandtschaftsverhältnis nicht hineingehört, sondern durch Geist und Entschluss, die es deshalb auch zu einem geistigen, vom Menschen verantworteten macht: Es ist der Jude Nathan, Rechas Adoptivvater.« (Gerhard Kaiser: Geschichte der deutschen Literatur, Bd. 3. Aufklärung, Empfindsamkeit, Sturm und Drang, München ²1976, S. 133)

Auf zweierlei hin muss folglich die Interpretation des Stückes angelegt sein, wenn sie das Moment der Aktualität gewinnen will, das nötig ist, damit ›Nathan‹ nicht zum toten Klassiker verkommt: Die die Geschichte mitgestaltende Kraft menschlicher Subjektivität muss herausgestellt und die Gefährdung und Bedrohung der zu erringenden Humanität müssen deutlich werden:

»Humanität verwirklicht sich im ›Nathan‹ auf der Bühne, im Theater, also gegen die Realität der Kreuzzüge; das humane Handeln Nathans ist im Drama selbst immer wieder bedroht, hinterfragt, ja partiell nutzlos; die Humanität, die Ergebnis eines bitteren Lernens aus der Geschichte ist, wird durch diese Geschichte der Inhumanität des Krieges grundsätzlich in Frage gestellt. Der mühsam-gefährdete Sieg der Humanität wird zum Hilfeschrei und zur Aufforderung an die Zuschauer, trotz der Übermacht realer Kreuzzugsgeschichte und Bedrohung humanes Handeln zu versuchen.« (Wolfgang Kröger: Lessings ›Nathan der Weise‹. Ein toter Klassiker?, München 1980, S. 97)

8./9. Stunde: Exposition, Figurenkonstellation und Handlungsstränge des ›Nathan‹

Sachinformation

Zur Entstehungsgeschichte des ›Nathan‹ muss einiges zum sog. Fragmentenstreit vorausgeschickt werden: Lessing, angestellt als Bibliothekar beim Herzog von Braunschweig, hatte aus den Schätzen der Wolfenbütteler Bibliothek, die er zu betreuen hatte, die ›Apologie oder Schutzschrift für die vernünftigen Verehrer Gottes‹ des Deisten Heinrich Samuel Reimarus ab 1774 kommentiert herausgegeben, ohne aber Reimarus' Name zu nennen. Die Veröffentlichung stieß auf Widerstand insbesondere der orthodoxen Kirche, allen voran ergriff Hauptpastor Goeze die Feder, um gegen Lessing zu Felde zu ziehen. Obwohl Lessing sich deutlich von der Meinung des Reimarus absetzte, galten doch die Angriffe ihm. Und in einer Anmerkung legt Goeze dar, worum es der konservativen Seite eigentlich ging, wenn sie so forciert gegen Lessing Front machte:

»Die Fragmente eines Ungenannten, welche der Herr Hofrat Lessing durch den Druck der Welt mitgeteilet, sonderlich das Fünfte unter denselben, in welchem der Verfasser die Wahrheit der Auferstehung Christi zu stürzen, und die Apostel als die ärgsten Betrüger und Lügner darzustellen sucht, sind gewiss das Ärgste, das man denken kann. Nur derjenige kann Unternehmungen von dieser Art als etwas gleichgültiges ansehen, der die christliche Religion entweder für ein leeres Hirngespinst, oder gar für einen schädlichen Aberglauben hält, und der nicht eingesehen, oder nicht einsehen will, dass die ganze Glückseligkeit der bürgerlichen Verfassung unmittelbar auf derselben beruhe, oder der den Grundsatz hat: ›Sobald ein Volk sich einig wird, Republik sein zu wollen, so darf es‹, folglich die biblischen Aussprüche, auf welchen die Rechte der Obrigkeit beruhen, als Irrtümer verwirft.« (Zit. nach: G. E. Lessing: Werke, hrsg. v. Herbert Göpfert u. a., München 1979, Bd. 8, S. 102)

Goeze sieht also die Religion und zugleich damit die bürgerliche Verfassung durch Lessing angegriffen, wo Lessing eigentlich nur, ganz im Sinne der Aufklärung, eine theologische Position dem öffentlichen Diskurs überantworten wollte. Goeze sperrt sich zwar nicht ganz gegen eine Diskussion, aber: »Nur müsste solches nicht, ohne besondere wichtige Ursachen, in einer andern Sprache, als in der Sprache der Gelehrten geschehen.« (ebd., S. 116) So nimmt es nicht wunder, dass am 13.7.1778 Lessing ein Kabinettsbefehl des Inhalts ereilt, dass er die Handschrift des Ungenannten »nebst den etwa davon genommenen Abschriften« wieder einzuschicken und er sich »aller ferneren Bekanntmachung dieser Fragmente und anderer ähnlicher Schriften, bei Vermeidung schwerer Ungnade und schärferen Einsehens, gänzlich zu enthalten« habe. (Editionenband, a.a.O., S. 153) Lessing verfällt jedoch nicht aufgrund dieses Zensurerlasses in Resignation, sondern er macht aus der Situation das Beste. Er will »den Theologen einen ärgern Possen spielen, als noch mit zehn Fragmenten« (ebd., S. 171), indem er ein einmal früher konzipiertes Schauspiel, »dessen Inhalt eine Art von Analogie mit meinen gegenwärtigen Streitigkeiten hat«, zu Ende führt. Damit wendet er sich, mit den Worten an Elise Reimarus, »[s]einer alten Kanzel, dem Theater« (ebd., S. 162), wieder zu, also gerade jenem Medium, das die Sprache des gemeinen Mannes sprach und die Chance bot, aus der esoterischen Gelehrtendiskussion auszubrechen und ein Forum der Öffentlichkeit zu gewinnen, das die Zensur ihm nicht genommen hatte.

Diese kurz gefasste Rekapitulation der Entstehungsgeschichte des ›Nathan‹ soll genügen. Wir wollen uns dem Stück von einer anderen Seite nähern, der Exposition im weit gefassten Sinne, die auch die ersten Informationen mit einschließt, nämlich Titel, Untertitel, Motto, Personenverzeichnis, Orts- und Zeitangabe, die auch für den Zuschauer Erstinformationen sind und damit

in einer nicht zu unterschätzenden Weise rezeptionslenkend auf den Leser/Zuschauer wirken können.

Schon der Titel hat die Aufgabe, in bestimmter Weise das Zuschauerinteresse zu lenken. Er verweist auf die Hauptfigur des Stückes, lenkt somit das Zuschauerinteresse im Vorhinein. Hauptfigur ist – das zeigt der Name an – ein Jude, ungewöhnlich für das Theater des 18. Jahrhunderts; noch ungewöhnlicher ist, dass dieser Jude auch noch ein »Weiser« genannt wird.

Wie der Titel den damaligen Zuschauer verstören konnte, so tut es auch der Untertitel: »ein dramatisches Gedicht in fünf Aufzügen«. Weniger ist es die Unterteilung in fünf Akte, eher die von der Norm abweichende Angabe der gewählten Gattung. Der Zuschauer erwartet der Tradition entsprechend ›eine Tragödie‹, ›ein bürgerliches Trauerspiel‹, ›ein Lustspiel‹ oder – neutraler – ›ein Schauspiel‹. Gerade aber das Neuartige der dramatischen Form kündigt Lessing mit dem ersten Teil des Untertitels an ›ein dramatisches Gedicht‹. Die Innovation zeigt sich in dem Mischungsverhältnis des ›Nathan‹, denn er ist vieles zugleich: Die familiäre Konstellation hat er mit dem bürgerlichen Trauerspiel und Rührstück gemeinsam. Damit verträgt sich nun aber gar nicht, dass Lessing innerhalb dieses Rahmens wieder versifizierte, gebundene Sprache wählt, hatte doch gerade das bürgerliche Trauerspiel im Gegensatz zur klassizistischen Alexandrinertragödie den Weg für die Prosasprache auf der Bühne freigekämpft. Und dass sich Lessing nicht für ›Trauerspiel‹ oder ›Lustspiel‹ entscheiden kann, zeigt an, dass er nicht mehr fein säuberlich beide dramatischen Gattungen getrennt wissen will, sondern der ›Nathan‹ beides in sich vereinigt: Komisches und Tragisches:

»*Vorwärts treibende, auf einen ›guten Schluss‹ zielende Elemente wechseln fortlaufend mit retardierenden Momenten, die düster Bedrohliches ins Spiel bringen.*« (W. Kröger, Nathan der Weise. Ein toter Klassiker, a.a.O., S. 27)

Wie Titel und Untertitel richtungsweisend sind, zugleich aber auch wieder verrätseln und dadurch Spannung erzeugen, lässt auch das Motto, das übersetzt heißt: ›Tretet ein, denn auch hier sind Götter‹, Fragen offen. Was ist mit dem ›hier‹ gemeint? Wie zeigen sich hier die Götter? Welche Götter zeigen sich? Sollte mit ›hier‹ der Theaterraum gemeint sein, die dramatische Handlung, die von den Göttern gelenkt wird oder in der sich göttliche Vorsehung erkennen lässt? Mehr als Vermutungen kann der Leser, der das Motto zur Kenntnis genommen hat, nicht anstellen.

Bei einem Blick in das Personenverzeichnis schließlich fällt zweierlei ins Auge: die Gestalten lassen sich schon nach ihrer jeweiligen Religionszugehörigkeit gruppieren: Ein Jude steht einer Gruppe von Muselmanen (Saladin, Sittah, Derwisch) und Christen (Patriarch, Tempelherr, Recha, Daja, Klosterbruder) gegenüber. »Die Szene ist in Jerusalem« zur Zeit der Kreuzzüge, eine Information, die man den Namen Saladin und Tempelherr entnehmen kann. Orts- und Zeitwahl werden von Lessing selbst begründet, wenn er in seiner Bruchstück gebliebenen Abhandlung zum ›Nathan‹ Folgendes zu seiner Wahl schreibt:

»*Dass der Nachtheil, welchen geoffenbarete Religionen dem menschlichen Geschlechte bringen, zu keiner Zeit einem vernünftigen Manne müsse auffallender gewesen seyn, als zu den Zeiten der Kreuzzüge.*« *(ebd., S. 181)*

Einem geschulten Auge fällt jedoch am Personenregister des Weiteren auf, dass Lessing hier Personen niedrigen Standes (Klosterbruder, Derwisch [mohammedanischer Bettelmönch], Daja [Gesellschafterin]) und solche hohen Standes zusammenführt, ja sogar mit dem reichen Juden Nathan als dem Repräsentanten des Bürgertums und Saladin als absolutem Herrscher eine brisante, höchst aktuelle Konstellation von Adel und Bürgertum schafft. Trotz der Verlagerung des Ortes in den Orient und des zeitlichen Fernrückens ins Mittelalter scheint doch durch diese zweifache Distanzierung etwas von der Aktualität des im Stück Verhandelten für das 18. Jahrhundert hindurch.

Schließlich sind es noch die Verwandtschaftsbezeichnungen oder Angaben ähnlicher Art wie bei Recha, »angenommene Tochter« Nathans, die aufmerken lassen, wenn sie auch aus dem Rahmen des im 18. Jahrhundert Üblichen nicht so sehr herausfallen. Aber gerade um die Offenlegung von Verwandtschaften geht es im ›Nathan‹. Die Aufdeckung, dass Recha und der Tempelherr Geschwister sind und der Tempelherr Neffe Saladins, der Sohn von dessen Bruder Assam, ist, bildet einen Hauptstrang der Handlungsführung, sodass der ›Nathan‹ weitgehend analytische Züge enthält. Andere Handlungsstränge, die sich mit diesem verflechten und die auch untereinander so manche Verbindung noch eingehen, sind:

- die Liebeshandlung zwischen Recha und dem Tempelherrn;
- der Versuch des Patriarchen, den Tempelherrn als Werkzeug für sich zu gewinnen (dieser Handlungsstrang erinnert an die im Drama des 18. Jahrhunderts häufig anzutreffende Intrigenhandlung);
- die Geldnot Saladins und der Versuch, Nathan als Geldleiher zu gewinnen;
- Dajas Versuch, Recha zu ›christianisieren‹.

Unterrichtsverlauf

Phase 1:
Titel als hermeneutische Disposition

Die ersten beiden Stunden zum ›Nathan‹ sind so angelegt, dass zunächst über das Werk als Ganzes überblickshaft gesprochen werden soll. Damit wird auch dem Unterrichtenden eine Möglichkeit eingeräumt, den Kenntnisstand der Schüler bezüglich der Lektüre zu überprüfen. Um jedoch das Gespräch zu lenken und es zu strukturieren, scheint es ratsam, konkret von Titel, Untertitel, dem Personenverzeichnis und der Ex-

Friedrich Schiller, Wilhelm Tell

Gerhart Hauptmann, Die Weber

Annette von Droste-Hülshoff, Die Judenbuche

ARTHUR SCHNITZLER, DER REIGEN

Gottfried Keller, Romeo und Julia auf dem Dorfe

Gute Zeiten – schlechte Zeiten

Friedrich Dürrenmatt, Romulus der Große

Arbeitsauftrag:
* Welche Erwartungen wecken die Titel der Stücke beim Leser?

---

position des Stückes in I, 1–3 auszugehen, sodass gleichzeitig mit dem Einstieg in die Besprechung des Dramas der Schüler die Möglichkeit gewinnt, ganz allgemein und auf andere Texte übertragbar zu sehen, wie bereits durch Titelei und erste Informationen im Sinne einer hermeneutischen Disposition die Aufnahme eines Textes gelenkt wird. Da jedoch dieser Gesichtspunkt für die Schüler zunächst neu sein dürfte, stellen wir an den Anfang der Besprechung eine vorbereitende Partnerarbeit, in der die Schüler Werktitel auf ihre Leistung hin untersuchen sollen. Dabei kann auf bereits im Deutschunterricht gelesene Lektüren, aber auch auf Fernsehsendungen, Filmtitel oder Ähnliches als Beispiel rekurriert werden. Das vorgeschlagene Arbeitsblatt (s. oben) kann individuell für die Situation der Lerngruppe variiert werden. Titel können unterschiedliche Aufgaben erfüllen: Sie lenken auf die Hauptfigur die Aufmerksamkeit (›Wilhelm Tell‹/›Die Weber‹), benennen Dingsymbole (›Die Judenbuche‹), leiten ein ironisches Spiel mit bestimmten Zuschauererwartungen ein, die dann falsifiziert werden (›Romu-

lus der Große‹), legen Aufbaugesetzmäßigkeiten offen (›Der Reigen‹) oder weisen ein Werk als Teil einer Serienproduktion aus (›Gute Zeiten – schlechte Zeiten‹) oder stellen schließlich ein Werk in eine bestimmte Werktradition (›Romeo und Julia auf dem Dorfe‹) – um nur einige Funktionen zu nennen.

Phase 2:
Titel und Untertitel des ›Nathan‹

Nach der Auswertung der Partnerarbeit kann man deren Ergebnisse auf den Titel des ›Nathan‹ beziehen, wobei man allerdings den Erwartungshorizont der Zuschauer des 18. Jahrhunderts rekonstruieren muss. Dazu lässt sich das Arbeitsblatt mit der Abbildung des Titelkupfers der Originalausgabe sowie des Personenverzeichnisses heranziehen (s. S. 66). Lessing stellt mit seinem ›Nathan‹, abweichend von der das Theater bis dahin beherrschenden Shylock-Tradition, einen weisen Juden auf die Bühne. Zuvor formte die Shakespeare'sche Gestalt aus dem ›Kaufmann von Venedig‹ das Judenbild mit: Shylock, ein jüdischer Wucherer, verlieh Geld und erhob dafür Anspruch auf ein Pfund

Nathan der Weise.

Ein

Dramatisches Gedicht,

in fünf Aufzügen.

Introite, nam et heic Dii sunt!

APVD GELLIVM.

Von

Gotthold Ephraim Lessing.

Titelkupfer der Erstausgabe.
© AKG, Berlin

→ *CD-ROM / Datei: Bild_1.pdf*

Introite, nam et heic
Dii sunt!

Apud Gellium[1]

1 Aulus Gellius (geb. etwa 130
n. Chr., Todesjahr unbekannt),
römischer Schriftsteller, schrieb
›Attische Nächte‹, ein Werk, das
in bunter Folge Themen aus sehr
unterschiedlichen Bereichen behandelt. Das Motto: Tretet ein,
denn auch hier sind Götter!

Personenverzeichnis

Sultan Saladin
Sittah, dessen Schwester
Nathan, ein reicher Jude in Jerusalem
Recha, dessen angenommene Tochter
Daja, eine Christin, aber in dem Hause des Juden, als Gesellschafterin der Recha
Ein junger Tempelherr
Ein Derwisch
Der Patriarch von Jerusalem
Ein Klosterbruder
Ein Emir nebst verschiednen Mamelucken des Saladin

Fleisch aus dem Körper des verschuldeten Kaufmanns. Wie sehr Lessing mit der bisher üblichen Tradition der Judendarstellung auf der Bühne brach, lässt sich anhand einer zeitgenössischen Shylock-Abbildung veranschaulichen (s. Arbeitsblatt S. 68).

Was für den Titel gilt, gilt in gleicher Weise für den Untertitel, steht doch auch er quer zur Tradition, weil der damalige Zuschauer hier Gattungsangaben wie ›bürgerliches Trauerspiel‹, ›Lust-‹ oder ›Trauerspiel‹ gewohnt war. Man sollte mit der Besprechung des die Zuschauererwartungen verfremdenden, eine Innovation ankündigenden Untertitels die Frage verbinden, ob nicht auch die Bezeichnung ›Trauer-‹ oder ›Lustspiel‹ für den ›Nathan‹ möglich gewesen wäre, denn das Stück enthält durchaus komische wie tragische Momente. Sie könnten von den Schülern in einem Vorgriff auf das ganze Stück nunmehr in einer Diskussion zusammengetragen werden.

Phase 3:
Der Blankvers

Es bedarf wohl des Hinweises seitens des Unterrichtenden, dass die Bezeichnung ›dramatisches Gedicht‹ ein Hinweis des Autors auf seine Innovation ist: Lessing betritt mit dem ›Nathan‹ und dem in ihm verwandten Blankvers poetisches Neuland innerhalb der Entwicklung der Dramensprache, was nicht ohne Folgen bleiben wird, bedienen sich doch das klassische Drama Goethes und Schillers und noch die Dramatiker des 19. Jahrhunderts bis zum Naturalismus häufig dieses Metrums. Der Siegeszug des Blankverses begann, nachdem sich erst seit wenigen Jahrzehnten die natürliche Prosasprache auf der Bühne durchgesetzt hatte, damit den bis dahin vorherrschenden Alexandriner des Barock- und klassizistischen Dramas ablösend. Bevor jedoch von den Schülern über die Funktion des Verses im Drama Vermutungen geäußert werden sollen (ästhetische Differenzqualität, Vereinheitlichung des Sprechens usw.), sollen die Schüler die metrische Bestimmung ei-

niger unterschiedlicher Textpassagen aus dem ›Nathan‹ zur Übung vornehmen (s. Stundenblatt).

Phase 4:
Das Personenverzeichnis

Sind nunmehr alle Titel und Untertitel ausgewertet, wird man sich unter Vernachlässigung des Mottos, dessen Interpretation an dieser Stelle verfrüht sein dürfte, dem Personenregister und den ihm entnehmbaren Informationen zuwenden können. Obwohl Nathan Mittelpunktsfigur ist, wird er, der reiche Kaufmann, ganz der Tradition entsprechend, erst nach den sozial höherstehenden Saladin und Sittah genannt. Im Personenverzeichnis scheint die für Lessing zeitgenössische soziale Hierarchie durch. Es verweist ebenso auf die drei Religionen und kehrt die Verwandtschaftsbeziehungen heraus. Schließlich wird auch über den Spielort (Jerusalem) und die dargestellte Zeit (Augenblick des Waffenstillstandes) zu sprechen sein, wird doch Jerusalem zum Zentrum der Welt (s. auch S. 91, Z. 9 f.), die Zeit des Waffenstillstandes zu einem Augenblick, in dem die Waffen schweigen und im Gespräch die Verständigung gesucht werden kann (s. Materialien im Editionenband, S. 181, Z. 27–36).

Phase 5:
Handlungsstränge im ›Nathan‹

In dieser Phase gelangt das lektürebegleitende Arbeitsblatt (s. S. 69 ff.) zum Einsatz. Die Auswertung der Orts- und Zeitangaben zeigen, dass Lessing weitgehend die Einheiten der Zeit und des Ortes eingehalten hat – wie es das klassizistische Drama gebot. Darauf weist der Unterrichtende hin, wenn es den Schülern nicht bekannt ist. Mit dem Hinweis auf die ebenfalls geforderte Einheit der Handlung wäre die Brücke zum nächsten Unterrichtsschritt zu schlagen. Im Unterrichtsgespräch sind die wesentlichen Handlungsstränge des ›Nathan‹ auszumachen, und es ist nach deren Zentrum zu suchen. Die Einheit mag in der Aufdeckung der Ver-

Illustration zu Shakespeares »Kaufmann von Venedig«: Shylock nach dem Prozess
© *Corbis (Bettmann), Düsseldorf*
→ *CD-ROM / Datei: Bild_2.pdf*

wandtschaftsbeziehungen (analytische Dramentechnik) oder auch in der Erziehungstätigkeit Nathans gesehen werden – in beiden Fällen bleibt Nathan die Mittelpunktsfigur.

Phase 6:
Rekonstruktion der Vorgeschichte

Zur Vorgeschichte des ›Nathan‹ gehören die verwandtschaftlichen Beziehungen, Nathans Hiob-Erlebnis, aber auch die noch nicht vor dem Dramenbeginn so weit zurückreichenden Geschehnisse·wie die Begnadigung des Tempelherrn, der Hausbrand, die Rettung Rechas durch den Tempelherrn, deren aufkeimende Liebe, Saladins Geldmangel und umgekehrt Nathans erfolgreiche Reise. Eine Analyse der ersten drei Szenen unter diesem expositorischen Aspekt sollen die Schüler in einer kurzen Stillarbeit vor-

nehmen. Während die Erzieherfigur in den nächsten Unterrichtsstunden ins Zentrum gerückt wird, soll der zweite Teil dieses Unterrichtsschrittes nochmals die Aufdeckung der Verwandtschaftsbeziehungen behandeln. Die Schüler sind dazu anzuhalten, in Partnerarbeit eine Skizze zu entwerfen, der – was aus dem Text zu rekonstruieren nicht einfach ist – zu entnehmen ist, inwiefern Recha und der Tempelherr Geschwister sind. Eine entsprechende Skizze findet sich auf dem Stundenblatt (vgl. CD-ROM) als Vorschlag.

Hausaufgabe

Die Schüler sollten zur Vorbereitung nochmals folgende Szenen aus dem ›Nathan‹ lesen: I 1, 2, 5; II 5; III 10; IV 2, 6, 8.

Lektürebegleitendes Arbeitsblatt

Aufzug I

Auftritt	Ort	Zeit	Auftretende Personen	Handlungsschritte	Wichtige Textstellen
1	Flur in N.s Hause		Nathan/Daja	Nathan kommt von einer Reise zurück und erfährt von Daja, was sich während seiner Abwesenheit zugetragen hat.	S. 8, Z. 30 ff.
2	Ebd.	Unmittelbar nach I, 1	Nathan/Daja/Recha	Nathan spricht mit Recha über deren Rettung durch den Tempelherrn.	S. 11, Z. 23 ff (über den Wunderbegriff)
3	Ebd.	Unmittelbar nach I, 2	Nathan/Derwisch	Al Hafi ist Schatzmeister des Sultans geworden und bittet Nathan um einen Kredit.	Kritik an Saladins Umgang mit Geld (S. 18, Z. 30 ff.)
4	Ebd.	Unmittelbar nach I, 3	Nathan/Daja	Daja bittet Nathan im Namen der Tochter, den Tempelherrn einzuladen, obwohl dieser zu keinem Juden kommt.	
5	Ein Platz mit Palmen	Unmittelbar nach I, 4	Tempelherr/Klosterbruder	Klosterbruder soll den Tempelherrn im Auftrag des Patriarchen aushorchen und ihm den Auftrag geben, die Befestigungsanlagen auszuspionieren; dem Auftrag vermag sich der Klosterbruder zu entziehen.	
6	Ebd.	Unmittelbar nach I, 5	Tempelherr/Daja	Tempelherr lehnt die Einladung, in das Haus Nathans zu kommen, ab; ebenso interessiert er sich nicht für die Lebensgeschichte, die ihm Daja erzählen will.	

Aufzug II

Auftritt	Ort	Zeit	Auftretende Personen	Handlungsschritte	Wichtige Textstellen
1	Sultans Palast	Unmittelbar nach dem I. Aufzug	Saladin/Sittah	Sultan und Sittah spielen Schach; Saladin möchte den Waffenstillstand verlängern. Er plant eine Doppelhochzeit, die seine Familie mit der des Richard Löwenherz verbinden würde. Sittah soll Richards Bruder, Saladins Bruder Melek eine Schwester Richards heiraten, was aber der Stolz der Christen verbietet.	Stolz der Christen, die Christen, nicht Menschen sein wollen (S. 38, Z. 13 ff.)
2	Ebd.	Unmittelbar nach II, 1	Saladin/Sittah/ Al Hafi	Al Hafi berichtet, dass die erwarteten Gelder aus Ägypten nicht eingetroffen seien; Saladin fordert Al Hafi auf, Geld bei Nathan zu leihen. Al Hafi sträubt sich dagegen.	Nathans Weisheit (S. 45, Z. 5 ff.)
3	Ebd.	Unmittelbar nach II, 2	Sittah/Saladin	Sittah entwickelt einen Plan, wie sie Nathan dazu bringen kann, Saladin einen Kredit zu gewähren.	Charakterisierung Nathans (S. 48, Z. 1 ff.)
4	Vor dem Hause Nathans	Unbestimmt; parallel zu II, 1–3 oder danach	Recha/Nathan/Daja	Recha erwartet den Tempelherrn. Als der Tempelherr sich nähert, ziehen sich Recha und Daja ins Haus zurück und beobachten das Gespräch mit Nathan.	
5	Ebd.	Unmittelbar nach II, 4	Nathan/Tempelherr	Nathan und der Tempelherr schließen Freundschaft.	S. 54, Z. 5 ff. (gegen religiöse Intoleranz)
6	Ebd.	Unmittelbar nach II, 5	Nathan/Tempelherr/ Daja	Daja überbringt Nathan die Nachricht, dass Saladin ihn unverzüglich sprechen wolle.	

Auftritt	Ort	Zeit	Auftretende Personen	Handlungsschritte	Wichtige Textstellen
7	Ebd.	Unmittelbar nach II, 6	Nathan/Tempelherr	Nathan erfährt, dass Saladin dem Tempelherrn das Leben geschenkt hat und dass der Tempelherr Curd von Stauffen heiße. Nathan erinnert sich aufgrund von Stimme, Gestik und Statur des Tempelherrn an seinen Freund Wolf von Filnek.	
8	Ebd.	Unmittelbar nach II, 7	Daja/Nathan	Nathan bittet Daja, diese möge Recha sagen, dass der Tempelherr sie bald besuchen werde.	
9	Ebd.	Unmittelbar nach II, 8	Nathan/Al Hafi	Al Hafi hat seinen Dienst als Schatzmeister quittiert und will nun an den Ganges gehen, Nathan möge ihn dorthin begleiten. Nathan verspricht, für die Abschlussrechnung der Staatskasse gegenüber dem Sultan zu bürgen.	»Der wahre Bettler ist/Doch einzig und allein der wahre König!« (S. 62, Z. 31 f.)

Aufzug III

Auftritt	Ort	Zeit	Auftretende Personen	Handlungsschritte	Wichtige Textstellen
1	In Nathans Haus	Unmittelbar im Anschluss an II, 8 u. 9	Recha/Daja	Beide warten auf den Tempelherrn. Daja äußert ihren Wunsch, mit Recha und dem Tempelherrn nach Europa zurückkehren zu können.	»Samen der Vernunft« (S. 64, Z. 25); »Ergebenheit in Gott wichtiger als alles Wähnen über Gott« (S. 65, Z. 14 ff.)
2	Ebd.	Unmittelbar nach III, 1	Daja/Recha/Tempelherr	Der Dank Rechas für die Rettung aus den Flammen und die Begegnung mit Recha verwirren den Tempelherrn zutiefst, sodass er flieht.	
3	Ebd.	Unmittelbar nach III, 2	Recha/Daja	Recha ist sich sicher, der Tempelherr wird ihr »ewig werter als ihr eigenes Leben bleiben«.	(s. S. 70, Z. 18 f.)

4	Audienzsaal im Palast	In zeitlicher Nähe zu II, 9	Saladin/Sittah	Saladin missfällt Sittahs Plan, Nathan, den beide erwarten, eine Falle zu stellen. Sittah zieht sich ins Nebenzimmer zurück, um dem Gespräch zu lauschen.	
5	Ebd.	Unmittelbar nach III, 4	Saladin/Nathan	Der Sultan stellt Nathan die Frage nach der wahren Religion.	Zur Weisheit (S. 73, Z. 25 ff.)
6	Ebd.	Unmittelbar nach III, 5	Nathan (Monolog)	Nathan überlegt, wie er die Frage nach der wahren Religion beantworten solle, ohne in die ihm gestellte Falle zu gehen.	
7	Ebd.	Unmittelbar nach III, 6	Nathan/Saladin	Nathan erzählt die ›Ringparabel‹, der Sultan und Saladin werden Freunde.	Ringparabel (S. 77, Z. 24 ff.)
8	Unter den Palmen, in der Nähe des Klosters, wo der Tempelherr auf Nathan wartet	In zeitlicher Nähe zu III, 7	Tempelherr (Monolog)	Tempelherr gesteht sich seine Liebe zu Recha ein. Die religiöse Schranke ist für ihn nun ungültig.	
9	Ebd.	Unmittelbar nach III, 8	Nathan/Tempelherr	Tempelherr gesteht Nathan seine Liebe zu Recha, Nathan reagiert mit einer für den Tempelherrn unverständlichen Zurückhaltung, daraufhin wird der Tempelherr misstrauisch gegenüber Nathan und hält ihn für einen verstockten Juden. Nathan sagt, er erinnere sich an einen Conrad von Stauffen.	
10	Ebd.	Unmittelbar nach III, 9	Tempelherr/Daja	Der Tempelherr gesteht Daja seine Liebe zu Recha. Daja verrät dem Tempelherrn, dass Recha nur die angenommene Tochter Nathans sei.	

2 Darstellung der Einzelstunden

Aufzug IV

Auftritt	Ort	Zeit	Auftretende Personen	Handlungsschritte	Wichtige Textstellen
1	In den Kreuzgängen des Klosters	In zeitlicher Nähe zu III, 10	Tempelherr/ Klosterbruder	Der Klosterbruder hat Angst, der Tempelherr habe doch im Auftrag des Patriarchen spioniert, der Tempelherr beruhigt ihn: er komme nur, um einen Rat des Patriarchen einzuholen.	
2	Ebd.	Unmittelbar nach IV, 1	Tempelherr,/ Klosterbruder/ Patriarch	Der Tempelherr fragt den Patriarchen, ob es strafbar sei, dass ein Jude ein christliches Mädchen erziehe. Der Patriarch fordert für einen solchen Fall die Todesstrafe.	
3	Ein Zimmer im Palast des Saladin	In zeitlicher Nähe zum Aufzug III	Saladin/Sittah/ Sklaven	Sklaven tragen viele Säcke mit dem geliehenen Geld Nathans in das Zimmer. Sittah übergibt Saladin ein Bild, das den Bruder Assad zeigt. Saladin will mit Hilfe des Bildes die Ähnlichkeit zwischen dem Tempelherrn und Assad überprüfen.	
4	Ebd.	Unmittelbar nach IV, 3	Tempelherr-/Saladin	Tempelherr und Saladin schließen Freundschaft. Als das Gespräch auf Nathan kommt, äußert der Tempelherr sich abschätzig über den »toleranten Schwätzer«. Saladin ermahnt ihn, nicht in Intoleranz zu verfallen. Er verspricht dem Tempelherrn, ihn mit Recha zusammenzuführen.	(S. 110, Z. 3)
5	Ebd.	Unmittelbar nach IV, 4	Saladin/Sittah	Saladin und Sittah vermuten in dem Tempelherrn aufgrund der großen Ähnlichkeiten einen Sohn Assads. Recha soll an den Hof geholt werden.	
6	Offener Flur in Nathans Haus	In zeitlicher Nähe zu IV, 1	Daja/Nathan	Daja beschwört Nathan, Recha dem Tempelherrn zur Frau zu geben. Nathan bittet Daja, sich noch zu gedulden.	

Auftritt	Ort	Zeit	Auftretende Personen	Handlungsschritte	Wichtige Textstellen
7	Ebd.	Unmittelbar nach IV, 6	Klosterbruder/Nathan	Nathan erzählt dem Klosterbruder seine eigene Geschichte (gewaltsamer Tod seiner Frau und seiner Kinder, in diesem Augenblick wird ihm Recha übergeben, er nimmt sich des Christenkindes an). Der Reitknecht, der ihm das Kind übergab, so stellt sich jetzt heraus, war der Klosterbruder. Der Klosterbruder besitzt ein Gebetbuch, das von Wolf von Filnek stammt und in das die Namen der Angehörigen eingetragen sind. Er soll dieses Buch auf Wunsch Nathans umgehend holen.	Nathans Schicksal (S. 117, Z. 10ff.)
8	Ebd.	Unmittelbar nach IV, 7	Nathan/Daja	Daja berichtet Nathan, Recha sei an den Hof Saladins eingeladen worden. Daja will Recha über ihre Herkunft aufklären.	

Aufzug V

Auftritt	Ort	Zeit	Auftretende Personen	Handlungsschritte	Wichtige Textstellen
1	Das Zimmer im Palast Saladins, in das Säcke mit Geld getragen worden sind.	Unmittelbar nach dem IV. Aufzug	Saladin/Mamelucken	Der Tribut aus Ägypten ist eingetroffen, womit die Geldnot Saladins beendet ist.	
2	Ebd.	Unmittelbar nach V, 1	Saladin/Emir Mansor	Der Emir soll den größten Teil des Geldes zu Saladins Vater schaffen, der das Geld zur Finanzierung des Krieges braucht.	
3	Palmen vor Nathans Haus	In zeitlicher Nähe zu IV, 4 u. IV, 7	Tempelherr (Monolog)	Tempelherr bereut, welches Unheil er, ein »Querkopf«, womöglich gegen Nathan u. a. beim Patriarchen angerichtet hat.	(S. 129, Z. 3)

4	Ebd.	Unmittelbar nach V, 3	Klosterbruder/ Nathan	Klosterbruder hat Nathan das Buch übergeben. Nathan freut sich, dass er nun das Geheimnis um Rechas Herkunft nicht mehr nur für sich behalten muss.	
5	Ebd.	Unmittelbar nach V, 4	Nathan/Tempelherr	Der Tempelherr erklärt Nathan, warum er zum Patriarchen gegangen sei. Er bereue dies. Er bittet Nathan wiederholt, ihm Recha zur Frau zu geben. Nathan fordert ihn auf, bei einem Bruder um die Hand Rechas zu werben.	
6	In Sittahs Harem	In zeitlicher Nähe zu IV, 8	Sittah/Recha	Auf dem Weg zum Palast hat Daja Recha über ihre wahre Herkunft aufgeklärt. Recha bedauert gegenüber Sittah, dass sie nun Nathan verlieren könne.	
7	Ebd.	Unmittelbat nach V, 6	Saladin/Sittah/Recha	Saladin beruhigt Recha, die ihn bittet, er möge ihr den ›Vater‹ nicht nehmen. Saladin bietet sich ihr als dritter Vater an.	Wahre Vaterschaft (S. 143, Z. 25 ff.)
8	Ebd.	Unmittelbar nach V, 7	Nathan/Tempelherr/ Sittah/Recha/Saladin	Nathan klärt Recha darüber auf, dass der Tempelherr ihr Bruder sei. Der Vater, Wolf von Filnek, ist Assad, der Bruder von Saladin und Sittah, der zum Christentum konvertierte und mit einer deutschen verheiratet war. Saladin erkennt Assads Handschrift in dem Gebetsbuch, das der Klosterbruder beim gefallenen Assad entdeckt und Nathan übergeben hat.	

10./11. Stunde:
›Nathan‹ und das Problem
der Verständigung

Sachinformation

Lessings Drama ist Erziehungsdrama. Alle Hauptfiguren sind am Ende des Dramas andere geworden als sie zu Anfang waren. Saladin und Sittah, der Tempelherr und Recha haben sich geändert, nur *Nathan* hat keine Wandlung mehr durchgemacht. Nicht, dass er sich nicht entwickelt hätte, aber sein wesentlicher Entwicklungsschritt liegt in der Vergangenheit, ist Teil der Vorgeschichte. Als seine Familie von Christen niedergemetzelt wird und er – gleich Hiob – an Gott zweifelt, sich dann aber ganz wieder Gott übergibt (»Ich stand! und rief zu Gott: ich will! Willst du nur, dass ich will?«, S. 120, Z. 10 f.), hat er jene Identitätskrise durchlitten, die in mehr oder weniger gravierender Form auch von Recha, Saladin und dem Tempelherrn durchschritten wird. Die Erziehung der Gestalten verbindet sich nämlich in allen Fällen mit einer solchen Erschütterung ihrer Identität, und es ist Nathan, der sie vor allem durch das aufklärende Gespräch wieder zu sich finden lässt und heilt. Nathans Erziehung ist also nicht doktrinär, er drängt den Gestalten nicht seine Ansichten auf, er ist Pädagoge in dem Sinne, dass er den Menschen seiner nächsten Umgebung bewusst werden lässt, was sie ihrer Anlage nach schon sind. Er erreicht dies durch die ihn als Pädagogen so auszeichnende Fähigkeit, Gespräche zu führen. Er ist – wie es Eibl nennt – »Verständigungsregisseur«. (Identitätskrise und Diskurs. Zur thematischen Kontinuität von Lessings Dramatik, in: Jahrbuch der Deutschen Schillergesellschaft, XXI [1977], S. 186). Aber die Bezeichnung des ›Nathan‹ als eines Erziehungsdramas soll nicht darüber hinwegtäuschen, dass der erzieherische Optimismus durchaus gebrochen ist, denkt man an solche Gestalten wie Daja, den Patriarchen, und selbst die Erziehung des Tempel-

herrn oder Rechas verläuft nicht, ohne dass beide für Augenblicke rückfällig werden. Lessing setzt zunächst die Möglichkeit der Verständigung als sicher voraus. Störungen der Verständigung werden durch Vorurteile verursacht, sie entstehen dort, wo das Vorurteil an die Stelle einer unbefangenen, ›natürlichen‹ Sehweise getreten ist, die

»das in der wahren Natur des Menschen begründete Verhalten des Menschen, dem die Freundschaft zugeordnet ist, kennzeichnet. Konflikte entstehen, wo diese ›Stimme der Natur‹ verfälscht wird; das geschieht durch Religion, durch Ideologien, durch Institutionen, die daraus hervorgehen. Konflikte beruhen auf Fehleinschätzungen, auf Missverständnissen, auf Verblendungen, auf Trübungen der Erkenntnisfähigkeit; man könnte auch sagen: auf ideologiebefangenem Denken, sofern man darunter jenes Denken versteht, das die Vernunft missachtet. Vernunft aber gilt als ihrem Wesen nach universal. Konfliktlösung ist durch rationale Argumentation allein nicht möglich, sie findet im Dialog statt, die Verständigungsmöglichkeit wird vorausgesetzt als Folge der Allgemeinheit der Vernunft. Die Bereitschaft, vernünftige Argumente zu akzeptieren, entsteht aber erst dort, wo der moralische Widerstand gebrochen ist; das geschieht über das Gefühl. Die Argumentation hat die Aufgabe einer nachträglichen Sicherung der erreichten Übereinstimmung; ihr entspricht ein Handeln, das sich von der Einsicht in die Gültigkeit/Realisierbarkeit der wahren/natürlichen Form menschlichen Zusammenlebens leiten lässt; das so tut, als sei die wahre Natur nur verstellt. Freundschaft kennzeichnet die natürliche Form des Zusammenlebens. Die Vernunft ist mit der wahren Natur identisch.« *(Josef Schnell: Dramatische Struktur und soziales Handeln. Didaktische Überlegungen zur Lektüre von Lessings ›Nathan der Weise‹, in: Der Deutschunterricht 28 (1976), H. 2, S. 49)*

Charakterisieren wir nach dieser Vorgabe die einzelnen Gestalten des Dramas, ergibt sich folgendes Bild:
Der Patriarch verkörpert das Gegenprinzip einer dialogisch-entwicklungsfähigen Existenz. Lessing lässt es zu keiner Begeg-

nung zwischen Nathan und dem kirchlichen höchsten Würdenträger kommen. Dieser agiert aus dem Hintergrund, sein Mittel ist List. Auch Nathan weiß die List zu gebrauchen, aber er verletzt dabei nie die Menschlichkeit, er degradiert nicht den Menschen zum Werkzeug. Der »Erzvater«, so die Übersetzung des Ehrentitels, den der Bischof von Jerusalem tragen darf, handelt ganz dieser Bezeichnung widersprechend, verfehlt seinen eigentlichen Auftrag. Nur die Handlungsweise seines Klosterbruders und das Bewusstsein der wieder gewonnenen eigenen Autonomie jener ihn zuweilen umgebenden Figuren lassen seine Intrigen unschädlich werden. Ironie, Satire und das Schemenhafte, mit dem Lessing seine Figur gestaltet, nehmen ihr als Karikatur zwar etwas von ihrer Gefährlichkeit. Am Ende des Dramas ist der Patriarch ausgeschaltet. Ein solcher Sieg muss nicht endgültig sein. Er bedroht auch weiterhin die Utopie, ist ihr sie immer wieder gefährdendes Gegenspiel.

Der Patriarch ist der Orthodoxe (Goeze soll sich in dieser Gestalt wieder finden), der Herrschsüchtige, der in höchstem Maße Intolerante, dem menschliches Leben nichts bedeutet (siehe die stereotype Antwort »Der Jude wird verbrannt«). Er orientiert sich an der leblosen Doxa, den Lehrmeinungen, die sich als totes System von der Realität abgewandt und sich ihr gegenüber immunisiert haben, sodass das System keine neuen Erfahrungen mehr zulässt. Sein Begriff der Vernunft ist pervertiert: »Ei freilich muss niemand die Vernunft, die Gott ihm gab, zu brauchen unterlassen, – wo sie hin gehört.« (S. 98 f., Z. 35 ff.) Er verbietet, »die Willkür des, Der die Vernunft erschaffen, nach Vernunft zu untersuchen« (s. S. 99, Z. 9 ff.), also die Frage, wie wir sie aus der ›Minna von Barnhelm‹ kennen, nach der ›Vernünftigkeit der Vernunft‹ zu stellen. Indem der Patriarch ein despotisches Gottesbild verbreitet und die wichtige Frage nach dem Verhältnis von Vernunft und Wirklichkeit und nach den Bedingungen und den Grenzen der Vernunft abwürgt, also aus dem

Diskurs autoritär austritt, pervertiert er die Vernunft und lässt eine auf den Diskurs notwendig hin angelegte Gesellschaft erstarren. Er stabilisiert damit und mit seinem Gottesbild Herrschaftsinteressen, die nicht weiter hinterfragt werden dürfen: »wie Gefährlich selber für den Staat es ist, Nichts glauben! Alle bürgerlichen Bande Sind aufgelöst, sind zerrissen, wenn der Mensch nichts glauben darf.« (s. S. 102, Z. 11 ff.) Der Patriarch weist somit indirekt auf die Verquickung religiöser und politischer Interessen hin, und wie er den religiösen Diskurs verbieten will, nimmt er auch dem Theater seine Funktion als gesellschaftlich wichtiges kritisches Forum, wenn er den Fall Rechas zur »theatral'schen Schnurre« (s. S. 100, Z. 16) herabwürdigt. Goeze, der Lessing auf das Theater abgedrängt hatte, muss sich nun durch das Theater in seiner Hohlheit und Lächerlichkeit wieder erkennen.

Nathan, der selbst einen Saladin für sich gewinnen kann, scheitert aber schon an seiner eigenen Haushälterin Daja. Sie entzieht sich seinem Einfluss, ist ganz ausgerichtet auf ihre Sehnsucht nach Europa und ihren Missionseifer, der sie gegen Nathan intrigieren lässt, wenn es darum geht, Recha mit dem Tempelherrn zu verkuppeln, damit so eine Rückkehr beider Christen nach Europa möglich ist und Daja sich ihnen anschließen kann. Daja offenbart wider Nathans Gebot dem Tempelherrn Rechas christliche Herkunft, sie zeigt Recha, wer sie ist (IV, 8) und stürzt Recha dadurch in eine schwere innere Krise.

Daja ist Schwärmerin, die ihre Schwärmereien nicht durch die Vernunft reguliert und kontrolliert. Sie lernt im Gegensatz zu Recha nicht durch Nathan hinzu, bleibt auch am Ende die, die sie gewesen ist, darum nimmt sie an der allseitigen Umarmung nicht teil. Recha stellt bedauernd fest: »Ach! die arme Frau – ich sag' dir's ja – Ist eine Christin; (...) Ist eine von den Schwärmerinnen, die Den allgemeinen, einzig wahren Weg Nach Gott zu wissen wähnen!« (S. 140, Z. 31 f.) Daja ist nicht bereit, ihr vorurteilsbehaftetes

Wissen und damit auch sich selbst in Frage zu stellen. Sie bleibt borniert, egoistisch, entfremdet sich durch ihre Schwärmerei der Realität und ist damit eigentlich genau so gefährlich wie der Patriarch, nur dass ihre Macht eingeschränkter und gemildert ist durch ihre Fähigkeit zum Mitleid und zur Menschenliebe. So bleibt sie auch für Recha stets die »gute böse Daja« (S. 140, Z. 13). Darum verdient sie auch Lessings humorvolle Zeichnung. Sie entstammt dem traditionellen Dienerpersonal der Komödie des 18. Jahrhunderts und ist mit ihrer Unduldsamkeit, Bekehrungssucht und ihrem naiven Egoismus eine solche Komödienfigur geblieben.

Recha, die Jüngere, teilt zunächst mit Daja den Wunderglauben. Auch sie ist Schwärmerin und erinnert – dies ihr aktueller Bezug – an pietistische Religiosität bzw. an Gestalten der Empfindsamkeit. Welche »Arznei« (S. 16, Z. 27) verabreicht Nathan in I, 2 seiner angenommenen Tochter? Er erkennt, nachdem ihm Daja erzählt hat, was sich nach der Rettung Rechas aus den Flammen zutrug, dass sich in Recha Kopf und Herz zanken (s. S. 9, Z. 1 ff.), Schwermut und Menschenhass sich in ihr widerstreiten, sodass sie nun die Ausflucht in der Schwärmerei sucht »und die Phantasie, Die in den Streit sich mengt, macht Schwärmer« (ebd., Z. 3 f.).

Nathans Leistung ist es, jene Harmonie von Kopf, Herz und Phantasie in Recha wiederherzustellen, die nötig ist, human zu handeln: »Begreifst du aber, Wie viel andächtig schwärmen leichter, als Gut handeln ist?« (S. 16, Z. 27 ff.). Verstand (Kopf), Gefühl (Herz) und Einbildungskraft sollen sich nützlich erweisen im Irdischen, im Alltäglichen. »Der Wunder höchstes ist, dass uns die wahren, echten Wunder so Alltäglich werden können, werden sollen« (S. 11, Z. 34 ff.). So korrigiert Nathan Rechas und Dajas Wunderglauben, der fälschlicherweise das allgemeine Wunder zugunsten des Ungewöhnlichsten und Neuesten (s. ebd., Z. 37 ff.) verkennt.

Den wichtigsten Schritt in ihrer Entwicklung vollzieht jedoch Recha, nachdem ihr Daja offenbart hat, dass sie nicht Nathans leibliche Tochter ist. Sie ist erschüttert: »Gott! Gott! Er nicht mein Vater« (S. 142, Z. 17), fragt sich aber dann selbst, ob »denn nur das Blut den Vater« (S. 143, Z. 12 f.) mache, und ist schließlich bereit, nachdem Saladin sie in ihrer Ansicht bestärkt hat, dass »das Blut allein lange noch den Vater nicht ausmache« (S. 143, Z. 25 f.), Nathan als ihren über das rein Zufällige hinausweisenden, ›geistigen‹ Vater anzuerkennen, ja auch Saladin als ihren Vater anzuerkennen (S. 151, Z. 12 ff.). Indem sie sich damit zu drei Vätern bekennt (schließt man ihren eigentlichen Vater, den Bruder Saladins, mit ein), bekennt sie sich zugleich zu drei Traditionssträngen, nämlich dem Christentum, dem Judentum und dem Islam als jenem geistigen Nährboden, aus dem sie erwuchs. Sie ist fähig, »jedes Glaubens Zierde« zu werden (S. 121, Z. 13).

Muss sich Recha am Ende in ihrer Herkunft hinterfragen und zugleich neu definieren, gilt dies auch für den Sultan. Ihn lehrt Nathan, sich in seiner Rolle als Despot neu zu sehen, hatte er doch Nathan, den Bürger, in absolutistischer Manier zu sich gefordert und ihm eine Falle gestellt. Nathan entzieht sich dieser Falle. Er stürzt sogar Saladin in eine Krise seines Selbstbewusstseins: »Ich Staub? Ich Nichts?« (S. 82, Z. 11) Und erst aus dieser Erfahrung eines erschütterten Selbstbewusstseins geht Saladin als Freund Nathans hervor, die Standesgrenzen sind überwunden.

Unterrichtsverlauf

Phase 1:
Dialog im ›Nathan‹

Um die Priorität des Dialogischen im ›Nathan‹ herauszuarbeiten, werden die Schüler gebeten, in einer kurz zu haltenden Stillarbeitsphase nochmals im flüchtigen Überblick die Regieanweisungen zur Kenntnis zu nehmen. Sie sollen quantitativ in Relation zum Haupttext bestimmt werden, und es sollen einige typische Beispiele herausgegriffen werden, an denen man gut ablesen kann, welche Aufgaben im ›Nathan‹ der Nebentext erfüllt. Die Ergebnisse der Stillarbeit sind dann in einem Gespräch dahingehend auszuwerten, dass der geringe Anteil, den die Anweisungen im ›Nathan‹ ausmachen, kennzeichnend ist für die Handlungsarmut, wenn man unter Handlung – so werden es die Schüler nennen – *action* versteht. Die Handlung ist im ›Nathan‹ auf die Rede als wirkend-bewirkter Rede hin verlagert. (Dieses Spezifikum des ›Nathan‹ wird den Schülern besonders deutlich, wenn man sie einen Vergleich mit anderen gelesenen Dramen ziehen lässt, wo der Anteil der Regieanweisungen wesentlich größer war.)

Schließlich wird man in einem weiteren Schritt zu fragen haben, welcher Art die den ›Nathan‹ beherrschenden Gespräche sind. Dabei kann vom Unterrichtenden vielleicht vorgegeben werden, dass man versuchsweise zwischen so genannten ›glückenden‹ bzw. ›missglückenden‹ Gesprächen unterscheiden kann, wobei unter einer glückenden Kommunikation zu verstehen ist, dass durch ein Gespräch eine Verständigung zwischen zwei gleichberechtigten Gesprächspartnern erreicht wird. Die Schüler wären nun zu bitten, innerhalb des ›Nathan‹ solche glückenden bzw. missglückenden Gesprächsabläufe zu bestimmen.

Es dürfte deutlich sein, dass sich eine Verständigung zwischen Nathan/Recha, Nathan/Saladin und Nathan/Tempelherr herstellt, wohingegen diese Übereinkunft zwischen Nathan/Daja und Tempelherr/Patriarch ausbleibt, d.h., das dialogische Prinzip beherrscht zwar das Stück, aber es scheinen auch seine Grenzen dort auf, wo man nicht bereit ist, sich in Frage stellen zu lassen und mit dem Anderen nach Verständigung zu suchen.

Nachdem somit noch sehr allgemein die Funktion des Gesprächs im ›Nathan‹ bestimmt wurde, gilt es in der folgenden Phase, die vorläufigen Ergebnisse durch einige Gesprächsanalysen zu konkretisieren.

Phase 2:
Analyse einzelner Dialoge

Es sollten vier Gruppen gebildet werden. Jede dieser Gruppen analysiert eine Person auf ihr Gesprächsverhalten oder den Verlauf eines bestimmten Gesprächs hin. Im Anschluss daran soll das Arbeitsergebnis mit einem Zitat von J. Schnell verglichen werden.

Gruppe 1 und 2 untersuchen die Textstellen zum Patriarchen (I, 5; IV, 2) und zu Daja (I, 1/2; III, 10; IV, 6/8) (s. Arbeitsblatt S. 82 f.).

Aus den ersten Arbeitsgruppen wären folgende Ergebnisse zu erwarten: Der Patriarch ist hinterlistig und hinterhältig. Er lässt aushorchen (s. Gespräch zwischen Klosterbruder und Tempelherrn, I, 5) und vermeidet, über seine Ziele offen zu sprechen. Er verlangt, dass sein Rat »blindlings« (S. 98, Z. 34) angenommen wird. Gewalt, die die Kirche Kindern antut, will er nicht sehen bzw. hält sie für gerechtfertigt. Hinter dem Prunk seines Ornats verbirgt er sich als Person, versucht so, seinen Gesprächspartner zu beeindrucken und gleichzeitig einzuschüchtern. Eine Kommunikation gleichwertiger Gesprächspartner ist von ihm nicht gewollt und mit ihm nicht möglich. Seine Ansichten sind starr, dogmatisch, er verfällt leicht in inhaltsleere Floskeln (»Dass so ein frommer Ritter lange noch/Der lieben Christenheit, der Sache Gottes/Zu Ehr und Frommen blühn und grünen möge!«, S. 98, Z. 22 ff.) und versteigt sich zuweilen zu absurden Formulierungen, die anzeigen, wie sehr ihn sein Glaubensfanatismus, der aber nur zur Verschleierung seiner machtpolitischen Interessen dient, realitätsblind gemacht hat (z.B. »Ja, der Jud wär' allein Schon dieserwegen wert, dreimal verbrannt Zu werden«, S. 101, Z. 27 ff.). Der Patriarch ist in seinem Gesprächsstil das genaue Gegenteil zu Nathan. Während Nathan auf Vernunft und Erfahrung setzt, ist der Patriarch deren Verächter (s. »die stolze menschliche Vernunft«, S. 100, Z. 7), dieser sät Misstrauen, wo jener auf einer gegenseitigen Vertrauensbasis seine Gespräche führt, in denen es ihm um Wahrhaftigkeit geht. Das Gespräch mit dem Patriarchen kann nicht glücken, denn er verfolgt starr seine Interessen, sodass man letztlich aneinander vorbeiredet.

Die Daja-Gruppe kann ihren Ausgang von Rechas Fremdcharakterisierung ihrer Gesellschafterin, sie sei eine »gute böse Daja« (S. 140, Z. 11), nehmen und dann – so unser Vorschlag – die Unterhaltung Dajas in den Auftritten I, 1 und 2; III, 10 und IV, 6 und 8 berücksichtigen.

Aus der zweiten Arbeitsgruppe wären folgende Ergebnisse zu erwarten: Daja ist eine in sich widersprüchliche Gestalt, sodass Recha mit Recht von ihrer »guten bösen Daja« spricht, denn einerseits vermag sie Recha all das an Mütterlichkeit zu geben, was diese an mütterlicher Zuwendung entbehren musste, andererseits ist sie eine verstiegene Schwärmerin, die mit missionarischem Eifer versucht zu bekehren. Sie lebt in einer kleinen engen Welt, ist naiv und oberflächlich, geschwätzig und leicht bestechlich. Um ihre Ziele durchzusetzen, verschmäht sie nicht die Intrige, aber ihre Intrigen sind nicht so gefährlich wie die des Patriarchen, denn sie, die »arme Frau«, muss »aus Liebe quälen; – Ist eine von den Schwärmerinnen, die Den allgemeinen, einzig wahren Weg Nach Gott, zu wissen wähnen« (S. 140, Z. 32 ff.).

Daja macht es sich nicht leicht, Recha ihre christliche Herkunft zu eröffnen. Sie »kämpft mit sich« (S. 141, Z. 29), zeigt »wahres Mitleid« (ebd. 142, Z. 9), und Recha weiß auch Dajas Verhalten so zu interpretieren, dass sie darin Dajas große Liebe zu ihr erkennt, die – gebannt durch ihren christlichen Glauben – »den Gedanken nicht ertragen kann« (S. 141, Z. 17), Recha um das ewige Heil gebracht zu sehen. Genau das ist aber auch Dajas Fehler, der immer wieder Gespräche mit ihr scheitern lässt, dass sie, die naive Schwärmerin, nicht in der Lage ist, ihre Position in Frage zu stellen, auf den anderen zu hören. Das macht sie dem Patriarchen vergleichbar, aber ihre Gefährlichkeit wird gemildert durch ihre ungebrochene Naivität und Menschenliebe, während die Intoleranz des Patriarchen sich mit tiefster Menschenverachtung paart.

Zwei weitere Gruppen sollen sich der zentralen Gespräche Nathan – Recha (I, 2) und Nathan – Tempelherr (II, 5) annehmen, in denen durch Nathans geschickte Gesprächsführung das Vorurteil zugunsten einer neuen Einstellung abgebaut wird. Beide Gespräche wären demnach unter dem Aspekt zu analysieren, wie Nathan jeweils das Gespräch führt und wie argumentiert wird.

Aus der dritten Arbeitsgruppe wären folgende Ergebnisse zu erwarten: Im Gespräch zwischen Nathan und Recha (I, 2) fungiert Nathan als Pädagoge und Arzt. Er selbst will Recha »heilen« (S. 10, Z. 3), will, dass der »süße Wahn der süßern Wahrheit Platz macht« (S. 9, Z. 34). Mit liebenswürdigem Spott und nicht verletzender Ironie »zersprengt« er Rechas – wie Daja bemerkt – »überspanntes Hirn« (S. 12, Z. 6). Gerade indem er Wert auf »Subtilitäten« legt, wie Daja es abfällig nennt (S. 12, Z. 7), bringt er Recha wieder auf den rechten Weg, denn er scheidet scharfsinnig zwischen jenen stündlich von Gott bewirkten, wahren, echten, weil alltäglich gewordenen Wundern (s. S. 11, Z. 26 und S. 11, Z. 34 ff.) und jenem Ungewöhnlichsten und Neusten, das gaffenden »Kindern bloß so heißen müsste« (S. 12, Z. 2). Nathan bedient sich in dem Gespräch der Strategie, dass er Recha sich an ihrem eigenen Fehler, der Schwärmerei, kurieren lässt, indem er nämlich Recha durch eine von seiner Seite aus für einen Moment stimulierte Schwärmerei die Konsequenz erkennen lässt, dass solche Schwärmerei letztlich viel leichter ist als gut handeln (S. 16, Z. 28 f.). Nathans Sprechen ist unaufdringliches Erziehen, das dem zu Erziehenden, hier Recha, sein Fehlverhalten einsichtig macht, indem er auf die Ursachen verwiesen wird, die das jeweilige Verhalten bedingen. So macht Nathan im Bild vom Topf klar, dass Rechas Wunderglaube nur auf Stolz basierte.

Aus der vierten Arbeitsgruppe wären folgende Ergebnisse zu erwarten: Dieses Gespräch gelingt, weil Nathan es versteht, sich geschickt auf die Art des Tempelherrn einzulassen und dank seiner guten Menschenkenntnis gleich unter der »bitteren Schale« den nicht bitteren Kern zu erkennen (s. S. 51, Z. 1). Wenn der Tempelherr, befangen in seinen Vorurteilen gegenüber Juden, verächtlich die Rettung Rechas abtut (»wenns auch nur Das Leben einer Jüdin wäre«, S. 51, Z. 30f.), biegt Nathan diese eigentlich verletzende Bemerkung geschickt ab, indem er sie so auslegt, dass »Die bescheidne Größe sich hinter das Abscheuliche flüchtet, um der Bewunderung auszuweichen.« (S. 51, Z. 34ff.) So fängt Nathan immer wieder das Gespräch, das aufgrund der schroffen Haltung des Tempelherrn abzubrechen droht, auf, verwirrt schließlich den Tempelherrn (s. S. 53, Z. 2), macht ihn »betreten« (S. 53, Z. 13) und beschämt ihn dann durch die stumme Sprache der Tränen, als er das Brandmal auf dem Mantel des Tempelherrn küsst und mit seinen Tränen benetzt. Indem Nathan dann den Tempelherrn vorsichtig mahnt, sich als »ein Gipfelchen nicht zu vermessen, Dass es allein der Erde nicht entschossen« (S. 54, Z. 2f.), und ihm zu erkennen gibt, dass ihm mehr daran gelegen ist, zunächst als Mensch und erst dann als Angehöriger eines Volkes, das er sich nicht auserlesen habe, angesehen zu werden, ist ein Punkt gegenseitiger Verständigung erreicht, der durch einen Freundschaftsbund beschlossen wird. So wie Recha im Gespräch durch Nathan als ihrem kundigen Arzt von ihrer Schwärmerei geheilt wird, heilt Nathan auch den Tempelherrn von seinen Vorurteilen, die diesem auf unnatürliche Weise den Zugang zu den Personen verstellten, die er unbewusst liebt und zu denen er sich unwillkürlich hingezogen fühlt.

Phase 3:
Dialog und Humanität

Der Vergleich der Arbeitsergebnisse der Schüler mit dem Zitat von Schnell sollte folgende Ergebnisse erbringen.

Die erste Arbeitsgruppe, die sich der Gespräche mit dem Patriarchen annahm, kann das Schnell-Zitat dahingehend auswerten, dass die Beziehungen zwischen den Kommunikationspartnern dadurch gestört sind, dass der Patriarch in religiös-ideologischen Bindungen befangen bleibt und keineswegs bereit ist, Vertrauen in die Allgemeinheit der Humanität zu setzen. Der Kirchenfürst verweigert sich der humanen Kommunikation.

Daja wiederum – so kann die zweite Arbeitsgruppe folgern – verfehlt ebenfalls die Regeln humaner Kommunikation. Auch sie bleibt, wenn auch in geringerem Maße, vorurteilsbehaftet, und aufgrund mangelnder intellektueller Flexibilität wagt sie nicht den Schritt, der Allgemeinheit der Humanität zu vertrauen, sodass sie ihrem Kommunikationspartner unmoralische oder negative Absichten unterstellt, was eine offene Kommunikation und die Beseitigung von Kommunikationsstörungen verhindert. Zum Teil wird dieses Manko Dajas durch ihre ehrliche, gutmütige Art kompensiert.

Das Gespräch Recha – Nathan zeigt dagegen, wie Störungen der Kommunikation aufgehoben werden können. In der Liebe zu ihrem Vater findet das Gespräch mit Nathan jene vertrauensvolle Basis, die notwendig ist, damit die Regeln einer humanen Kommunikation eingehalten werden können:

»Heilung aber ist nicht allein durch rationale Argumentation möglich, sondern der Weg zum praktischen Handeln führt über das Gefühl (Mitleid, Mitgefühl), erst dann kann die Einsicht geweckt werden. Positiv werden die Beziehungen zwischen den Menschen erst durch praktisches Handeln. Die Möglichkeit der Verständigung wird als sicher vorausgesetzt.« (Schnell, a. a. O., S. 48)

Die Szene zwischen Nathan und dem Tempelherrn zeigt deutlich, wie Beziehungen zwischen Menschen positiv verändert werden können, weil eine unbefangene Sehweise im Verlaufe des Gespräches an die Stelle des Vorurteils tritt und auf der Ebene menschlicher Solidarität das Trennende religiöser Überzeugungen schließlich als vordergründig angesehen werden kann.

Hausaufgabe:

Als Vorbereitung auf die Analyse der Ringparabel, die den Mittelpunkt der nächsten Stunden bilden soll, ist eine Personencharakteristik Saladins schriftlich anzufertigen, die auf folgende Textstellen Bezug nimmt: I, 3; II, 1; III, 4, 5 und 7 (ab S. 82 ff.); IV, 4.

Arbeitsblatt zur 10./11.Stunde   → *CD-ROM / Datei: AB_10_11.doc*

Dialoganalyse

Gruppe 1

- Charakterisieren Sie den Patriarchen (berücksichtigen Sie I, 5; IV, 2), und begründen Sie, warum die Gespräche mit dem Patriarchen missglücken.
- Vergleichen Sie ihre Ergebnisse mit folgendem Zitat aus einer Abhandlung zu Lessings ›Nathan der Weise‹:

»*Die Teilnehmer an der Kommunikation sind z. T. befangen in Vorurteilen, sie unterstellen dem Partner unmoralische, negative Absichten. Das bedeutet: Störungen in den Beziehungen entstehen durch unterschiedliche religiöse/ideologische Bindungen und daraus resultierendem Handeln. Gegensätze und Störungen können dort beseitigt werden, wo sie auf ein Verhalten treffen, das bestimmt ist durch das Vertrauen in die Allgemeinheit der Humanität. Gesellschaftlich bedingte Unterschiede sind ohne Bedeutung, Machtverhältnisse bleiben unverändert, aber ihre Veränderung ist auch nicht nötig, weil und sofern die Herrscher sich den Regeln einer humanen Kommunikation unterwerfen.« (Josef Schnell: Dramatische Struktur und soziales Handeln, in: Der Deutschunterricht 28 (1976), H. 2, S. 49)*

Gruppe 2

- Charakterisieren Sie Daja (berücksichtigen Sie I, 1/2; III, 10; IV, 6/8), und begründen Sie, warum die Gespräche mit Daja missglücken.
- Vergleichen Sie ihre Ergebnisse mit folgendem Zitat aus einer Abhandlung zu Lessings ›Nathan der Weise‹:

»*Die Teilnehmer an der Kommunikation sind z. T. befangen in Vorurteilen, sie unterstellen dem Partner unmoralische, negative Absichten. Das bedeutet: Störungen in den Beziehungen entstehen durch unterschiedliche religiöse/ideologische Bindungen und daraus resultierendem Handeln. Gegensätze und Störungen können dort beseitigt werden, wo sie auf ein Verhalten treffen, das bestimmt ist durch das Vertrauen in die Allgemeinheit der Humanität. Gesellschaftlich bedingte Unterschiede sind ohne Bedeutung, Machtverhältnisse bleiben unverändert, aber ihre Veränderung ist auch nicht nötig, weil und sofern die Herrscher sich den Regeln einer humanen Kommunikation unterwerfen.« (Josef Schnell: Dramatische Struktur und soziales Handeln, a. a. O., S. 51)*

Gruppe 3

* Analysieren Sie das Gespräch Nathan – Recha (I, 2) unter dem Aspekt der Gesprächsführung durch Nathan.
* Vergleichen Sie ihre Ergebnisse mit folgendem Zitat aus einer Abhandlung zu Lessings ›Nathan der Weise‹:

»Die Teilnehmer an der Kommunikation sind z. T. befangen in Vorurteilen, sie unterstellen dem Partner unmoralische, negative Absichten. Das bedeutet: Störungen in den Beziehungen entstehen durch unterschiedliche religiöse/ideologische Bindungen und daraus resultierendem Handeln. Gegensätze und Störungen können dort beseitigt werden, wo sie auf ein Verhalten treffen, das bestimmt ist durch das Vertrauen in die Allgemeinheit der Humanität. Gesellschaftlich bedingte Unterschiede sind ohne Bedeutung, Machtverhältnisse bleiben unverändert, aber ihre Veränderung ist auch nicht nötig, weil und sofern die Herrscher sich den Regeln einer humanen Kommunikation unterwerfen.« (Josef Schnell: Dramatische Struktur und soziales Handeln, a. a. O., S. 51)

Gruppe 4

* Analysieren Sie das Gespräch Nathan – Tempelherr (II, 5) unter dem Aspekt der Gesprächsführung durch Nathan.
* Vergleichen Sie ihre Ergebnisse mit folgendem Zitat aus einer Abhandlung zu Lessings ›Nathan der Weise‹:

»Die Teilnehmer an der Kommunikation sind z. T. befangen in Vorurteilen, sie unterstellen dem Partner unmoralische, negative Absichten. Das bedeutet: Störungen in den Beziehungen entstehen durch unterschiedliche religiöse/ideologische Bindungen und daraus resultierendem Handeln. Gegensätze und Störungen können dort beseitigt werden, wo sie auf ein Verhalten treffen, das bestimmt ist durch das Vertrauen in die Allgemeinheit der Humanität. Gesellschaftlich bedingte Unterschiede sind ohne Bedeutung, Machtverhältnisse bleiben unverändert, aber ihre Veränderung ist auch nicht nötig, weil und sofern die Herrscher sich den Regeln einer humanen Kommunikation unterwerfen « (Josef Schnell: Dramatische Struktur und soziales Handeln, a. a. O., S. 51)

12./13. Stunde:
Die ›Ringparabel‹ und die Entwicklung des Tempelherrn

Sachinformation

Der Sultan stellt Nathan, um an Geld zu kommen, eine Falle. Er fordert ihn auf, zu begründen, warum er »aus Einsicht, Gründen, Wahl des Bessern« (S. 75, Z. 19) bei seiner Religion geblieben sei, wo doch »von diesen drei Religionen eine nur die wahre sein könne« (ebd., Z. 20 f.) Die erwartete Antwort wird verweigert, denn Nathan antwortet mit der Ringparabel nicht auf des Sultans Frage, welche die wahre Religion sei. Im Gegenteil, die Parabel zeigt vielmehr auf, dass die Frage des Herrschers nach Begründung falsch gestellt ist bzw. unbeantwortbar bleiben muss.

Schon bevor Nathan die Geschichte von den drei Ringen erzählt, wird in dem vorausgehenden Nathan-Monolog angedeutet, dass der Sultan nicht die von ihm erwartete Antwort erhalten wird. Nathan hebt nämlich in seinem Monolog seinen neuen Wahrheitsbegriff von dem des Sultans ab: »als ob Die Wahrheit Münze wäre! – Ja, wenn noch Uralte Münze, die gewogen ward! Das ginge noch! Allein so neue Münze, Die nur der Stempel macht, die man aufs Brett Nur zählen darf, das ist sie doch nun nicht! Wie Geld in Sack, so striche man in Kopf Auch Wahrheit ein?« (S. 76, Z. 5 ff.) Ein unmittelbarer Zugang zur Wahrheit (›uralte Münze‹) ist verstellt, die abstrakte Wahrheit, wie sie der Sultan erwartet (›Stempel‹), verfehlt die ursprüngliche Wahrheit. Für Nathan gibt es nur eine prozessuale, approximative Form der Wahrheitsfindung, die die eigentliche Wahrheit immer nur als regulative Idee hat und sich somit nie mit Fixierungen, wie es die abstrakte Wahrheit tut, zufrieden gibt. Entsprechend seinem Wahrheitsbegriff verfällt Nathan nicht auf das philosophisch-theologische Lehrgespräch. »Nicht die Kinder bloß, speist man Mit Märchen ab« (S. 76, Z. 26 f.), sagt er zu sich selbst und bittet den Sultan, ihm ein »Geschichtchen« (S. 77, Z. 20), eben die Parabel von den drei Ringen, erzählen zu dürfen. Zur Vermittlung der Wahrheit, die sich nicht in Begriffen abstrahieren lässt, bedarf Nathan der Poesie als eines spezifischen und hier einzig geeigneten Mediums, um sagen zu können, was er sagen will. Somit spiegelt sich in der architektonischen Mitte des Dramas das poetologische Problem, vor das sich Lessing selbst gestellt sah, als er den ›Nathan‹ schrieb. Das dramatische Gedicht lässt sich nicht auf einige Lehrsätze verkürzen, sondern Lessing bedarf selbst der parabolisch-dramatischen Form, um seine Aussage ohne Sinnverlust zu vermitteln. Wie die Erzählung der Ringparabel das poetologische Problem des ›Nathan‹ reflektiert, spiegelt sich Nathan innerhalb der Parabel in der Figur des Richters. Angesichts der Tatsache, dass die drei Ringe unterscheidbar geworden sind, ja sogar die Vermutung aufkommen kann, dass der rechte Ring verloren ging, bleibt auch dem Richter nichts anderes übrig, als was auch Nathan nur kann, nämlich einen Rat zu geben und die entscheidende Frage nach der wahren Religion zurückzuweisen:

»Denkt ihr, dass ich Rätsel Zu lösen da bin? [...] Ich höre ja, der rechte Ring Besitzt die Wunder-

kraft beliebt zu machen; Vor Gott und Menschen angenehm. Das muss Entscheiden! [...] wenn ihr Nicht meinen Rat, statt meines Spruches, wollt: Geht nur! Mein Rat ist aber der: ihr nehmt Die Sache völlig wie sie liegt. [...] Es eifre jeder seiner unbestochnen Von Vorurteilen freien Liebe nach! Es strebe von euch jeder um die Wette, die Kraft des Steins in seinem Ring' an Tag Zu legen! komme dieser Kraft mit Sanftmut, Mit herzlicher Verträglichkeit, mit Wohltun, Mit innigster Ergebenheit in Gott, Zu Hülf'!« (S. 80, Z. 34 ff.)

Der Rat des »bescheidnen Richters« (S. 82, Z. 4) zielt also auf die Praxis einer vorurteilsfreien Liebe unter den Menschen. Außerdem »legitimiert er sich vom Ende der Geschichte her und richtet sich zugleich auf den konkreten Menschen in seiner alltäglichen Geschichte. [...] Er zielt auf freie selbstbestimmte Sittlichkeit des einzelnen und ist legitimiert durch den Verweis auf die Vorsehung.« (Joachim Bark, Nachwort zu: Lessing, Nathan der Weise, München 1979, S. 216)
Geht man von der Annahme aus, wie Eibl dies etwa tut, dass mit der Frage nach der wahren Religion auch die Frage nach den unterschiedlichen Kulturen und damit auch Traditionssträngen, die in einen interkulturellen Kontakt zueinander getreten sind, gestellt ist, so lässt sich die Ringparabel auch folgendermaßen lesen:

»Die Kulturen, einschließlich der verschiedenen Religionen, sind unterschiedliche Akkomodations-Rahmen des Guten. Dies verkündet der Richter. Er hat die naive Vorstellung von der magischen Kraft des Zauberrings: die naive Vorstellung, eine Kultur sei die ›richtige‹, bei der das Gute und dessen Realisationsbedingungen in eins fallen, zerbrochen. Jetzt kann er empfehlen, jeder Religion zu folgen, als ob sie die wahre wäre; unterschiedlich sind nur die – unentbehrlichen – Akkomodations-Rahmen, nicht hingegen der unaussprechbare Kern. Die Konkurrenz wird darum nicht aufgehoben: ›Es strebe von euch jeder um die Wette‹, aber nicht nach Herrschaft über den andern, sondern danach, ›Die Kraft des Steins in seinem Ring‹ an den Tag zu legen!, also sich ›vor Gott und Menschen angenehm‹ zu machen. Der Richter fordert damit ein radikales Umdenken, weg vom Begründungsdenken, hin zum Bewährungsdenken. Denn mögen Traditionen auch nicht bis hin zu ›Speis und Trank‹ begründbar und im Sinne solcher kausaler Herleitung rational zu legitimieren sein, so haben sie doch eine rational zu rechtfertigende Aufgabe. Des Richters Rat besteht darin, den Wahrheitsentscheid auf sich beruhen zulassen und die wechselseitigen Herrschaftsansprüche zu suspendieren, da Herrschaft durch historische Herleitung nicht legitimiert werden kann; wenn, in ›über tausend tausend Jahre(n)‹, irgendein Entscheid getroffen werden kann, dann nur auf Grund der Wirkung der Ringe, d.h. aufgrund der Humanisierungs- und Integrationskraft, die einer Tradition innewohnt und die beim Streit um die historische Legitimation ganz in Vergessenheit geraten war, ja, sich in ihr Gegenteil verkehrt hatte.« (K. Eibl: G.E. Lessing: Nathan der Weise, in: Deutsche Dramen. Interpretationen zu Werken von der Aufklärung bis zur Gegenwart, hrsg. v. Harro Müller-Michaels, Königstein/Ts. 1981, S. 20).

Welche Folgen es haben kann, aus den sozialen Rollen zu treten und sich nur als Mensch zu verstehen, zeigt z.B. der lange Monolog des Tempelherrn in III, 8. Eibl weist in seiner Interpretation auf die Bedeutung dieses Selbstgesprächs hin:

»Dem Tempelherrn wird deutlich, dass er eine neue Identität gewonnen oder zumindest die alte des Tempelherrn verloren hat: ›Was will mein Orden auch? Ich Tempelherr Bin tot … Der Kopf, den Saladin mir schenkte, wär' Mein alter? – Ist ein neuer … Und ist ein beßrer.‹ Aber was für einer? Nicht der des christlichen Ritters, des jüdischen Händlers, des mohammedanischen Sultans, sondern der eines noch rollenlosen Ichs. Das ist eine äußerst gefährliche Situation, denn der Tempelherr befindet sich damit in einem vorgesellschaftlichen Zustand, der zwar einerseits frei ist von ›Entfremdungen‹ gesellschaftlichen Existierens, andererseits ihn aber quasi nackt, wie im Zustande der ›natürlichen Religion‹, im ›Stande der natürlichen Freiheit des Menschen‹, allein auf seine Subjektivität zu-

rückwirft. […] Dass er beim nun folgenden Werben um Rechas Hand so heftig insistiert, von Nathan ›Sohn‹ genannt zu werden, hat seinen Grund darin, dass er eine neue Rolle sucht. Er will nicht nur Rechas Hand, er, der Waise, will auch einen Vater adoptieren, um rundum in ein neues Determinationsgefüge einzutreten, das der bürgerlichen Gesellschaft. […] Lessing demonstriert an ihm, dass die Überwindung der Vorurteile nur ein erster Schritt ist, dem, gemäß der Ringparabel, als Zweiter die Wiedereingliederung in einen kulturellen Kontext mit einem neuen Bewusstsein folgen muss.« (Eibl: Nathan der Weise, a.a.O., S. 22f.)

Die verzweifelte Vatersuche führt den Tempelherrn von Nathan weg zu dem Patriarchen, schließlich zum Sultan. Erst der energische Verweis des Sultans, »Sei ruhig, Christ!« (S. 110, Z. 8) zeigt ihm, dass er in sein altes Ich der Vorurteile zurückgefallen ist:

»Durch Saladins Vermittlung hat er zu seinem eigentlichen, ›natürlichen‹ Vater gefunden, wenngleich er selbst vom Verwandtschaftsverhältnis nichts weiß: ›Ah, wenn ich wüsste, Wie Assad, – Assad sich an meiner Stelle Hierbei genommen hätte!‹ Assad ist von nun an das maßgebende traditionsbildende Vorbild – nicht in der Form eines starren Regelkodex, sondern als Objektivationshilfe für selbstverantwortetes Handeln. Schritt für Schritt wird der Tempelherr nun zurückgeführt zu gesellschaftlicher Existenz, bis zur letzten Erschütterung und zugleich Aufklärung seiner Identität, als er die Gefühle des Geliebten mit denen des Bruders vertauschen muss.« (Eibl, a.a.O., S. 24)

Unterrichtsverlauf

Phase 1:
Die Figur des Sultan

Zu Beginn der Stunde können einige der als Hausaufgaben schriftlich anzufertigenden Charakterisierungen Saladins vorgelesen und besprochen werden. Die Charakterisierung des Sultans muss folgende Aspekte ansprechen: Lessing zeigt den Sultan weniger als Herrscher, mehr als Privatmann. So führt er ihn beispielsweise nicht etwa mit einer Regierungshandlung ein, sondern zeigt ihn als jemanden, der zu Beginn des zweiten Aufzuges mit seiner Schwester Sittah beim Schachspiel sitzt. Die Art und Weise aber, wie er mit seiner Schwester spielt, wirft ein bezeichnendes Licht auf seinen Regierungsstil, denn hier wie dort ist er gutmütig, aber diese Gutmütigkeit verbindet sich mit einer gefährlichen Unbesonnenheit, was ihn merklich von Nathan unterscheidet. Entsprechend hatte schon der Derwisch Saladin charakterisiert, wenn er ihn in seinem Gespräch mit Nathan in I, 3 als einen Herrscher beschrieb, der zwar ein Menschenfreund sein wolle, dies aber nur für wenige sein könne, indem er Hunderttausende »drücke, ausmergle, plündre, martre, würge«. Geckerei ist die Bezeichnung für solch ein in sich widersprüchliches System, dessen Widersprüchlichkeit zwar der Sultan selbst nicht durchschaut, aber der Zuschauer als das des absolutistischen Herrschers wieder erkennt. Der Wunsch des Herrschers, »des Höchsten Milde« nachzuahmen, die »sondern Auswahl über Bös' und Gute« sich ergießt, ist stupide Nachäfferei des Allerhöchsten ohne des »Höchsten immer volle Hand«. Die damit gleich zu Beginn des Dramas angesprochene Systemkritik führt Lessing jedoch nicht weiter, im Gegenteil: Er versöhnt, indem er Nathan und Saladin, den Bürger und den Herrscher, Freunde werden lässt, nicht ohne jedoch zuvor gezeigt zu haben, wie gefährdet der Bürger lebt, denn Saladin stellt auf Anraten Sittahs Nathan eine Falle, die dieser jedoch zu umgehen weiß.

Phase 2:
Die ›Ringparabel‹ innerhalb des Handlungsverlaufs

Bevor die Ringparabel selbst behandelt wird, soll vorab in einem Gespräch geklärt werden, wie Lessing die Erzählung Nathans in das Drama einlagert. Legt man die Seitenzahl der Textausgabe zugrunde, fällt ins Auge, dass die Ringparabel genau in der Mitte

des Dramas steht. Innerhalb des Handlungsverlaufs hat sie die Funktion, dass Nathan mit dieser Geschichte versuchen muss, die ihm von Saladin gestellte Falle, die er aus dem Gespräch mit dem Derwisch ahnt, möglichst zu umgehen. Außerdem ist die Erzählung der Versuch einer Antwort auf die von Saladin gestellte Frage, welche Gründe Nathan anführen kann, dass er in der Religion verbleibt, in die er durch Zufall hineingeboren ist.

Phase 3:
Nathans Monolog (III, 6)

Eine weitere Annäherung an die Ringparabel kann über Nathans Monolog erfolgen (III, 6). Er müsste nochmals vorgelesen und dann unter den Fragestellungen analysiert werden, mit welchen Problemen sich Nathan konfrontiert sieht. Zum einen hat er Angst, in eine Falle zu laufen, zum andern sieht er sich der Forderung gegenüber, eine Wahrheit formulieren zu müssen, die sich der planen Formulierung entzieht, denn dies bedeutet das Bild von der alten, noch wägbaren, weil konkreten Münze und der neuen, abstrakten, nur durch den Stempel gemachten Münze. Außerdem benennt Nathan am Ende des Monologes seine folgende Erzählung ›ein Märchen‹, eine Bezeichnung, die jedoch vom Unterrichtenden um den literaturwissenschaftlichen Terminus ›Parabel‹ ergänzt werden sollte. Ist der Begriff den Schülern nicht bekannt, wäre er wie folgt zu definieren: Die Parabel ist ein zur selbstständigen Erzählung erweiterter Vergleich, der von nur einem Vergleichspunkt aus durch Analogie auf den gemeinten Sachverhalt zu übertragen ist.

Phase 4:
Ringparabel: Boccaccio – Lessing

In einer weiteren Phase kann noch zielgerechter auf die Analyse der Ringparabel hingearbeitet werden, nämlich durch einen Vergleich zwischen der Ringparabel aus Boccaccios ›Decamerone‹ und Lessings ›Nathan‹. Hierzu sollte jedoch von den

Schülern zunächst in einer Stillarbeitsphase der Text von Boccaccio, der im Materialienteil der Klett'schen ›Nathan‹-Ausgabe
abgedruckt ist (s. S. 172–174), gelesen werden, danach – wenn möglich – der Vortrag
der Ringparabel Nathans per Schallplatte
vorgespielt oder nochmals laut vorgelesen
werden, wobei ein Schüler die Rolle Nathans, ein anderer die Partie Saladins übernehmen kann.

Im anschließenden Gespräch wären die Unterschiede zwischen der von Lessing benutzten Vorlage, die sicherlich zu seinen wichtigsten Anregungen zum Nathan-Stück zu
rechnen ist, und seiner Bearbeitung dieser
Vorlage herauszuarbeiten.

Folgende Unterschiede lassen sich festma-
chen (sie können in einem Tafelbild festgehalten werden):

Bei Boccaccio dient die Erzählung der Parabel als Beleg dafür, »dass Torheit uns oft vom
höchsten Glück ins höchste Elend stürzt,
Verstand hingegen den Klugen aus den größten Gefahren reißt«. Im ›Decamerone‹ heißt
der Sultan auch Saladin, der Jude hingegen
Melchisedech. Dieser Jude ist hier – anders
als Nathan – »geizig« (S. 172, Z. 16) und will
sich mit seiner Geschichte aus der ihm vom
Sultan gelegten Schlinge ziehen, eine Situation, die Lessing deutlich übernimmt. Außerdem unterscheiden sich die Fragen bei
Boccaccio und Lessing voneinander, auf die
die Ringparabel Antwort zu sein versucht. Bei
Boccaccio ist die Frage, »welche von den drei
Religionen [er] für die wahre [halte], die jü-
dische, die sarazenische oder die christliche«
(S. 173, Z. 25 ff.). Bei Lessing fragt der Sultan
hingegen Nathan, warum er bei seiner Religion bleibe, obwohl er doch wohl nur durch
Zufall in sie hineingeboren sei. Ein weiterer
Unterschied ist schließlich, dass Lessing die
Kraft der Ringe, »vor Gott Und Menschen
angenehm zu machen« (S. 78, Z. 1 f.), davon
abhängig macht, dass der Ring auch in dieser
Zuversicht getragen wird. Boccaccio spricht
weder von dieser Kraft des Ringes noch von
der notwendigen Voraussetzung, dass er in
dieser Zuversicht getragen werden müsse.

Schließlich bleibt zwar auch im ›Decamerone‹ die Frage nach dem rechtmäßigen Erbe
unentschieden und gilt auch »heute« noch
als unausgemacht, aber Lessing erweitert die
Parabel, indem er die Söhne vor einen Richter ziehen lässt, der die Söhne ermahnt, dass
zunächst jeder seiner von Vorurteilen freien
Liebe nacheifern solle: »Es strebe von euch
jeder um die Wette, Die Kraft des Steins in seinem Ring an Tag Zu legen!« (S. 81, Z. 28 ff.).
Nathan weist auf einen weiseren Richter in
einer unbestimmten Zukunft hin, und er
spielt sogar die Möglichkeit durch, dass der
rechte Ring gar verloren ging und folglich
alle drei Ringe falsch seien. Gerade die letzte
Möglichkeit ist wichtig für Lessings Position,
kommt es ihm doch eben nicht darauf an,
die Echtheit des Ringes durch Begründung
nachzuweisen. Ein solcher Beweis ist nicht
zu erbringen, denn alle Religionen gründen letztlich auf »Treu und Glaube«. Sie alle
gründen auf Geschichte (S. 79, Z. 37). Den
Beweis erbringt nur, »wer mit Sanftmut, mit
herzlicher Verträglichkeit, mit Wohltun,
Mit innigster Ergebenheit in Gott« (S. 81,
Z. 30 ff.) lebt und handelt. Die wahre Religion lässt sich theoretisch nicht erweisen;
alle Religionen sind gleich wahr oder un-
wahr. Die Gefahr, dass alle drei »betrogene
Betrieger« sind, kann nur gebannt werden,
wenn jeder nicht mehr »sich selber nur Am
meisten« (S. 81, Z. 7 ff.) liebt, sondern alles
daran setzt, den anderen zu tolerieren und
»gut zu handeln«, wie Nathan bereits in dem
Gespräch mit Recha geraten hatte.

Phase 5:
Die Entwicklung des Tempelherrn

Die Ringparabel ist – wir wiesen bereits darauf hin – dem ›Nathan‹ nicht als heraus-
lösbare Erzählung eingesetzt. Dramatische
Handlung und Parabel durchdringen sich
gegenseitig. Um dies nochmals dem Schüler zu demonstrieren, verweisen wir in einem weiteren Unterrichtsschritt auf die
Verbindung zwischen der Parabel und der
Entwicklung des Tempelherrn. Nathan hatte dem Sultan gegenüber geäußert: »Nun

wessen Treu und Glauben zieht man denn Am wenigsten in Zweifel? Doch der Seinen? Doch deren Blut wir sind? doch deren, die Von Kindheit an uns Proben ihrer Liebe Gegeben? die uns nie getäuscht, als wo Getäuscht zu werden uns heilsamer war? Wie kann ich meinen Vätern weniger, Als du den deinen glauben? Oder umgekehrt. – Kann ich von dir verlangen, dass du deine Vorfahren Lügen strafst, um meinen nicht Zu widersprechen? Oder umgekehrt.« (S. 79 f., Z. 37 ff.). Die Entwicklung des Tempelherrn zeigt modellhaft, was geschieht, wenn die eigene Identität, die wesentlich auf Treu und Glauben beruht, in eine Krise gerät und erneut aufgebaut werden muss. Um dies zu verdeutlichen, müssen die Schüler wesentliche Phasen der Entwicklung des Tempelherrn ausmachen. Dies kann womöglich mit einem Blick in das Szenarium in einer Stillarbeitsphase geschehen. Folgende Ergebnisse wären dann in einem Gespräch zu sichern:

Schon zu Beginn ist der Tempelherr jemand, der die Züge des Melancholikers trägt, weil er aufgrund der Begnadigung durch den Sultan seine Selbstsicherheit verloren hat. Er ist in seinen Vorurteilen, die ihm bislang sein Denken und Handeln einfach machten, gestört worden (s. »Mein Leben war mir ohnedem In diesem Augenblick lästig«, S. 51, Z. 26 f.). Der Tempelherr ist auch verstört, weil er Recha wohl auf den ersten Blick liebt. Er gesteht sich dies jedoch nicht ein, weil ihm sein altes Rollenverständnis als Tempelherr verbietet, eine Jüdin zu lieben.

Erst Nathan erlöst ihn aus diesem Dilemma, wenn er ihm in dem Gespräch II, 5 einsichtig machen kann, dass es genügt, »ein Mensch zu heißen« (54, Z. 31 f.). Nur »fromme Raserei« (S. 54, Z. 15) will in dem Anderen zunächst den Juden oder Christen, dann erst den Menschen sehen. So wichtig auch diese Einsicht ist, sie genügt nicht, konfliktlos leben zu können. Das zeigt der weitere Entwicklungsgang des Tempelherrn nur zu deutlich. Das Wissen darum, dass alle Menschen gleich sind, muss ergänzt

werden um die Einsicht, dass der Mensch auch der konkreten sozialen Rollenfestlegung bedarf, wenn er handeln will.

Der Tempelherr wird wieder rückfällig, sobald er Misstrauen gegenüber Nathan schöpfen muss, weil dieser ihm seine Tochter verweigert. Die Rolle als Geliebter Rechas und Sohn Nathans wird ihm verweigert. Die alte Leidenschaft und Hitzigkeit bricht so wieder los, der Tempelherr fällt zurück in die Rolle des schwärmenden Christen. Darauf verweist ihn Saladin (s. S. 110, Z. 8). Erst als Nathan ihm seine und Rechas Herkunft darlegen kann, gewinnt der Tempelherr seine Ruhe zurück. Nun hat er eine neue Rolle als Bruder Rechas und als Sohn Assads gefunden, in der er sich und eine neue Identität verwirklichen kann.

Blickt man zurück auf den Entwicklungsgang des Tempelherrn, so zeigt sich als dessen Problem – und diese Einsicht müsste am Ende der Auswertung stehen –, wie man mit der Erkenntnis, dass alle Menschen gleich sind, aber doch in verschiedenen Kulturkreisen leben, existieren kann, ohne dass man die Identität, die man durch die jeweilige Lebenswelt, in die man hineingeboren ist, gewonnen hat, aufgeben muss.

14. Stunde:
Formen der Weisheit – Klosterbruder, Derwisch, Nathan

Sachinformation

Der Klosterbruder und Al Hafi sind sicherlich Episodenfiguren, aber gerade als solche haben sie eine nicht unwichtige Funktion, sind sie es doch, die zusammen mit Daja Elemente der Komödie ins Spiel bringen und zugleich das schon vom Titel her vertraute Thema der Weisheit in einer jeweils anderen Weise durchspielen, sodass die Weisheit Nathans so genauere Konturen bekommt. Nathans Weisheit ist weder stoischer, noch gesinnungsethischer Natur (s. Eibl, Lessing: Nathan der Weise, S. 8), er ist kein Weiser, der die Welt meidet oder gar flieht, im Gegenteil, er mischt sich mit einer Portion Schlauheit in die Geschäfte der Welt ein. Gleich der erste Auftritt zeigt einen Nathan, der von einer Geschäftsreise heimkehrt, auf der er Schulden eingetrieben hat.

Anders Derwisch und Klosterbruder. Sie fliehen letztlich die Welt:

»Derwisch und Klosterbruder, Parse und Christ, tauchen [dann] als wiederholte Spiegelung eines Problems auf; der Derwisch, der so plötzlich Schatzmeister, und der Klosterbruder, der des Patriarchen Zuträger geworden, manifestieren das Gefährliche einer Weltflucht, die sich gegen alle ursprüngliche Intention mit den Mächten der Welt auf das Unvorsichtigste eingelassen hat. Immerhin: der eine widerruft seine Entscheidung ebenso rasch und hektisch wie er sie getroffen; der andere, ein kreuzfahrender Schweijk in der Kutte, verkehrt seinen mönchischen Gehorsam durch zielbewusste Einfalt und Folgerichtigkeit ins Absurde.« (P. Demetz: Lessings ›Nathan der Weise‹, zit. nach: Lessings Nathan der Weise, hrsg. v. K. Bohnen, Darmstadt 1984, S. 176).

Al Hafi und der Klosterbruder fehlen im Schlusstableau, sie bilden hier schmerzliche Lücken, haben sich den Institutionen (Patriarch bzw. Hof des Sultans) entzogen, weil sie nicht schuldhaft werden wollten, bzw. weil ihnen ihr zur Melancholie neigendes Gemüt sagt, dass nur am Ganges Menschen sind, man nur als Bettler unter Bettlern Mensch bleiben kann. Aber ihre endgültige Flucht ist nur die Wiederholung einer früheren. Ist doch der Klosterbruder ins Kloster eingetreten, um sich nicht in die Weltläufte zu verwickeln: »Bin ich darum aus der Welt geschieden, ich Für mich; um mich für andre mit der Welt Noch erst recht zu verwickeln?« (S. 95, Z. 8 ff.). Gegen solche Weltflucht steht Nathan:

»Was macht ihn zum Weisen, was gibt ihm die Überlegenheit, die die verschiedenen Menschen des Dramas zusammenführt und die gleichsam über den Vorgängen bestehen kann? Es sind vor allem zwei Züge, an denen diese Souveränität Nathans sichtbar wird. Der eine ist das Heraustreten aus der Welt der äußeren Dinge. Nathan hat sich durch Selbstentsagung und Selbstverleugnung von den Bedingtheiten und Verstrickheiten des täglichen Lebens gelöst. Er ist keinem Vorgange des Lebens mehr unterworfen, weil er auf jeden gefasst ist und jeden von der Freiheit seiner Innerlichkeit aus aufnimmt. Vom äußeren Leben aus gesehen ist diese Haltung Resignation; von der Innerlichkeit aus innere Freiheit und Einwilligung in den Willen Gottes. [...] Nathans Innerlichkeit steht nicht mehr im Gegensatz zur äußeren Welt, sondern verwandelt alles äußere Geschehen in innere moralische Existenz. Dies geschieht durch persönliche Selbstverleugnung, Güte und Menschenliebe, rationales Verständnis und bewusste Aufklärung.« (Benno von Wiese: Nathan der Weise, zit. nach: Lessings Nathan der Weise, hrsg. v. K. Bohnen, a. a. O., S. 141)

Nathans Weisheit unterscheidet sich von der Weisheit Al Hafis und der Schlauheit des Klosterbruders dadurch, dass er nicht die Welt flieht. Aber er lässt sich auch nicht distanzlos auf die Geschäfte der Welt ein, geht nicht unmittelbar in ihnen auf. Er wahrt Distanz zu seiner Umgebung, aber lässt sich immer wieder liebevoll auf sie ein, denn sie braucht ihn als Erzieher. Jener zur Welt gewonnene Abstand und gleichzeitig die Liebe zur Welt und zu den Menschen, d. h. jener für Nathan so charakteristische Schwebezustand seiner Haltung, lassen ihn tolerant sein, zum Exemplum für Humanität werden. Er verkörpert jenen Idealzustand eines Weisen, wie ihn sich die Aufklärung vorstellte. Seine Weisheit besteht in einer prinzipiellen Offenheit für den Dialog mit dem Anderen und in dem Vermögen, für Verständigung zu sorgen, wo sich die Menschen in Missverständnisse verrannt haben.

Lessing macht Nathan jedoch nicht zu einer blutleeren Idealfigur. Er hat diese Figur vielmehr so angelegt, dass sie und ihre Weisheit durchaus realistische Züge tragen. Nathans Idealität resultiert aus seiner Leiderfahrung, aus dem so genannten Hiob-Erlebnis. Als seine Familie auf brutalste Weise zerstört wurde, haderte er in seinem unermesslichen Leiden mit Gott, aber aus diesem Zweifel an der Gerechtigkeit Gottes und aus seiner existentiellen Verzweiflung findet er wieder heraus, indem er das ihm Zugestoßene und die ihm vom Klosterbruder zum Schutze übergebene Recha als eine Schickung Gottes annimmt, jedoch nicht in dieser alles als göttliche Fügung begreifenden Haltung verbleibt, sondern gleichzeitig erkennt, dass er seinen aktiven Part übernehmen muss, wenn das Leid in der Welt vermindert werden, der Mensch dem Menschen humaner begegnen soll. So dürften wohl seine Worte zu verstehen sein: »Ich stand! und rief zu Gott: ich will! Willst du nur, dass ich will!« (S. 120, Z. 10f.) Das ist der Kern der Weisheit Nathans: sich in die Vorsehung Gottes einzufügen, indem man aktiv seinen eigenen, vor der Vernunft verantworteten Part übernimmt.

Unterrichtsverlauf

Phase 1:
Weisheit/Schlauheit/Klugheit

Wir beginnen den Themenkomplex ›Formen der Weisheit‹ mit einem Unterrichtsschritt, der zunächst nicht direkt mit dem ›Nathan‹ im Zusammenhang zu stehen scheint. Wie schon bei dem Begriff ›Aufklärung‹ sollen die Schüler sich auch hier in einer Begriffserläuterung des Begriffs ›Weisheit‹ versuchen. Um jedoch die Begriffsbestimmung zu erleichtern, suchen die Schüler zunächst nach begriffsverwandten Wörtern wie ›Schlauheit‹, ›Klugheit‹, ›Raffinesse‹, ›Schlitzohrigkeit‹ usw. bzw. nach gegenteiligen Begriffen, wie ›Dummheit‹, ›Torheit‹, ›Borniertheit‹ usw. Danach wäre die gesamte Schülergruppe in drei Untergruppen einzuteilen, die in Stillarbeit jeweils sich eines der drei Begriffe: ›Weisheit‹, ›Klugheit‹, ›Schlauheit‹ annehmen. Sollten die Schüler in solchen Begriffserklärungen ungeübt sein, sind ihnen Hilfestellungen

zu geben: Sie können nach sprachlichen Verwendungszusammenhängen fragen, in denen die Begriffe oder die Adjektive wie ›schlau‹, ›klug‹ bzw. ›weise‹ verwendet werden. Hilfreich ist auch der Rückgriff auf Sprichwörter oder geflügelte Wörter wie »Der kluge Mann baut vor« oder die Erinnerung an die Darstellung weiser Männer oder Frauen in der Kunst.

Wer sich auf eine von den Schülern durchzuführende Begriffsanalyse nicht einlassen will, kann auch den entsprechenden Abschnitt aus Bollnow, Friedrich Otto: Wesen und Wandel der Tugenden, Berlin 1964, S. 105–108, vorlegen und mit den Schülern gemeinsam auf eine Begriffserläuterung der drei oben genannten Begriffe hin besprechen.

Sodann sollen die Ergebnisse der Begriffsanalyse auf die Personen des ›Nathan‹ übertragen werden. Schlau ist sicherlich der Klosterbruder, Nathan – wie schon der Titel sagt – weise, aber auch klug; Al Hafi, der professionelle Weise in der Rolle des Derwischs, ist sicherlich auch weise, aber in einer anderen Art als Nathan.

Phase 2:
Schlauheit des Klosterbruders

Diese vorläufigen Zuordnungen der Eigenschaften Weisheit, Schlauheit, Klugheit müssen nun in einem weiteren Schritt detaillierter begründet werden. Im Falle des Klosterbruders bietet es sich an, zunächst die Szene I, 5 (Unterhaltung Klosterbruder/Tempelherr) mit verteilten Rollen lesen oder anspielen zu lassen, um dann in einem folgenden Gespräch abzuklären, wie durch Stimmführung, Gestik und Mimik die Verschmitztheit des Klosterbruders dargestellt werden kann, wobei besondere Bedeutung seinem mehrfach wiederholten, geradezu penetrant wirkenden Satz »sagt der Patriarch« zukommen wird. Die Dialogpartien aus dem Gespräch mit Nathan (S. 120f.) zeigen seine Einfachheit (er ist Analphabet) und seine tiefe Menschlichkeit. Schließlich wird zu diskutieren sein, wie der endgültige Abgang (S. 130, Z. 26), sein »Lebt wohl!«, zu verstehen ist. Wir deuten es so, dass der Klosterbruder, der sich ins Klosterleben zurückzog, um sich der Welt zu entziehen, sich damit aber immer mehr in die Geschäfte der Welt einmischen musste, wohl wieder seinen Rückzug aus der klösterlichen, dem Patriarchen unterstellten Institution antritt, um einen neuen Versuch zu wagen, sich ganz der ›Welt‹ zu entziehen.

Phase 3:
Weisheit des Al Hafi

Ist so das Verhältnis des Klosterbruders zur Welt geklärt, gilt es, die Parallele in der Entwicklung zu Al Hafi aufzuweisen. Auch er, der zurückgezogen Lebende, lässt sich ja nur kurz auf die Geschäfte in der Welt in der Rolle des Schatzmeisters ein, um sich nach diesem ihm schon bald zur Last werdenden Zwischenspiel zum Ganges zurückzuziehen, um dort als Bettler unter Menschen zu sein. Hier weist er seine Rolle als »Werkzeug« (S. 61, Z. 34) zurück, will in Zukunft nur sich selber leben und nicht mehr als andrer Leute Sklave (S. 62, Z. 20 f.). Lessing lässt den Derwisch bereits am Ende des zweiten Aufzuges die Bühne verlassen, lässt ihn hier bereits sein »Lebt wohl!« (S. 56, Z. 31) sprechen und Nathan diesen Abgang wie folgt kommentieren: »Wilder guter, edler – Wie nenn' ich ihn? – Der wahre Bettler ist Doch einzig und allein der wahre König!« (S. 62, Z. 30 ff.). Es wäre mit den Schülern zu diskutieren, ob nicht mit dem Derwisch eine Existenzmöglichkeit vorgestellt wird, die allein erlaubt, weise zu sein. Man wird zum Anlass der Diskussion nehmen können, dass der Derwisch Nathan selbst dazu auffordert, mit ihm an den Ganges zu kommen (S. 62, Z. 1).

Phase 4:
Nathans Weisheit

Das Ergebnis der Diskussion könnte sein, dass Lessing mit Nathans Weisheit eine andere Form der Weisheit auf die Bühne bringt, die er für gleichberechtigt, wenn nicht sogar für erstrebenswerter hält als die des Derwisch. Für die Diskussion selbst wird es hilfreich sein, sich nochmals innerhalb des Textes jener Stellen zu vergewissern, die Nathans Weisheit thematisieren (S. 20, Z. 19 ff.; S. 45 und 46; S. 48, Z. 1 ff.; S. 73, Z. 25 ff.). Danach ist Nathan gut, klug und weise. Nathan weiß nach den Worten Al Hafis »zu leben« (S. 45, Z. 35 f.); er hat Verstand; ihm hat Gott »von allen Gütern dieser Welt Das kleinste [Reichtum] und größte [Weisheit] so in vollem Maß Erteilet« (S. 45, Z. 1 ff.). Nathan ist reich. Seine unerschöpflichen Quellen sind sein Handel: »Sein Saumtier treibt auf allen Straßen, zieht Durch alle Wüsten; seine Schiffe liegen In allen Häfen« (S. 47, Z. 28 ff.). Was Nathan »klug und emsig zu erwerben für zu klein nicht achtet«, wendet er wiederum »groß und edel« an (S. 47, Z. 32 ff.). Das eben macht Nathans Weisheit aus, dass sie nicht weltabgewandt ist, sondern dass er, dessen Geist von Vorurteilen frei, dessen Herz jeder Tugend offen und für jede Schönheit zugänglich ist (S. 48, Z. 3 ff.), sich ganz auf die Geschäfte der Welt einlässt.

Fragt man nun noch, wie es zu dieser Weisheit Nathans gekommen ist, wird man spekulieren müssen. Sicherlich trifft zu, was Saladin über Nathan mutmaßt, dass er einmal darüber nachgedacht haben müsse, was denn des »Menschen wahre Vorteile« (S. 74, Z. 12 f.) seien. Aber über ein solches Nachdenken wird von Nathan nichts geäußert. Ausschlaggebend für Nathans Haltung dürfte sein Hioberlebnis sein – hier bedarf es einer kurzen Lehrerinformation –, jener Augenblick, wo er an Gott ob des Meuchelmordes an seiner Familie zu verzweifeln drohte, aber doch im letzten Augenblick sich besinnt:

»Doch nun kam die Vernunft allmählich wieder.
Sie sprach mit sanfter Stimme: ›und doch ist Gott!
Doch war auch Gottes Ratschluss das! Wohlan!
Komm! übe, was du längst begriffen hast; Was
sicherlich zu üben schwerer nicht, Als zu begreifen
ist, wenn du nur willst. Steh auf! – Ich stand! und
rief zu Gott: ich will! Willst du nur, dass ich will!«
(S. 120, Z. 4 ff.)

In dieser Selbstreflexion (Gespräch mit der eigenen Vernunft) ergreift der verzweifelte Nathan sein Leben erneut. Er setzt auf die göttliche Vorsehung, auf eine Harmonie des Ganzen, auch wenn sie seinen menschlichen Augen verborgen ist, und in diesem Vertrauen auf Gott und die Beste aller möglichen Welten ist er bereit, seinen Part zu spielen. Dieses bewusste Ja zur Welt resultiert also aus einem Akt der Freiheit, und aus dieser Freiheit resultieren Nathans Weisheit, sein Humor, aber auch sein Ernst.

15. Stunde:
Der Toleranzgedanke

Sachinformation

Das Gebot der Toleranz ist eine ethisch-soziale, religiöse sowie politische und rechtliche Handlungsregel für das Geltenlassen der religiösen, ethisch-sozialen, politischen, wissenschaftlichen und philosophischen Überzeugungen, Normen, Werte und Wertesysteme sowie der ihnen entsprechenden Handlungen anderer. Im engeren Sinn meint Toleranz die Duldsamkeit gegenüber religiösen Glaubensüberzeugungen anderer, v. a. in Staat und Gesellschaft. Beginnend mit der Reformation, propagiert v. a. durch die Aufklärung, hat Toleranz als Glaubens- und Gewissensfreiheit, Bekenntnisfreiheit, Kultusfreiheit und Religionsfreiheit im Staatsrecht, in den Grundrechten und in den Menschenrechten zunehmend Rechtsverbindlichkeit erlangt. Unterschieden werden kann dabei zwischen einer formalen Toleranz, die den Glauben und die Religion anderer nur respektiert und zu den verschiedenen formalen, rechtlich abgesicherten Freiheiten führt, und einer inhaltlichen Toleranz, die darüber hinaus der jeweils anderen Religion oder Konfession und deren religiösen Praxis positive Momente zuerkennt. Toleranz wurde von der Aufklärung gefordert, um die freie öffentliche Entfaltung der autonomen Kritik zu ermöglichen. Sie ist eine der Vor- und Grundbedingungen freier, rationaler Auseinandersetzungen zwischen konkurrierenden Wahrheits- und Geltungsansprüchen von Erkenntnissen und Normen. Die Unabdingbarkeit von Toleranz wird vornehmlich damit begründet, dass kein Mensch im Vollbesitz der Wahrheit sei, dass Wahrheit und ihre Geltungsansprüche relativ seien und die Wahrheitsfindung sich als historischer Prozess vollziehe. Andererseits, bei universalem Wahrheits- und Geltungsanspruch, wird Toleranz mit der Achtung vor dem Gewissen des anderen begründet.

In Staat und Gesellschaft, besonders in geschlossenen Gesellschaftssystemen, hat die Toleranz eine doppelte Schutzfunktion. Sie schützt zum einen das allgemein geltende gesellschaftliche und politische Normen- und Wertesystem vor Infragestellung und Auflösung, indem Wahrheitsansprüche, Normen und Werte einzelner Gruppen ohne Diskussion und Auseinandersetzung toleriert, d. h. hingenommen werden; zum andern bewahrt sie jene Andersdenkenden, -handelnden oder Andersartigen vor Repressionen, Diskriminierung und vor psychischem Terror und physischer Ausrottung. Somit ermöglicht Toleranz Humanität und schafft die Voraussetzung für ein friedliches Austragen der Konflikte. Die Konsequenz der Intoleranz ist dagegen Inhumanität; sie führt in einem Überlebenskampf mit Notwendigkeit zum Versuch revolutionärer Durchsetzung unterdrückter Wahrheitsansprüche und Wertvorstellungen. Eine pluralistische Gesellschaft ist ohne Toleranz nicht überlebensfähig und funktionsfähig. In den freiheitlichen Demokratien ist Toleranz als aktiver Wille, das Andersdenken und -handeln grundsätzlich allen zu ermöglichen, eine fundamentale Voraussetzung für eine repressionsfreie, rational verfahrende demokratische Willensbildung, die der Minderheitsmeinung prinzipiell als notwendiger Alternative bedarf.

Der Toleranzgedanke kam zunächst im Umkreis des interkulturellen Kontaktes verschiedener Religionen auf, wie sich an dem Text des englischen Philosophen Locke (s. S. 96) ablesen lässt. Locke plädiert für Duldsamkeit, die notwendigerweise aus dem Geist der Religion, hier vor allem aus dem Geist des Christentums, erwachsen muss. Die Orthodoxie wird zweitrangig, Mildtätigkeit, Sanftmut und der gute Wille überhaupt müssen das Verhältnis der Mitglieder verschiedener Religionen untereinander bestimmen:

»Die Duldung derer, die von andern in Religionssachen abweichen, ist mit dem Evangelium Jesu Christi und der unverfälschten menschlichen Vernunft so sehr in Übereinstimmung, dass es ungeheuerlich erscheint, wenn Menschen so blind sind, ihre Notwendigkeit und Vorzüglichkeit bei so hellem Lichte nicht zu gewahren.«

Etwa zeitgleich zu Lessings ›Nathan‹ findet sich die Toleranzforderung auch in der von Diderot und d'Alembert herausgegebenen ›Enzyklopädie‹:

»Die Toleranz ist im Allgemeinen die Tugend jenes schwachen Wesens, das dazu bestimmt ist, mit Wesen zusammenzuleben, die ihm gleichen. Dem Menschen, der durch seine Intelligenz so erhaben ist, sind zugleich durch seine Irrtümer und seine Leidenschaften so enge Grenzen gesetzt, dass man ihm den anderen gegenüber nicht genug von jener Toleranz, jener Duldsamkeit einflößen kann, deren er selbst so sehr bedarf und ohne die man auf der Erde nur Unruhe und Streitigkeiten sehen würde. Da man diese erfreuliche versöhnliche Tugend aber geächtet hat, gereichten zahlreiche Jahrhunderte den Menschen mehr oder weniger zur Schande und zum Unglück.«

Toleranz gewinnt bei Romilly, dem Verfasser dieses Artikels (s. S. 94 f.), den Rang einer Tugend. Er begründet ihre Notwendigkeit mit der menschlichen Schwäche und dem sozialen Charakter des Menschen. Toleranz ist eine Haltung auf Gegenseitigkeit. So wie ich auf Toleranz angewiesen bin, bedarf mein Gegenüber ebenfalls meiner Toleranz. Daraus formuliert er die Imperative:

»Achtet unverbrüchlich die Rechte des Gewissens in allem, was die Gesellschaft nicht beunruhigt. Spekulative Irrtümer sind für den Staat belanglos; Verschiedenheit in den Anschauungen wird immer unter Wesen herrschen, die so unvollkommen sind wie der Mensch; die Wahrheit bringt Ketzereien hervor wie die Sonne Schlacken und Flecken. Verschlimmert also nicht ein unvermeidliches Übel, indem ihr es mit Feuer und Schwert auszurotten sucht; bestraft Verbrechen, aber habt Mitleid mit dem Irrtum und verleiht der Wahrheit niemals andere Waffen als Sanftmut, Vorbildlichkeit und Überzeugungskraft.«

Und wie Locke warnt Romilly insbesondere davor, Glaubenswahrheiten gewaltsam zu verteidigen:

»In Dingen der Änderung des Glaubens wirken Aufforderungen stärker als Strafen; letztere haben immer nur zerstörend gewirkt.«

Romilly fordert die »praktische Toleranz, nicht aber die spekulative«; und er grenzt die Toleranz von der »verwerflichen Gleichgültigkeit« scharf ab.

Unterrichtsverlauf

Phase 1:
Der Begriff ›Toleranz‹

Noch bevor die Texte von Locke und Romilly ausgeteilt werden, werden die Schüler gebeten, in Stichwörtern sich zu notieren, was ihnen zu dem Begriff ›Toleranz‹ einfällt. Man kann diese Aufgabenstellung präzisieren, indem man die Schüler bittet, sich Situationen vorzustellen, in denen einer oder mehrere der Teilnehmer zur Toleranz aufrufen würden (›Seid tolerant!‹), und dazu Stellung zu nehmen, wo ihnen diese Aufforderung einsichtig sei und wo sie ihnen missbraucht zu sein scheine.
Ebenso könnte man die Schüler bitten, in verschiedenen Nachschlagewerken den Begriff ›Toleranz‹ nachzuschlagen; das können Wörterbücher (Englisch/Deutsch; Französisch/Deutsch usw.), etymologische Nach-

schlagewerke, Staatslexika, politische Fachlexika, aber auch Fachlexika der Theologie, Psychologie, Medizin oder sogar der Technik sein.

Phase 2:
Die Texte von Locke und Romilly

Aus den oben besprochenen Texten von Locke und Romilly, die als Arbeitsblatt ausgehändigt werden (s. unten) und die dann von den Schülern auf die darin artikulierte Vorstellung von Toleranz und Forderung nach Toleranz zu analysieren wären, müsste deutlich werden, dass Toleranz auf keinen Fall mit Gleichgültigkeit gleichzusetzen wäre, sondern aus einer Einsicht in die Relativität von Wahrheit und der eigenen Meinung resultiert und so erst menschliches Zusammenleben ermöglicht.

Arbeitsblatt zur 15. Stunde   → *CD-ROM / Datei: AB_15.doc*

Jean Edme Romilly: Toleranz

Toleranz – Tolérance (Enzyklopädische Ordnung: Theologie, Moral, Politik): Die Toleranz ist im Allgemeinen die Tugend jenes schwachen Wesens, das dazu bestimmt ist, mit Wesen zusammenzuleben, die ihm gleichen. Dem Menschen, der durch seine Intelligenz so erhaben ist, sind zugleich durch seine Irrtümer und seine Leidenschaften so enge Grenzen gesetzt, dass man ihm den anderen gegenüber nicht genug von jener *Toleranz*, jener Duldsamkeit einflößen kann, deren er selbst so sehr bedarf und ohne die man auf der Erde nur Unruhe und Streitigkeiten sehen würde. Da man diese erfreuliche versöhnliche Tugend aber geächtet hat, gereichten zahlreiche Jahrhunderte den Menschen mehr oder weniger zur Schande und zum Unglück; und hoffen wir, nicht, dass wir ohne sie unter uns Ruhe und Glück einmal wiederherstellen können![...]

Allgemeine Regel: Achtet unverbrüchlich die Rechte des Gewissens in allem, was die Gesellschaft nicht beunruhigt. Spekulative Irrtümer sind für den Staat belanglos; Verschiedenheit in den Anschauungen wird immer unter Wesen herrschen, die so unvollkommen sind wie der Mensch; die Wahrheit bringt Ketzereien hervor wie die Sonne Schlacken und Flecken. Verschlimmert also nicht ein unvermeidliches Übel, indem ihr es mit Feuer und Schwert auszurotten sucht; bestraft Verbrechen, aber habt Mitleid mit dem Irrtum und verleiht der Wahrheit niemals andere Waffen als Sanftmut, Vorbildlichkeit und Überzeugungskraft. *In Dingen der Änderung des Glaubens wirken Aufforderungen stärker als Strafen; letztere haben immer nur zerstörend gewirkt.*

Diesen Prinzipien wird man die Nachteile, die sich aus der Vielzahl der Religionen ergeben, und die Vorteile der Einheitlichkeit des Glaubens in einem Staat entgegensetzen. Wir antworten darauf zunächst mit dem Verfasser des Geistes der Gesetze: »Diese Ideen von der Einheitlichkeit machen unfehlbar auf die gewöhnlichen Menschen tiefen Eindruck, weil sie darin eine Art Vollkommenheit finden, die darin nicht zu entdecken unmöglich ist: gleiche Maßstäbe in der Verfassung, gleiche Maßnahmen im Handel, gleiche Gesetze im Staate, gleiche Religion in allen seinen Teilen. Aber ist das immer und ausnahmslos günstig? Ist das Übel, etwas zu ändern, immer weniger groß als das Übel, etwas zu ertragen? Und würde die Größe des Genies nicht vielmehr darin bestehen, zu erkennen, in welchen Fällen die Einheitlichkeit und in welchen Fällen die Verschiedenheit angebracht ist?« Warum soll man denn Anspruch auf eine Vollkommenheit erheben, die mit unserer Natur unvereinbar ist? Es wird unter den Menschen immer verschiedene Meinungen geben; die Geschichte des menschlichen Geistes ist dafür ein kontinuierlicher Beweis, und das trügerischste Vorhaben wäre, die Menschen zur Einheitlichkeit in ihren Anschauungen zurückführen zu wollen. Dennoch, sagt ihr, erfordere das politische Interesse, dass man diese Einheitlichkeit schafft, dass man mit Bedacht jede Meinung verdammt, die zu den im Staate anerkannten Meinungen im Widerspruch steht; das heißt, man muss den Menschen darauf beschränken, nur noch ein Automat zu sein, nur Meinungen zu lehren, die in seinem Geburtsort gelten, ohne jemals zu wagen, sie zu untersuchen und zu erforschen, und die barbarischsten Vorurteile, etwa solche, wie wir sie bekämpfen, untertänig zu achten. Aber wie viele Übel und welche Zwietracht hat die Vielzahl der Religionen in einem Staate zur Folge! Euer Einwand verwandelt sich in einen Beweis gegen euch, da die Intoleranz ja die Quelle dieser Übel ist; denn wenn die verschiedenen Parteien einander duldeten und sich nur durch das Vorbild, die Schicklichkeit der Sitten, die Liebe zu den Gesetzen und zum Vaterland zu bekämpfen suchten, wenn das der einzige Beweis wäre, den jede Sekte zugunsten ihres Glaubens erbrächte, so würden im Staate trotz der Verschiedenheit der Anschauungen bald Eintracht und Friede herrschen, so wie in der Musik Dissonanzen den Zusammenklang des Ganzen nicht beeinträchtigen.

Man beharrt indes auf seinem Standpunkt und behauptet, der Wechsel der Religion habe oft Umwälzungen in der Regierung und im Staate zur Folge. Darauf antwortete ich wieder, dass der Intoleranz allein das zur Last fällt, was, an dieser Bezichtigung so abscheulich ist; denn wenn die Neuerer geduldet oder nur mit den Waffen des Evangeliums bekämpft würden, so würde der Staat nicht unter dieser geistigen Gärung leiden. Aber die Verteidiger der herrschenden Religion erheben sich wütend gegen die Sektierer, gehen mit Waffengewalt gegen sie vor, bringen blutige Erlasse heraus, säen in allen Herzen Zwietracht und Fanatismus und legen dreist ihren Opfern die Unruhe zur Last, die sie gestiftet haben.

Was die betrifft, die unter dem Vorwand der Religion nur versuchen, die Ruhe der Gesellschaft zu stören, Aufruhr zu schüren und das Joch der Gesetze abzuschütteln, so unterdrückt sie mit Strenge, wir sind nicht ihre Apologeten; aber verwechselt mit diesen Schuldigen nicht diejenigen, die nur Gedankenfreiheit verlangen sowie die Freiheit, sich zu dem Glauben zu bekennen, den sie für dein besten halten, und die im Übrigen als treue Untertanen des Staates leben!

Aber, werdet ihr wieder einwenden, der Fürst sei doch der Verteidiger des Glaubens; er müsse ihn in seiner ganzen Reinheit erhalten und sich mit Entschiedenheit all denen widersetzen, die ihm Abbruch tun; wenn Vernunftgründe und Ermahnungen nicht fruchteten, so trüge er nicht umsonst das Schwert, sondern vielmehr deshalb, um den, der Unrecht tut, zu strafen und die Aufrührer zu zwingen, in den Schoß der Kirche zurückzukehren. Was willst du denn, du Barbar? Deinen Bruder umbringen, um ihn zu retten? Aber hat Gott dich mit dieser schrecklichen Aufgabe betraut? Hat er in seine Hände die Sorge für seine Rechte gelegt? Woher weißt du, dass er geehrt sein will wie die Teufel? Geh, Unglücklicher, dieser Friedensgott missbilligt deine grässlichen Opfer; sie sind nur deiner würdig!

Wir unternehmen es nicht, hier die genauen Grenzen der *Toleranz* festzulegen, die barmherzige Duldung, wie sie Vernunft und Menschlichkeit zugunsten der Irrgläubigen verlangen, von jener verwerflichen Gleichgültigkeit zu unterscheiden, die uns alle Anschauungen der Menschen unter demselben Aspekt sehen lässt. Wir predigen die praktische *Toleranz*, nicht aber die spekulative; und man begreift wohl, welcher Unterschied zwischen der Duldung einer Religion und ihrer Billigung besteht.

In: Enzyklopädie. Artikel aus der von Diderot und d'Alembert herausgegebenen Enzyklopädie. Frankfurt/M. 1972, S. 975ff.

Da es Euch gefällig ist, Euch zu erkundigen, was ich über die wechselseitige Duldung der Christen verschiedenen religiösen Bekenntnisses denke, so muss ich Euch freimütig antworten, dass ich Duldung für das hauptsächlichste Kennzeichen der wahren Kirche erachte. Mögen einige auch viel Rühmens machen von den altertümlichen Stätten und Namen oder von dem Gepränge ihres äußeren Gottesdienstes, andere von der Reformation ihrer Lehre, alle von der Orthodoxie ihres Glaubens – denn jeder ist in seinen eigenen Augen orthodox, so sind doch diese Dinge und alle anderen dieser Natur viel eher kennzeichnend für Menschen, die für Macht und Herrschaft übereinander streiten, als für die Kirche Christi. Mag jemand einen noch so begründeten Anspruch auf alle diese Dinge haben, aber wenn er der Mildtätigkeit, der Sanftmut und des guten Willens überhaupt gegen alle Menschen, selbst wenn sie nicht Christen sind, bar ist, so ist er gewiss weit davon entfernt, selbst ein guter Christ zu sein. (...)

Die Duldung derer, die von andern in Religionssachen abweichen, ist mit dem Evangelium Jesu Christi und der unverfälschten menschlichen Vernunft so sehr in Übereinstimmung, dass es ungeheuerlich scheint, wenn Menschen so blind sind, ihre Notwendigkeit und Vorzüglichkeit bei so hellem Lichte nicht zu gewahren.

In: Die Aufklärung. In ausgewählten Texten dargestellt und eingeleitet v. Gerhard Funke, übers. v. Julius Ebbinghaus, Stuttgart 1963, S. 236.

16. Stunde:
Der Fortschrittsglaube der Aufklärung – Lessings ›Erziehung des Menschengeschlechts‹

Sachinformation

Das Ende des ›Nathan‹ ist bekannt, berühmt jene Szene, wo sich »unter stummer Wiederholung allseitiger Umarmung« alle Widersprüche des Dramas aufzulösen scheinen. Die Szene ist Tableau, das Drama schließt mit einem Schlussbild, wie es im Drama des 18. Jahrhunderts häufiger gewählt wurde und das den Komödienschluss durchscheinen lässt. Das Ende des ›Nathan‹ ist aber auch noch mehr als formales Zitat der Komödie. Es scheint hier ein Bild eingefangen zu sein, das, in seiner utopischen Dimension betrachtet, zugleich wie ein Gesellschaftsmodell angesehen werden kann. Im Bild der Familieneinheit haben sich alle Trennungen als Verkehrungen der Natur aufgehoben. Vernunft und Natur sind miteinander versöhnt. Was sich getrennt und einander fremd glaubte, sieht sich – von

Nathans feinen Fäden geführt – plötzlich als Mitglied einer Familie, wie sich – dies der utopische Sinn des harmonisierenden Schlussbildes – auch die einander entfremdeten Menschen und Menschengruppen als Glieder einer und nur einer alle Menschen umfassenden Menschheitsfamilie begreifen sollen.

Mit dem ›Nathan‹ vergleichbar ist Lessings fast gleichzeitig entstandene Schrift ›Die Erziehung des Menschengeschlechts‹, die auch mit einem Blick auf die »Zeit der Vollendung« schließt und somit nach einem Gang durch die Geschichte des Menschengeschlechts mit einem zwar nicht weiter ausformulierten, aber doch angedeuteten Zukunftsbild endet.

Wie für den ›Nathan‹ liegt auch für die ›Erziehungsschrift‹ die Keimzelle der Entstehung im Reimarus-Streit (s. Sachinformation zur 8./9. Stunde). Das vierte Reimarus-Fragment hatte nachzuweisen versucht, dass die Lehren, die »eine übernatürliche seligmachende Religion« auszeichnen – »die Erkenntnis von der Unsterblichkeit der Seelen, von der Belohnung und Bestrafung unserer Handlungen in einem zukünftigen ewigen Leben; von der Vereinigung frommer Seelen mit Gott zu einer immer größeren Verherrlichung und Seeligkeit« –, im Alten Testament fehlten, sodass diesem deshalb jeder Offenbarungscharakter abgesprochen werden müsse. Lessing selbst setzt sich in dieser Hinsicht von Reimarus ab. Er folgert nicht daraus, dass diese Lehrinhalte dem Alten Testament fremd seien, dass dieses des göttlichen Ursprungs entbehre. Er definiert vielmehr das Alte Testament als eine Reihe von »Elementarbüchern für das rohe und im Denken ungeübte israelitische Volk«. Diese Überlegungen kommen dem Ansatz der ›Erziehungsschrift‹ sehr nahe, denn was zunächst auf das Alte Testament bezogen wurde, wird dort auf die gesamte Offenbarung in ihren einzelnen Stadien, von denen eines nur das Alte Testament ist, bezogen.

Im ersten Paragraphen seines insgesamt 100 Paragraphen umfassenden Werkes legt Lessing die Voraussetzung seiner geschichtsphilosophischen Betrachtung der Menschheitsentwicklung dar: »Was die Erziehung bei dem einzelnen Menschen ist, ist die Offenbarung bei dem ganzen Menschengeschlechte.« Ontogenese und Phylogenese vermischen sich also in den folgenden Betrachtungen. Die Geschichte der Menschheit verläuft analog der Erziehungsgeschichte bzw. den Erziehungsstadien des Individuums. So lässt sich in der Geschichte des Menschengeschlechts vom Kindes-, Jünglings- und Mannesalter sprechen, wie sich umgekehrt in den Entwicklungsstadien des Einzelwesens der Gang der Menschheitsgeschichte gespiegelt wieder findet. Der Erziehungsprozess ist auf Emanzipation hin angelegt, und so lässt sich auch sagen, wie es in § 4 geschieht:

»Erziehung gibt dem Menschen nichts, was er nicht auch aus sich selbst haben könnte: sie gibt ihm das, was er aus sich selber haben könnte nur geschwinder und leichter. Also gibt auch die Offenbarung dem Menschengeschlechte nichts, worauf die menschliche Vernunft, sich selbst überlassen,

nicht auch kommen würde: sondern sie gab und gibt ihm die wichtigsten Dinge nur früher.«

Darin liegt nun die eigentliche Provokation der Theologie, insbesondere der Orthodoxie, dass Lessing damit die Offenbarungswahrheiten in reine Vernunftwahrheiten auflöst. Der historische Fortschritt des menschlichen Erkenntnisvermögens ist nichts anders als die »Ausbildung geoffenbarter Wahrheiten in Vernunftwahrheiten«.

Entsprechend einem Lernprozess, wo auch nicht ein Schritt vor dem anderen getan werden darf, verfolgt auch Gott bei seiner Offenbarung »eine gewisse Ordnung«. So entfaltet sich die Menschheits-Erziehung vornehmlich in drei sich jeweils voraussetzenden Stadien:

Die erste Phase, die Kinderzeit der Menschheit (§§ 1–50), entspricht dem Elementarbuch des Alten Testamentes. Der Unterricht erfolgt hier in Allegorien und lehrreichen einzelnen Fällen, daraus sich dann mit Hilfe der philosophischen Spekulation die Lehre von der Einheit Gottes ergibt. Mit dem Neuen Testament ist die Stufe des Alten überwunden. Hatten dort noch »zeitliche Belohnung und Strafen« die Beweggründe guten Handelns abgegeben, so ist mit dem Neuen Testament, der christlichen Zeit oder dem Jünglingsalter der Menschheit, die Zeit gekommen, wo nach »edleren, würdigeren Beweggründen« gehandelt wird. Das Alte Testament kannte noch nicht die Unsterblichkeit der Seele. Nun aber »war es Zeit, dass ein andres wahres nach diesem Leben zu gewärtigendes Leben Einfluss auf die Handlungen gewönne«. Christus ward damit der »erste zuverlässige, praktische Lehrer der Unsterblichkeit der Seele«. Lessing provoziert auch hier, indem er die Frage der Gottessohnschaft Christi undiskutiert lässt:

»Ob wir noch jetzt diese Wiederbelebung [gemeint ist Christi Auferstehung], diese Wunder beweisen können: das lasse ich dahin gestellt sein. So, wie ich es dahin gestellt sein lasse, wer die Person die-

ses Christus gewesen. Alles das kann damals zur Annehmung seiner Lehre wichtig gewesen sein: itzt ist es zur Erkennung der Wahrheit dieser Lehre so wichtig nicht mehr«, denn – so könnte man eine andere Stelle aus der ›Erziehung‹ heranziehen: Wieder einmal ist es so weit, dass »die Offenbarung [des Menschen] Vernunft geleitet, und nun die Vernunft auf einmal die Offenbarung erhellt.«

Als drittes Stadium erwartet Lessing eine Zeit der Vollendung, die Zeit eines »neuen ewigen Evangeliums«. Sie wird dadurch gekennzeichnet sein, dass der Mensch »das Gute tun wird, weil es das Gute ist, nicht weil willkürliche Belohnungen darauf gesetzt sind, die seinen flatterhaften Blick ehedem bloß heften und stärken sollten, die innern bessern Belohnungen desselben zu erkennen«. Auch beim Übergang vom Jünglings- zum Mannesalter erweist sich die vorausgegangene Stufe als entbehrlich, da sie in der nächsten mit aufgehoben ist:

»So wie wir zur Lehre von der Einheit Gottes nunmehr des Alten Testaments entbehren können, so wie wir allmählich, zur Lehre der Unsterblichkeit der Seele, auch des Neuen Testaments entbehren zu können anfangen: könnten in diesem nicht noch mehr dergleichen Wahrheiten vorgespiegelt werden, die wir als Offenbarungen so lange anstaunen sollen, bis sie die Vernunft aus ihren andern ausgemachten Wahrheiten herleiten und mit ihnen verbinden lassen?«

Wie Lessing die Offenbarungswahrheiten in den Vernunftwahrheiten aufgehoben sieht, sieht er auch die positiven Religionen als Übergangsphänomene. Die geschichts-philosophische Tendenz seines Werkes, in allen »positiven Religionen [...] weiter nichts, als den Gang zu erblicken, nach welchem sich der menschliche Verstand jedes Ortes einzig und allein entwickeln kann, und noch ferner entwickeln soll«, erlaubt Lessing, traditionelle theologische Begriffe so umzuformulieren, dass sie näheren und besseren Begriffen vom göttlichen Wesen weichen müssen, nämlich »spekulativ-vernünftigen«, die dem fortschrittlicheren Stand des Bewusstseins genügen.

Lessings Blick auf die Erziehung des Menschengeschlechts legt Zeugnis ab für den aufklärerischen Optimismus, aber Lessing ist nur optimistisch, wo er zugleich auch skeptisch sein darf. So stellt er seiner Schrift als Motto ein Augustinus-Zitat voran: »Alle diese Dinge sind aus dem gleichen Grunde in gewisser Hinsicht wahr, aus dem sie in gewisser Hinsicht falsch sind.«

Sein Optimismus ist nicht plan, sondern er berücksichtigt immer auch den Irrtum. So heißt es im Vorbericht des Herausgebers zur ›Erziehung des Menschengeschlechts‹: »Gott hätte seine Hand bei allem im Spiele: nur bei unsern Irrtümern nicht?« Ein solches Lob des Irrtums erinnert an die Irrtümer und Umwege des ›Nathan‹, und der Gedanke wird nochmals am Ende der ›Erziehungsschrift‹ aufgegriffen:

»Geh deinen unmerklichen Schritt, ewige Vorsehung! Nur lass mich dieser Unmerklichkeit wegen an dir nicht verzweifeln. – Lass mich an dir nicht verzweifeln, wenn selbst deine Schritte mir scheinen sollten, zurückzugehen! Es ist nicht wahr, dass die kürzeste Linie immer die gerade ist.« (§ 91)

Gotthold Ephraim Lessing: Die Erziehung des Menschengeschlechts (Auszug)

§ 1. Was die Erziehung bei dem einzeln Menschen ist, ist die Offenbarung bei dem ganzen Menschengeschlechte.

§ 2. Erziehung ist Offenbarung, die dem einzeln Menschen geschieht: und Offenbarung ist Erziehung, die dem Menschengeschlechte geschehen ist, und noch geschieht.

§ 3. Ob die Erziehung aus diesem Gesichtspunkte zu betrachten, in der Pädagogik Nutzen haben kann, will ich hier nicht untersuchen. Aber in der Theologie kann es gewiss sehr großen Nutzen haben, und viele Schwierigkeiten heben, wenn man sich die Offenbarung als eine Erziehung des Menschengeschlechts vorstellet.

§ 4. Erziehung gibt dem Menschen nichts, was er nicht auch aus sich selbst haben könnte: sie gibt ihm das, was er aus sich selber haben könnte, nur geschwinder und leichter. Also gibt auch die Offenbarung dem Menschengeschlechte nichts, worauf die menschliche Vernunft, sich selbst überlassen, nicht auch kommen würde: sondern sie gab und gibt ihm die wichtigsten dieser Dinge nur früher.

§ 5. Und so wie es der Erziehung nicht gleichgültig ist, in welcher Ordnung sie die Kräfte des Menschen entwickelt; wie sie dem Menschen nicht alles auf einmal beibringen kann: ebenso hat auch Gott bei seiner Offenbarung eine gewisse Ordnung, ein gewisses Maß halten müssen.

§ 6. Wenn auch der erste Mensch mit einem Begriffe von einem Einigen Gotte sofort ausgestattet wurde: so konnte doch dieser mitgeteilte, und nicht erworbene Begriff unmöglich lange in seiner Lauterkeit bestehen. Sobald ihn die sich selbst überlassene menschliche Vernunft zu bearbeiten anfing, zerlegte sie den Einzlgen Unermeßlichen in mehrere Ermesslichere, und gab jedem dieser Teile ein Merkzeichen.

§ 7. So entstand natürlicher Weise Vielgötterei und Abgötterei. Und wer weiß, wie viele Millionen Jahre sich die menschliche Vernunft noch in diesen Irrwegen würde herumgetrieben haben; ohngeachtet überall und zu allen Zeiten einzelne Menschen erkannten, dass es Irrwege waren: wenn es Gott nicht gefallen hätte, ihr durch einen neuen Stoß eine bessere Richtung zu geben.

§ 8. Da er aber einem jeden *einzeln Menschen* sich nicht mehr offenbaren konnte, noch wollte: so wählte er sich ein *einzelnes Volk* zu seiner besondern Erziehung; und eben das ungeschliffenste, das verwildertste, um mit ihm ganz von vorne anfangen zu können.

§ 9. Dies war das israelitische Volk, von welchem man gar nicht einmal weiß, was es für einen Gottesdienst in Ägypten hatte. Denn an dem Gottesdienste der Ägypter durften so verachtete Sklaven nicht teilnehmen: und der Gott seiner Väter war ihm gänzlich unbekannt geworden.

§ 10. Vielleicht, dass ihm die Ägypter allen Gott, alle Götter ausdrücklich untersagt hatten; es in den Glauben gestürzt hatten, es habe gar keinen Gott, gar keine Götter; Gott, Götter haben, sei nur ein Vorrecht der bessern Ägypter: und das, um es mit so viel größerm Anscheine von Billigkeit tyrannisieren zu dürfen. – Machen Christen es mit ihren Sklaven noch itzt viel anders? –

§ 11. Diesem rohen Volke also ließ sich Gott anfangs bloß als den Gott seiner Väter ankündigen, um es nur erst mit der Idee eines auch ihm zustehenden Gottes bekannt und vertraut zu machen.

§ 12. Durch die Wunder, mit welchen er es aus Ägypten führte, und in Kanaan einsetzte, bezeugte er sich ihm gleich darauf als einen Gott, der mächtiger sei, als irgendein andrer Gott.

§ 13. Und indem er fortfuhr, sich ihm als den Mächtigsten von allen zu bezeugen, – welches doch nur *einer* sein kann, – gewöhnte er es allmählich zu dem Begriffe des *Einigen*.

§ 14. Aber wie weit war dieser Begriff des Einigen noch unter dem wahren transzendentalen Begriffe des Einigen, welchen die Vernunft so spät erst aus dem Begriff des Unendlichen mit Sicherheit schließen lernen!

§ 15. Zu dem wahren Begriffe des Einigen – wenn sich ihm auch schon die Besserern des Volks mehr oder weniger näherten – konnte sich doch das Volk lange nicht erheben: und dieses war die einzige wahre Ursache, warum es so oft seinen Einigen Gott verließ, und den Einigen d. i. Mächtigsten, in irgendeinem andern Gotte eines andern Volks zu finden glaubte.

§ 16. Ein Volk aber, das so roh, so ungeschickt zu abgezognen Gedanken war, noch so völlig in seiner Kindheit war, was war es für einer *moralischen* Erziehung fähig? Keiner andern, als die dem Alter der Kindheit entspricht. Der Erziehung durch unmittelbare sinnliche Strafen und Belohnungen.

[...]

§ 51. Aber jedes Elementarbuch ist nur für ein gewisses Alter. Das ihm entwachsene Kind länger, als die Meinung gewesen, dabei zu verweilen, ist schädlich. Denn um dieses auf eine nur einigermaßen nützliche Art tun zu können, muss man mehr hineinlegen, als darin liegt; mehr hineintragen, als es fassen kann. Man muss der Anspielungen und Fingerzeige zu viel suchen und machen, die Allegorien zu genau ausschütteln, die Beispiele zu umständlich deuten, die Worte zu stark pressen. Das gibt dem Kinde einen kleinlichen, schiefen, spitzfindigen Verstand; das macht es geheimnisreich, abergläubisch, voll Verachtung gegen alles Fassliche und Leichte.

§ 52. Die nämliche Weise, wie die Rabbinen ihre heiligen Bücher behandelten! Der nämliche Charakter, den sie dem Geiste ihres Volks dadurch erteilten!

§ 53. Ein bessrer Pädagog muss kommen, und dem Kinde das erschöpfte Elementarbuch aus den Händen reißen. – Christus kam.

§ 54. Der Teil des Menschengeschlechts, den Gott in *einen* Erziehungsplan hatte fassen wollen – er hatte aber nur denjenigen in einen fassen wollen, der durch Sprache, durch Handlung, durch Regierung, durch andere natürliche und politische Verhältnisse in sich bereits verbunden war – war zu dem zweiten großen Schritte der Erziehung reif.

§ 55. Das ist: dieser Teil des Menschengeschlechts war in der Ausübung seiner Vernunft so weit gekommen, dass er zu seinen moralischen Handlungen edlere, würdigere Bewegungsgründe bedurfte und brauchen konnte, als zeitliche Belohnungen und Strafen waren, die ihn bisher geleitet hatten. Das Kind wird Knabe. Leckerei und Spielwerk weicht der aufkeimenden Begierde, ebenso frei, ebenso geehrt, ebenso glücklich zu werden, als es sein älteres Geschwister sieht.

§ 56. Schon längst waren die Bessern von jenem Teile des Menschengeschlechts gewohnt, sich durch einen *Schatten* solcher edlern Bewegungsgründe regieren zu lassen. Um nach diesem Leben auch nur in dem Andenken seiner Mitbürger fortzuleben, tat der Grieche und Römer alles.

§ 57. Es war Zeit, dass ein andres *wahres* nach diesem Leben zu gewärtigendes Leben Einfluss auf seine Handlungen gewönne.

§ 58. Und so ward Christus der erste *zuverlässige, praktische* Lehrer der Unsterblichkeit der Seele.

§ 59. Der erste *zuverlässige* Lehrer. – Zuverlässig durch die Weissagungen, die in ihm erfüllt schienen; zuverlässig durch die Wunder, die er verrichtete; zuverlässig durch seine eigene Wiederbelebung nach einem Tode, durch den er seine Lehre versiegelt hatte. Ob wir noch itzt diese Wiederbelebung, diese Wunder beweisen können: das lasse ich dahingestellt sein. So, wie ich es dahingestellt sein lasse, wer die Person dieses Christus gewesen. Alles das kann damals zur *Annehmung* seiner Lehre wichtig gewesen sein: itzt ist es zur Erkennung der Wahrheit dieser Lehre so wichtig nicht mehr.

§ 60. Der erste *praktische* Lehrer. – Denn ein anders ist, die Unsterblichkeit der Seele, als eine philosophische Spekulation, vermuten, wünschen, glauben: ein anders, seine innern und äußern Handlungen darnach einrichten.

§ 61. Und dieses wenigstens lehrte Christus zuerst. Denn ob es gleich bei manchen Völkern auch schon vor ihm eingeführter Glaube war, dass böse Handlungen noch in jenem Leben bestraft würden: so waren es doch nur solche, die der bürgerlichen Gesellschaft Nachteil brachten, und daher auch schon in der bürgerlichen Gesellschaft ihre Strafe hatten. Eine innere Reinigkeit des Herzens in Hinsicht auf ein andres Leben zu empfehlen, war ihm allein vorbehalten.

§ 62. Seine Jünger haben diese Lehre getreulich fortgepflanzt. Und wenn sie auch kein ander Verdienst hätten, als dass sie einer Wahrheit, die Christus nur allein für die Juden bestimmt zu haben schien, einen allgemeinern Umlauf unter mehrere Völkern verschafft hätten: so wären sie schon darum unter die Pfleger und Wohltäter des Menschengeschlechts zu rechnen.

§ 63. Dass sie aber diese eine große Lehre noch mit andern Lehren versetzten, deren Wahrheit weniger einleuchtend, deren Nutzen weniger erheblich war: wie konnte das anders sein? Lasst uns sie darum nicht schelten, sondern vielmehr mit Ernst untersuchen: ob nicht selbst diese beigemischten Lehren ein neuer *Richtungsstoß* für die menschliche Vernunft geworden.

[...]

§ 81. Oder soll das menschliche Geschlecht auf diese höchste Stufen der Aufklärung und Reinigkeit nie kommen? Nie?

§ 82. Nie? – Lass mich diese Lästerung nicht denken, Allgütiger! – Die Erziehung hat ihr *Ziel;* bei dem Geschlechte nicht weniger als bei dem Einzeln. Was erzogen wird, wird zu Etwas erzogen.

§ 83. Die schmeichelnden Aussichten, die man dem Jünglinge eröffnet; die Ehre, der Wohlstand, die man ihm vorspiegelt: was sind sie mehr, als Mittel, ihn zum Manne zu erziehen, der auch dann, wenn diese Aussichten der Ehre und des Wohlstandes wegfallen, seine Pflicht zu tun vermögend sei.

§ 84. Darauf zwecke die menschliche Erziehung ab: und die göttliche reiche dahin nicht? Was der Kunst mit dem Einzeln gelingt, sollte der Natur nicht auch mit dem Ganzen gelingen? Lästerung! Lästerung!

§ 85. Nein; sie wird kommen, sie wird gewiss kommen, die Zeit der Vollendung, da der Mensch, je überzeugter sein Verstand einer immer bessern Zukunft sich fühlet, von dieser Zukunft gleichwohl Bewegungsgründe zu seinen Handlungen zu erborgen, nicht nötig haben wird; da er das Gute tun wird, weil es das Gute ist, nicht weil willkürliche Belohnungen darauf gesetzt sind, die seinen flatterhaften Blick ehedem bloß heften und stärken sollten, die innern bessern Belohnungen desselben zu erkennen.

§ 86. Sie wird gewiss kommen, die Zeit eines *neuen ewigen* Evangeliums, die uns selbst in den Elementarbüchern des Neuen Bundes versprochen wird.

[...]

§ 91. Geh deinen unmerklichen Schritt, ewige Vorsehung! Nur lass mich dieser Unmerklichkeit wegen an dir nicht verzweifeln. – Lass mich an dir nicht verzweifeln, wenn selbst deine Schritte mir scheinen sollten, zurückzugehen! – Es ist nicht wahr, dass die kürzeste Linie immer die gerade ist.

In: Lessing: Werke, hrsg. v. K. Wölfel, Bd. 3, Insel Verlag, Frankfurt/M., 1967, S. 544–547, Z. 555–557, 560–561, 562.

Unterrichtsverlauf

Vorbemerkung

An das Ende der ›Nathan‹-Behandlung wird die Besprechung von Lessings ›Erziehung des Menschengeschlechts‹ (s. S. 99 ff.) gestellt, weil er hier im geschichtsphilosophisch-theologischen Gewande nochmals seine utopische Version, wie sie das Schlussbild des ›Nathan‹ vorstellt, wieder aufgreift und modifiziert.

Ein Eingehen auf alle 100 §§ der Schrift erscheint jedoch zu zeitraubend. Außerdem setzt die Schrift eigentlich gute Bibelkenntnisse und Kenntnisse christlicher Dogmatik voraus, zwei Voraussetzungen, die heute Schüler nicht unbedingt mitbringen. So müssten Kürzungen vorgenommen werden. Sinnvoll erscheint eine Kürzung auf § 1–16, 51–63 und 81–86, 91.

Phase 1:
Lessings Vorannahmen

Zunächst sollte der gekürzte Text (s. S. 99 ff.) von einem Schüler vorgelesen, danach nochmals von den Schülern in Ruhe ein zweites Mal gelesen werden, um die Textkenntnis besser abzusichern. In einem ersten Gespräch über den ganzen Text wird in aller Vorläufigkeit abgeklärt, welche Intention Lessing mit seiner Abhandlung verfolgte. Er will – so ließe sich in einem Satz sein Vorhaben umschreiben – die Entwicklung des Menschengeschlechts beschreiben.

Bei entsprechender philosophischer Vorbildung können die Schüler den Text als geschichtsphilosophische Abhandlung werten, und falls ihnen die drei Grundformen weltgeschichtlicher Betrachtung (Ideen des Kreislaufs, Fortschritts und der dialektischen Entwicklung) geläufig sind, können sie sogleich anhand des Titels der Lessing'schen Schrift die Abhandlung unter jene Schriften subsumieren, in denen Geschichte als ein Prozess des Fortschritts gedeutet wird. Fehlt den Schülern eine solche philosophische Vorbildung, dürfte auch eine Auswertung des Titels und der ersten Paragraphen ausreichen, die Voraussetzungen, die Lessing implizit und explizit in der ›Erziehung des Menschengeschlechts‹ macht, im Gespräch zusammenzutragen. Diese Voraussetzungen sind im Einzelnen:

1. Geschichte hat ein Ziel, auf das hin sie sich entwickelt.
2. Die Geschichte des Menschengeschlechts ist eine Geschichte steter Vervollkommnung.
3. Die geschichtliche Entwicklung lässt sich in einzelne Phasen einteilen.
4. Die Phasen der Entwicklung des Menschengeschlechts sind analog den Phasen der Entwicklung des einzelnen Menschen.
5. Der Erziehung des einzelnen Menschen entspricht die Offenbarung bei dem ganzen Menschengeschlecht.

Phase 2:
Moralische Vervollkommnung

Vor einer Stillarbeitsphase ist nochmals Lessings These von der Geschichte des Menschengeschlechts als einem Prozess steter Vervollkommnung aufzugreifen und dahingehend zu präzisieren, dass Lessing hierbei eine moralische Höherentwicklung gemeint hat. Für die Stillarbeit gilt nun, die einzelnen Stadien dieser moralischen Entwicklung zu bestimmen (Gut-Handeln aufgrund von Strafe und Belohnung, Gut-Handeln aufgrund eines Wissens um die Unsterblichkeit der Seele, Gut-Handeln um des Guten willen). Eine weitere Aufgabe der Stillarbeit ist es, die Gleichsetzung dieser drei Phasen der moralischen Entwicklung mit dem Alten, dem Neuen Testament und dem Neuen Evangelium herauszuarbeiten. Die Ergebnisse der Stillarbeit können in einem übersichtlichen Tafelbild, (s. Stundenblatt) festgehalten werden, ergänzt um die Analogisierung der Menschheits- und Menschenentwicklung (Kind, Knabe, Mann).

Letzter Auftritt. pag. 275.
Saladin. Sie finds! sie sind es, Sittah sie sind
es! sind beyde meines......deines BrudersKinder

Illustration zur Schlussszene von ›Nathan‹.
Kol. Kupferstich von 1787.
© Philipp Reclam jun. Verlag, Ditzingen

→ *CD-ROM / Datei: Bild_3.pdf*

Phase 3:
Lessings Provokation

In einem abschließenden Gespräch wäre
nun noch zu erarbeiten, worin das Provo-
kative der ›Erziehungs‹-Schrift für den zeitgenössischen Leser des 18. Jahrhunderts
gelegen haben dürfte. Es bedarf hier sicherlich gezielter Hinweise des Unterrichtenden, damit die Schüler erkennen können,
dass es im 18. Jahrhundert anstößig war, die
Offenbarungswahrheiten ganz in Vernunftwahrheiten aufgehen zu lassen. Der Unterschied zwischen beiden besteht darin, dass
erstere den Menschen schneller und sicherer
darauf führen, worauf er mittels seiner Vernunft auch selbst hätte kommen können.
Lessing dagegen leugnet Glaubenswahrheiten, die über die Vernunft hinausgehen und
deshalb hätten von Gott geoffenbart werden müssen. Außerdem ist die Schrift eine

Provokation durch die Aussagen über Christus – reduziert er doch hier seine Bedeutung
auf die eines ersten praktischen Lehrers der
Unsterblichkeit. Von der Gottessohnschaft
oder der Erlöserfunktion ist nicht mehr
die Rede. Und schließlich dürfte auch die
zeitgenössische Orthodoxie daran Anstoß
genommen haben, dass mit der Zeit eines
neuen ewigen Evangeliums das Stadium des
Neuen Testamentes überwunden ist. Allerdings belässt Lessing die Aussagen über die
dritte Phase der Entwicklung ganz im Unge-
fähren, damit ihren utopischen Charakter
andeutend.

Phase 4:
»Erziehung des Menschengeschlechts«
im Vergleich mit »Nathan«

Mit dem utopischen Schluss dieser Abhandlung ergibt sich nochmals die Möglichkeit,

Verbindungen zu ›Nathan‹-Lektüre Texten zu ziehen. Einige dieser Parallelen sind: Wie Gott die Menschen erzieht, erzieht Nathan die Menschen in seiner nächsten Umgebung. Der utopische Schluss der Abhandlung findet sich wieder in dem utopischen Schlussbild des ›Nathan‹, in dem jeder den anderen schätzt um seiner selbst willen. Diese Übereinstimmung lässt sich rasch mithilfe eines Bildimpulses, der das Schlusstableau des ›Nathan‹ zeigt (s. S. 104) erarbeiten.

Wie sich die Handlung im ›Nathan‹ als nicht ganz gradlinig erweist, verläuft auch die Erziehung des Menschengeschlechts teilweise auf Irrwegen, die aber doch die göttliche Vorsehung erkennen lassen. Schließlich erinnert Lessings These, dass sich die Offenbarungs- in Vernunftwahrheiten aufheben lassen, an den religiösen Unterricht, den Nathan Recha erteilt hat. Und eine letzte Parallele lässt sich zwischen Lessings Abhandlung und der Kants ziehen, da beide Geschichte als einen Prozess steter Aufklärung bzw. Vervollkommnung des Menschen oder der Menschheit begreifen. Für beide bedeutet Geschichte einen Zuwachs an erarbeiteter Autonomie des Subjekts.

Hausaufgabe

Die Schüler sollen für die nächste Stunde Schillers Rede »Was kann eine gute stehende Schaubühne eigentlich wirken?« (s. S. 108ff.) gründlich lesen.

17. Stunde:
Das Theater als Erziehungsinstitution – Schillers ›Was kann eine gute stehende Schaubühne eigentlich wirken?‹

Sachinformation

Die Inanspruchnahme der Literatur durch das Bürgertum als neue soziale und kulturelle Trägerschicht bedingt eine verstärkte poetologische Reflexion, deren Aufgabe es ist, die neue Funktion der Literatur zu durchdenken, zu legitimieren und Anweisungen zu ihrem Verfassen zu geben. Dies gilt insbesondere für das Drama, verspricht man sich doch gerade von ihm eine große erzieherische Einflussnahme auf die Öffentlichkeit. Zeugnis legen dafür ab die entsprechenden Kapitel aus Gottscheds ›Versuch einer critischen Dichtkunst vor die Deutschen‹, die Schriften J. E. Schlegels, Lessings Briefwechsel mit Mendelssohn und Nicolai über das bürgerliche Trauerspiel, seine ›Hamburgische Dramaturgie‹, aber auch Schillers Abhandlung über die ›Schaubühne als moralische Anstalt betrachtet‹.

Für den Unterricht hier wird Schillers Abhandlung ausgewählt, weil sie in besonderem Maße erlaubt, die Behandlung eines Dramas der Aufklärungszeit abzuschließen, zumal Schiller selbst den ›Nathan‹ als eines seiner Beispiele heranzieht. Außerdem bietet Schillers zunächst als Rede formulierter Text die Möglichkeit, wichtige Vorstellungen der Aufklärung ein weiteres Mal zu rekapitulieren, denn Schiller teilt mit den Aufklärern die Vorstellung eines erzieherischen Optimismus, scheidet zwischen (bürgerlicher) Moral und (höfischer) Politik, spielt die Begriffe ›privat‹ und ›öffentlich‹ gegeneinander aus und setzt auf eine Bildung zum Menschen durch die Kunst.

Am 26. Juni 1784 hielt Schiller in einer Sitzung der Kurfürstlichen Deutschen Gesellschaft in Mannheim einen Vortrag zu dem Thema ›Die Schaubühne als eine moralische Anstalt betrachtet‹, den er dann in seiner ›Rheinischen Thalia‹ im März 1785 unter dem weniger missverständlichen Titel ›Was kann eine gute stehende Schaubühne eigentlich wirken?‹ veröffentlichte. Schiller zielt in dieser Abhandlung darauf ab, ein Nationaltheater zu schaffen, das in der Lage ist, sich sein ›nationales‹ Publikum zu erziehen. Er beruft sich dabei auf das griechische Theater, das, obwohl Herder erst kurz zuvor seine historische Einmaligkeit herausgearbeitet hatte, für ihn dennoch nach wie vor Vorbildcharakter hat. Es ist ihm Leitbild nicht in Hinsicht auf poetische oder dramaturgische Regeln, sondern in seiner politischen Funktion als ein Theater, durch das sich und in dem sich Öffentlichkeit konstituiert. Schiller betont am griechischen Theater »den vaterländischen Inhalt der Stücke, den griechischen Geist, das große überwältigende Interesse des Staats, der besseren Menschheit, das in denselbigen atmete«.

Schiller hält die Bühne für ein ausgezeichnetes Erziehungsinstrument, denn sie »eröffnet dem nach Tätigkeit dürstenden Geist einen unendlichen Kreis, gibt jeder Seelenkraft Nahrung, ohne eine einzige zu überspannen und vereinigt die Bildung des Verstandes und des Herzens mit der edelsten Unterhaltung«. Im Theater heben sich die Unterschiede zwischen den Menschen auf, hier regiert die Empfindung, »Mensch zu sein«, und nichts sonst. Für Schiller ist das Theater mehr als jede andere »öffentliche Anstalt des Staates eine Schule der praktischen Weisheit, ein Wegweiser durch das bürgerliche Leben, ein unfehlbarer Schlüssel zu den geheimsten Zugängen der menschlichen Seele«. Die Bühne übertrifft damit in ihrer positiven Wirkung auf das öffentliche Ganze die Wirkung der politischen Gesetze, und sie verstärkt die Wirkung der Religion, die »eines Staates festeste Säule« ist und »durch das Sinnliche« auf das Volk so »unfehlbar« wirkt.

Schiller konstatiert eine Komplementarität zwischen der Gerichtsbarkeit der Bühne und dem weltlichen Gesetz: »Die Gerichtsbarkeit der Bühne fängt an, wo das Gebiet der weltlichen Gesetze sich endigt.« An einem Beispiel führt er dies genauer aus: »Wenn die Gerechtigkeit für Gold verblindet und im Solde der Laster schwelgt, wenn die Frevel der Mächtigen ihrer Ohnmacht spotten und Menschenfurcht den Arm der Obrigkeit bindet, übernimmt die Schaubühne Schwert und Waage und reißt die Laster vor einen schrecklichen Richterstuhl.« Der Historiker R. Koselleck kommentiert diese Leistung der Bühne wie folgt:

»*Die moralische Rechtsprechung [...] wird durch die mangelhaften politischen Gesetze hervorgerufen, ihr Urteilsspruch wird durch die Politik provoziert, wie andererseits die Unzulänglichkeit der politischen Gesetze erst auf der Bühne in aller Deutlichkeit sichtbar wird. ›Hier nur hören die Großen der Welt‹ das, was sie in ihrer Eigenschaft als Politiker ›nie oder selten hören – Wahrheit; was sie ›nie oder selten sehen, sehen sie hier – den Menschen.‹ [...] Es treten sich nicht nur gegenüber ein moralisches Recht und ein politisches Recht, sondern das politische Gesetz ist zugleich unmoralisch wie das moralische Gesetz zugleich politisch ›machtlos‹ ist und als solches mit der herrschenden Politik nichts zu tun hat. [...] Die Scheidung der geschichtlichen Wirklichkeit in ein Reich der Moral und ein Reich der Politik, wie sie der Absolutismus akzeptiert hatte, ist zugleich die Voraussetzung für die Kritik. Die moralische Urteilsfähigkeit der Bühne ist nur gesichert, wenn sie sich dem Arm des weltlichen Gesetzes entziehen kann. Indem für Schiller die Politik gleichsam an der Rampe der moralischen Bühne ›sich endigt‹, gewinnt die Schaubühne die erforderliche Freiheit von den weltlichen Gesetzen, um zu dem ›gemeinschaftlichen Kanal‹ werden zu können, ›in welchem von dem denkenden, besseren Teil des Volkes das Licht herunterströmt‹. Das Licht verbreitet sich dann in eben dem Staat, von dem sich die Bühne ausgespart hatte, um ihn im gleichen Vollzug einer Kritik zu unterwerfen. Die moralische Kunst und der herrschende Staat werden einander gegenübergestellt, um die Bühne unbehindert selber eine Rolle spielen zu lassen, nämlich die der politischen Kritik.*« (R. Koselleck: Kritik und Krise. Eine Studie zur Pathogenese der bürgerlichen Welt, Frankfurt 1973, S. 83–85)

Kosellecks Ausführungen ist zu entnehmen, wie nahe Schillers Gedanken denen Kants in dessen Abhandlung ›Beantwortung der Frage: ...‹ kommen, sodass man die vor allem unter wirkungsästhetischen Gesichtspunkten konzipierte Schiller'sche Schrift trotz ihres so späten Entstehungsdatums noch der Aufklärung und ihrer Diskussion über die Funktion des Theaters zuordnen darf.

Unterrichtsverlauf

Phase 1:
Lessings Wort von der Bühne als Kanzel

Wir wollen nicht abrupt zu Schillers Abhandlung überwechseln, sondern einen Übergang wählen, der auch die Schüler einsehen lässt, wie sich die vorangegangene Interpretation eines Dramas der Aufklärung mit der Abhandlung Schillers verbindet. Was bei der Behandlung des ›Nathan‹ ausgespart blieb, nämlich auf dessen Entstehungsgeschichte zu rekurrieren, soll nunmehr nachgeholt werden. Dies kann in Form eines Lehrervortrages (s. dazu Sachinformation zur 8./9. Stunde, S. 62 ff.) oder anhand eines Schülerreferates geschehen, das sich der Materialien der ›Nathan‹-Ausgabe bedient (S. 160–181), die in sehr übersichtlicher Form Auszüge aus dem Anti-Goeze-Streit und den Kabinettsbefehl zusammenstellen. Ob Schüler- oder Lehrerreferat, am Ende der Ausführungen zum Zustandekommen des Lessing'schen Dramas hat auf jeden Fall Lessings Ausspruch, dass er mit dem ›Nathan‹ sich seiner alten Kanzel wieder zuwende, zu stehen, denn so ergibt sich direkt die Überleitung zum Titel der Schillerrede, in dem auch von dem Theater als einer Stätte gezielter Wirkung bzw. Einflussnahme auf ein Publikum die Rede ist, womit Theater und Kanzel zu vergleichbaren Stätten werden.

Phase 2:
Erläuterungen zum Text

Die Hausaufgabe war, den Text gründlich zu lesen. Die Besprechung des Textes muss zunächst absichern, dass die Schüler den Text in allen Einzelheiten verstanden haben oder dass sie zumindest jene Stellen benennen können (möglichst mit Angabe von Gründen), die sich ihrem Verständnis verschließen.

Phase 3:
Situation des Theaters im 18. Jahrhundert

Nach dieser Abklärung eines primären Textverständnisses sollte zunächst die Intention bestimmt werden, die Schiller mit seiner Rede, später dann mit der Veröffentlichung dieser Rede, verfolgte (Lehrervortrag). Dabei müsste kurz die Situation des Theaters im 18. Jahrhundert mit wenigen Strichen skizziert werden, denn Schillers Äußerungen gehören zu den Bemühungen, ein Nationaltheater in Deutschland einzurichten (eine »stehende Bühne«).

Phase 4:
Redeabsicht Schillers

Ist erst einmal Schillers Einsatz für die Gründung eines Nationaltheaters im Gespräch deutlich geworden, gilt es in einem zweiten Schritt, das sich mit dem ersten Anliegen verbindende Argumentationsinteresse Schillers herauszuarbeiten. Zu dessen Bestimmung verhilft die von Schiller zu Ende seines Beitrages gemachte Äußerung: »Was bis hierher zu beweisen unternommen worden, dass sie [die Bühne] auf Sitten und Aufklärung wesentlich wirke.« Diese Funktion der Bühne kann nunmehr anhand seiner ›Nathan‹-Passage erläutert werden.

Phase 5:
Funktion der Bühne

Danach sollten die Schüler in Partnerarbeit die im Aufsatz verstreuten, zahlreichen Funktionsbestimmungen, die sich aus der vorrangigen Funktion, für Sitten und Aufklärung zu sorgen, ableiten lassen, in Form eines Thesenpapiers zusammenstellen. Die Form eines Thesenpapiers (s. Stundenblatt) wird hier vorgeschlagen, da so die Schüler zu knappen, sich auf das Wesentliche beschränkenden Formulierungen angehalten sind.

An die Behandlung des Schiller-Textes könnte sich – falls die Schüler genügend Theatererfahrung haben – eine Diskussion über die Haltbarkeit der Schiller'schen Argumente in heutiger Zeit anschließen. Es wäre zu diskutieren, ob auch heute noch dem Theater eine wichtige aufklärerische Funktion der Gesellschaft zukommt oder ob diese Funktion an andere Medien übergegangen ist, ob sich das Theater diese mit anderen Medien teilt und – wenn dies so ist – worin dann die spezifische Leistung des Theaters liegt.

Eine weitere Möglichkeit wäre, im Anschluss an den Schiller-Text Brechts »Ist das epische Theater etwa eine moralische Anstalt?« zu besprechen (B. Brecht, Gesammelte Werke, Bd. 15, Frankfurt 1967, S. 270–272). Brecht nimmt in diesem Text zu dem Vorwurf Stellung, sein episches Theater sei eine moralische Anstalt im Sinne Schillers. Er entkräftet diesen Vorwurf dadurch, dass er zwischen Schiller und der bürgerlichen Schillerrezeption des 19. Jahrhunderts unterscheidet und Schiller und seiner Theaterkonzeption eine legitime Funktion in Bezug auf das 18. Jahrhundert und das sich konstituierende Bürgertum zuweist. Diese Funktion verliert jedoch Schiller im 19. Jahrhundert. Für sich selbst und sein Theater nimmt sich Brecht heraus, das für seine Zeit – dem wissenschaftlichen Zeitalter – angemessene Theater gefunden zu haben. Eine Besprechung des Brecht-Textes im Anschluss an Schiller hat jedoch nur Sinn, wenn die Schüler bereits in einem anderen Zusammenhang mit Brechts Vorstellungen eines epischen Theaters vertraut gemacht worden sind.

Arbeitsblatt zur 17. Stunde   → CD-ROM / Datei: AB_17.doc

Friedrich Schiller: Was kann eine gute stehende Schaubühne eigentlich wirken?

Eine Vorlesung, gehalten zu Mannheim in der öffentlichen Sitzung der kurpfälzischen deutschen Gesellschaft am 26sten des Junius 1784. von F. Schiller, Mitglied dieser Gesellschaft und herzogl. Weimarischer Rath.

Ein allgemeiner unwiderstehlicher Hang nach dem neuen und außerordentlichen, ein Verlangen, sich in einem leidenschaftlichen Zustande zu fühlen, hat, nach Sulzers Ausdruck[1], die Bühne hervorgebracht. Erschöpft von den höhern Anstrengungen des Geistes, ermattet von den einförmigen, oft niederdrückenden Geschäften des Berufs, und von Sinnlichkeit[2] gesättigt, mußte der Mensch eine Leerheit in seinem Wesen fühlen, die dem ewigen Trieb nach Thätigkeit zuwider war. Unsre Natur, gleich unfähig, länger im Zustand des Thiers fortzudauren, als die feinern Arbeiten des Verstands fortzusezen, verlangte einen mittleren Zustand, der beide widersprechenden Enden vereinigte, die harte Spannung zu sanfter Harmonie herabstimmte, und den wechselweisen Uebergang eines Zustands in den andern erleichterte. Diesen Nuzen leistet überhaupt nun der ästhetische Sinn[3], oder das Gefühl für das Schöne. Da aber eines weisen Gesezgebers erstes Augenmerk seyn muß, unter zwo Wirkungen die höchste heraus zu lesen, so wird er sich nicht begnügen, die Neigungen seines Volks nur entwaffnet zu haben; er wird sie auch, wenn es irgend nur möglich ist, als Werkzeuge höherer Plane gebrauchen, und in Quellen von Glückseligkeit zu verwandeln bemüht seyn, und darum wählte er vor allen andern die Bühne, die dem nach Thätigkeit dürstenden Geist einen unendlichen Krais eröfnet, jeder Seelenkraft Nahrung gibt, ohne eine einzige zu überspan-

---

1   Sulzers Bemerkung: Schiller bezieht sich hier auf den Abschnitt aus Sulzers ›Allgemeine Theorie der schönen Künste‹.

2   Sinnlichkeit: hier, das, was von den Sinnen aufgenommen wird.

3   ästhetischer Sinn: Gefühl für das Schöne.

nen, und die Bildung des Verstands und des Herzens mit der edelsten Unterhaltung vereinigt.

Derjenige, welcher zuerst die Bemerkung machte, daß eines Staats festeste Säule Religion
sei – daß ohne sie die Geseze selbst ihre Kraft verlieren, hat vielleicht, ohne es zu wollen
oder zu wissen, die Schaubühne von ihrer edelsten Seite vertheidigt. Eben diese Unzulänglichkeit, diese schwankende Eigenschaft der politischen Geseze, welche dem Staat die Religion unentbehrlich macht, bestimmt auch den ganzen Einfluß der Bühne. Geseze, wollte
er sagen, drehen sich nur um verneinende Pflichten – Religion dehnt ihre Forderungen auf
wirkliches Handeln aus. Geseze hemmen nur Wirkungen die den Zusammenhang der Gesellschaft auflösen – Religion befiehlt solche, die ihn inniger machen. Jene herrschen nur über
die offenbaren Aeusserungen des Willens, nur Thaten sind ihnen unterthan – diese sezt ihre
Gerichtsbarkeit bis in die verborgensten Winkel des Herzens fort, und verfolgt den Gedanken bis an die innerste Quelle. Geseze sind glatt und geschmeidig, wandelbar wie Laune
und Leidenschaft – Religion bindet streng und ewig. Wenn wir nun aber auch voraussezen
wollten, was nimmermehr ist – wenn wir der Religion diese große Gewalt über jedes Men-
schenherz einräumen, wird sie oder kann sie die ganze Bildung vollenden? – Religion (ich
trenne hier ihre politische Seite von ihrer göttlichen) Religion wirkt im Ganzen mehr auf den
sinnlichen Theil des Volks – sie wirkt vielleicht durch das Sinnliche allein so unfehlbar. Ihre
Kraft ist dahin, wenn wir ihr dieses nehmen – und wodurch wirkt die Bühne? Religion ist
dem größern Theile der Menschen nichts mehr, wenn wir ihre Bilder, ihre Probleme vertilgen, wenn wir ihre Gemählde von Himmel und Hölle zernichten – und doch sind es nur Gemählde der Phantasie, Räzel ohne Auflösung, Schreckbilder und Lockungen aus der Ferne.
Welche Verstärkung für Religion und Geseze, wenn sie mit der Schaubühne in Bund treten,
wo Anschauung und lebendige Gegenwart ist, wo Laster und Tugend, Glückseligkeit und
Elend, Thorheit und Weißheit in tausend Gemählden faßlich und wahr an den Menschen
vorübergehen, wo die Vorsehung ihre Räzel auflößt, ihren Knoten vor seinen Augen entwickelt, wo das menschliche Herz auf den Foltern der Leidenschaft seine leisesten Regungen
beichtet, alle Larven fallen, alle Schminke verfliegt, und die Wahrheit unbestechlich wie Rhadamanthus[4] Gericht hält.

Die Gerichtsbarkeit der Bühne fängt an, wo das Gebiet der weltlichen Geseze sich endigt.
Wenn die Gerechtigkeit für Gold verblindet, und im Solde der Laster schwelgt, wenn die
Frevel der Mächtigen ihrer Ohnmacht spotten, und Menschenfurcht den Arm der Obrigkeit bindet, übernimmt die Schaubühne Schwerd und Waage, und reißt die Laster vor einen
schrecklichen Richterstuhl. Das ganze Reich der Phantasie und Geschichte, Vergangenheit
und Zukunft stehen ihrem Wink zu Gebot. Kühne Verbrecher, die längst schon im Staub ver-
modern, werden durch den allmächtigen Ruf der Dichtkunst jezt vorgeladen, und wiederho-
len zum schauervollen Unterricht der Nachwelt ein schändliches Leben. Ohnmächtig, gleich
den Schatten in einem Hohlspiegel wandeln die Schrecken ihres Jahrhunderts vor unsern Augen vorbei, und mit wollüstigem Entsezen verfluchen wir ihr Gedächtniß. Wenn keine Moral
mehr gelehrt wird, keine Religion mehr Glauben findet, wenn kein Gesez mehr vorhanden
ist, wird uns Medea[5] noch anschauen, wenn sie die Treppen des Pallastes herunter wankt,

---

4   Rhadamanthus: Gestalt der griechischen Mythologie, Sohn des Zeus und Europas, der wegen seiner Ge-
    rechtigkeit als König von Kreta das Amt des Totenrichters übertragen bekam.

5   Medea: Gestalt der griechischen Mythologie. Nach Jahren einer glücklichen Ehe von Jason, der die korin-
    thische Königstochter Glauke zur Frau begehrt, verstoßen, nimmt Medea furchtbare Rache. Sie tötet nicht
    nur die Prinzessin und deren Vater, sondern auch ihre eigenen, aus der Ehe mit Jason hervorgegangenen
    Kinder und flüchtet auf einem mit geflügelten Drachen bespannten Wagen nach Athen.

und der Kindermord jezt geschehen ist. Heilsame Schauer werden die Menschheit ergreifen, und in der Stille wird jeder sein gutes Gewissen preißen, wenn Lady Makbeth[6], eine schreckliche Nachtwandlerin, ihre Hände wäscht, und alle Wohlgerüche Arabiens herbeiruft, den häßlichen Mordgeruch zu vertilgen. Wer von uns sah ohne Beben zu, wen durchdrang nicht lebendige Glut zur Tugend, brennender Haß des Lasters, als, aufgeschröckt aus Träumen der Ewigkeit, von den Schrecknissen des nahen Gerichts umgeben, Franz von Moor aus dem Schlummer sprang, als er, die Donner des erwachten Gewissens zu übertäuben, Gott aus der Schöpfung läugnete, und seine gepreßte Brust, zum lezten Gebete vertrocknet, in frechen Flüchen sich Luft machte? – – Es ist nicht Uebertreibung, wenn man behauptet, daß diese auf der Schaubühne aufgestellten Gemählde mit der Moral des gemeinen Mannes endlich in eines zusammen fließen, und in einzelnen Fällen seine Empfindung bestimmen. Ich selbst bin mehr als einmal ein Zeuge gewesen, als man seinen ganzen Abscheu vor schlechten Thaten in dem Scheltwort zusammenhäufte: Der Mensch ist ein Franz Moor. Diese Eindrücke sind unauslöschlich, und bei der leisesten Berührung steht das ganze abschröckende Kunstgemählde im Herzen des Menschen wie aus dem Grabe auf. So gewiß sichtbare Darstellung mächtiger wirkt, als toder Buchstabe und kalte Erzählung, so gewiß wirkt die Schaubühne tiefer und dauernder als Moral und Geseze.

Aber hier unterstüzt sie die weltliche Gerechtigkeit nur – ihr ist noch ein weiteres Feld geöffnet. Tausend Laster, die jene ungestraft duldet, straft sie; tausend Tugenden, wovon jene schweigt, werden von der Bühne empfohlen. Hier begleitet sie die Weisheit und die Religion. Aus dieser reinen Quelle schöpft sie ihre Lehren und Muster, und kleidet die strenge Pflicht in ein reizendes lockendes Gewand. Mit welch herrlichen Empfindungen, Entschlüssen, Leidenschaften schwellt sie unsere Seele, welche göttliche Ideale stellt sie uns zur Nacheiferung aus! – Wenn der gütige August dem Verräther Cinna[7], der schon den tödlichen Spruch auf seinen Lippen zu lesen meint, groß wie seine Götter, die Hand reicht: »Laß uns Freunde seyn Cinna!« – Wer unter der Menge wird in dem Augenblick nicht gern seinem Todfeind die Hand drücken wollen, dem göttlichen Römer zu gleichen? – Wenn Franz von Sickingen[8], auf dem Wege einen Fürsten zu züchtigen und für fremde Rechte zu kämpfen, unversehens hinter sich schaut, und den Rauch aufsteigen sieht von seiner Veste, wo Weib und Kind hilflos zurückblieben, und er – weiter zieht, Wort zu halten – wie groß wird mir da der Mensch, wie klein und verächtlich das gefürchtete unüberwindliche Schicksal!

Eben so häßlich, als liebenswürdig die Tugend, mahlen sich die Laster in ihrem furchtbaren Spiegel ab. Wenn der hilflose kindische Lear[9] in Nacht und Ungewitter vergebens an das Haus seiner Töchter pocht, wenn er sein weißes Haar in die Lüfte streut, und den tobenden Elementen erzählt, wie unnatürlich seine Regan gewesen, wenn sein wütender Schmerz zulezt in den schrecklichen Worten von ihm strömt: »Ich gab euch Alles!« – Wie abscheulich zeigt sich uns da der Undank? Wie feierlich geloben wir Ehrfurcht und kindliche Liebe! – Unsre Schaubühne hat noch eine große Eroberung ausstehen, von deren Wichtigkeit erst der Erfolg sprechen wird. Shakespears Timon von Athen[10] ist, so weit ich mich besinnen kann, noch auf keiner deutschen Bühne erschienen, und, so gewiß ich den Menschen vor allem andern zuerst im Shakespear aufsuche, so gewiß weiß ich im ganzen Shakespear kein Stück,

---

6 Lady Makbeth: Figur aus Shakespeares gleichnamigem Drama (vermutlich entstanden 1606).

7 Cinna: Gestalt aus Pierre Corneilles gleichnamigem Drama.

8 Franz von Sickingen: Gestalt aus Goethes Drama ›Götz von Berlichingen‹ (1773).

9 kindischer Lear: Gestalt aus Shakespeares Drama ›King Lear‹ (vermutlich entstanden 1604/05).

10 Shakespears Timon von Athen: Gestalt in Shakespeares gleichnamigem Drama.

wo er wahrhaftiger vor mir stünde, wo er lauter und beredter zu meinem Herzen spräche, wo ich mehr Lebensweißheit lernte, als im Timon von Athen. Es ist wahres Verdienst um die Kunst, dieser Goldader nachzugraben.

Aber der Wirkungskrais der Bühne dehnt sich noch weiter aus. Auch da, wo Religion und Geseze es unter ihrer Würde achten, Menschenempfindungen zu begleiten, ist sie für unsere Bildung noch geschäftig. Das Glück der Gesellschaft wird eben so sehr durch Thorheit als durch Verbrechen und Laster gestört. Eine Erfahrung lehrt es, die so alt ist als die Welt, daß im Gewebe menschlicher Dinge oft die grösten Gewichte an den kleinsten und zärtesten Fäden hangen, und, wenn wir Handlungen zu ihrer Quelle zurückbegleiten, wir zehenmal lächeln müßten, ehe wir uns einmal entsezen. Mein Verzeichniß von Bösewichtern wird mit jedem Tage, den ich älter werde, kürzer, und mein Register von Thoren vollzähliger und länger. Wenn die ganze moralische Verschuldung des einen Geschlechtes aus einer und eben der Quelle hervorspringt, wenn alle die ungeheuren Extreme von Laster, die es jemals gebrandmarkt haben, nur veränderte Formen, nur höhere Grade einer Eigenschaft sind, die wir zulezt alle einstimmig belächeln und lieben, warum sollte die Natur bei dem andern Geschlechte nicht die nämliche Wege gegangen seyn? Ich kenne nur ein Geheimniß, den Menschen vor Verschlimmerung zu bewahren, und dieses ist – sein Herz gegen Schwächen zu schüzen.

Einen großen Theil dieser Wirkung können wir von der Schaubühne erwarten. Sie ist es, die der großen Klasse von Thoren den Spiegel vorhält, und die tausendfachen Formen derselben mit heilsamem Spott beschämt. Was sie oben durch Rührung und Schrecken wirkte, leistet sie hier, (schneller vielleicht, und unfehlbarer) durch Scherz und Satire. Wenn wir es unternehmen wollten, Lustspiel und Trauerspiel nach dem Maas der erreichten Wirkung zu schäzen, so würde vielleicht die Erfahrung dem ersten den Vorrang geben. Spott und Verachtung verwunden den Stolz des Menschen empfindlicher, als Verabscheuung sein Gewissen foltert. Vor dem Schrecklichen verkriecht sich unsre Faigheit, aber eben diese Faigheit überliefert uns dem Stachel der Satire. Gesez und Gewissen schüzen uns oft für Verbrechen und Lastern – Lächerlichkeiten verlangen einen eigenen feinern Sinn, den wir nirgends mehr als vor dem Schauplaze üben. Vielleicht, dass wir einen Freund bevollmächtigen unsre Sitten und unser Herz anzugreifen, aber es kostet uns Mühe, ihm ein einziges Lachen zu vergeben. Unsre Vergehungen ertragen einen Aufseher und Richter, unsre Unarten kaum einen Zeugen – Die Schaubühne allein kann unsre Schwächen belachen, weil sie unsrer Empfindlichkeit schont, und den schuldigen Thoren nicht wissen will – Ohne roth zu werden sehen wir unsre Larve aus ihrem Spiegel fallen, und danken insgeheim für die sanfte Ermahnung.

Aber ihr großer Wirkungskrais ist noch lange nicht geendigt. Die Schaubühne ist mehr als jede andere öffentliche Anstalt des Staats eine Schule der praktischen Weißheit, ein Wegweiser durch das bürgerliche Leben, ein unfehlbarer Schlüssel zu den geheimsten Zugängen der menschlichen Seele. Ich gebe zu, daß Eigenliebe und Abhärtung des Gewissens nicht selten ihre beste Wirkung vernichten, daß sich noch tausend Laster mit frecher Stirne vor ihrem Spiegel behaupten, tausend gute Gefühle vom kalten Herzen des Zuschauers fruchtlos zurückfallen – ich selbst bin der Meinung, daß vielleicht Molieres Harpagon[11] noch keinen Wucherer besserte, daß der Selbstmörder Beverlei[12] noch wenige seiner Brüder von der abscheulichen Spielsucht zurückzog, daß Karl Moors[13] unglückliche Räubergeschichte die Landstrassen nicht viel sicherer machen wird – aber wenn wir auch diese große Wirkung der

---

11 Molières Harpagon: Hauptfigur aus Molières Komödie ›Der Geizige‹ (1668).

12 Selbstmörder Beverlei: Figur in Fr. L. Schröders Lustspiel ›Beverley oder Der Spieler‹ (1776).

13 Karl Moor: einer der beiden feindlichen Brüder aus Schillers Drama ›Die Räuber‹ (1781).

Schaubühne einschränken, wenn wir so ungerecht seyn wollen, sie gar aufzuheben – wie unendlich viel bleibt noch von ihrem Einfluß zurück? Wenn sie die Summe der Laster weder tilgt noch vermindert, hat sie uns nicht mit denselben bekannt gemacht? Mit diesen Lasterhaften, diesen Thoren müssen wir leben. Wir müssen ihnen ausweichen oder begegnen; wir müßten sie untergraben, oder ihnen unterliegen. Jezt aber überraschen sie uns nicht mehr. Wir sind auf ihre Anschläge vorbereitet. Die Schaubühne hat uns das Geheimniß verrathen, sie ausfündig und unschädlich zu machen. Sie zog dem Heuchler die künstliche Maske ab, und entdeckte das Nez, womit uns List und Kabale umstrickten. Betrug und Falschheit riß sie aus krummen Labirinthen hervor, und zeigte ihr schreckliches Angesicht dem Tag. Vielleicht, daß die sterbende Sara[14] nicht einen Wollüstling schröckt, daß alle Gemählde gestrafter Verführung seine Glut nicht erkälten, und daß selbst die verschlagene Spielerin diese Wirkung ernstlich zu verhüten bedacht ist – glücklich genug, daß die arglose Unschuld jezt seine Schlingen kennt, daß die Bühne sie lehrte, seinen Schwüren mistrauen, und vor seiner Anbetung zittern.

Nicht blos auf Menschen und Menschenkarakter, auch auf Schicksale macht uns die Schaubühne aufmerksam, und lehrt uns die große Kunst, sie zu ertragen. Im Gewebe unsers Lebens spielen Zufall und Plan eine gleich große Rolle; den leztern lenken wir, dem erstern müssen wir uns blind unterwerfen. Gewinn genug, wenn unausbleibliche Verhängnisse uns nicht ganz ohne Fassung finden, wenn unser Muth, unsre Klugheit sich einst schon in ähnlichen übten, und unser Herz zu dem Schlag sich gehärtet hat. Die Schaubühne führt uns eine mannichfaltige Szene menschlicher Leiden vor. Sie zieht uns künstlich in fremde Bedrängnisse, und belohnt uns das augenblickliche Leiden mit wollüstigen Thränen, und einem herrlichen Zuwachs an Muth und Erfahrung. Mit ihr folgen wir der verlassenen Ariadne[15] durch das wiederhallende Naxos, steigen mit ihr in den Hungerthurm Ugolinos[16] hinunter, betreten mit ihr das entsezliche Blutgerüste, und behorchen mit ihr die feierliche Stunde des Todes. Hier hören wir, was unsre Seele in leisen Ahndungen fühlte, die überraschte Natur laut und unwidersprechlich bekräftigen. Im Gewölbe des Towrs verläßt den betrogenen Liebling die Gunst seiner Königin – Jezt da er sterben soll, entfliegt dem geängstigten Moor seine treulose sophistische Weißheit. Die Ewigkeit entläßt einen Todten, Geheimnisse zu offenbaren, die kein Lebendiger wissen kann, und der sichere Bösewicht verliert seinen lezten gräßlichen Hinterhalt, weil auch Gräber noch ausplaudern.

Aber nicht genug, daß uns die Bühne mit Schicksalen der Menschheit bekannt macht, sie lehrt uns auch gerechter gegen den Unglücklichen seyn, und nachsichtsvoller über ihn richten. Dann nur, wenn wir die Tiefe seiner Bedrängnisse ausmessen, dörfen wir das Urtheil über ihn aussprechen. Kein Verbrechen ist schändender, als das Verbrechen des Diebs – aber mischen wir nicht alle eine Thräne des Mitleids in unsern Verdammungsspruch, wenn wir uns in den schrecklichen Drang verlieren, worinn Eduard Ruhberg[17] die That vollbringt? – Selbstmord wird allgemein als Frevel verabscheut; wenn aber, bestürmt von den Drohungen eines wütenden Vaters, bestürmt von Liebe, von der Vorstellung schrecklicher Klostermauern, Mariane[18] den Gift trinkt, wer von uns will der erste seyn, der über dem beweinenswürdigen Schlachtopfer einer verruchten Maxime den Stab bricht? – Menschlichkeit und Duldung fangen an der herrschende Geist unsrer Zeit zu werden; ihre Stralen sind bis in die Gerichtssäle,

---

14 sterbende Sara: Hauptfigur aus Lessings bürgerlichem Trauerspiel ›Miß Sara Sampson‹ (1757).

15 Ariadne: Titelheldin aus ›Ariadne auf Naxos‹ von Johann Christian Brandes.

16 Ugolino: Hauptfigur aus Gerstenbergs Drama ›Ugolino‹ (1760).

17 Eduard Ruhberg: Gestalt aus dem Schauspiel ›Verbrecher aus Ehrsucht‹ von August Wilhelm Iffland.

18 Mariane: Titelheldin eines Trauerspiels von Friedrich Wilhelm Gotter.

und noch weiter – in das Herz unsrer Fürsten gedrungen. Wie viel Antheil an diesem göttlichen Werk gehört unsern Bühnen? Sind sie es nicht, die den Menschen mit dem Menschen bekannt machten, und das geheime Räderwerk aufdeckten, nach welchem er handelt? Eine merkwürdige Klasse von Menschen hat Ursache, dankbarer als alle übrigen gegen die Bühne zu seyn. Hier nur hören die Großen der Welt, was sie nie oder selten hören – Wahrheit; was sie nie oder selten sehen, sehen sie hier – den Menschen.

So groß und vielfach ist das Verdienst der bessern Bühne um die sittliche Bildung; kein geringeres gebührt ihr um die ganze Aufklärung des Verstandes. Eben hier in dieser höhern Sphäre weiß der große Kopf, der feurige Patriot sie erst ganz zu gebrauchen.

Er wirft einen Blick durch das Menschengeschlecht, vergleicht Völker mit Völkern, Jahrhunderte mit Jahrhunderten, und findet, wie sklavisch die größere Masse des Volks an Ketten des Vorurtheils und der Meinung gefangen liegt, die seiner Glückseligkeit ewig entgegen arbeiten – daß die reinern Stralen der Wahrheit nur wenige einzelne Köpfe beleuchten, welche den kleinen Gewinn vielleicht mit dem Aufwand eines ganzen Lebens erkauften. Wodurch kann der weise Gesezgeber die Nation derselben theilhaftig machen?

Die Schaubühne ist der gemeinschaftliche Kanal, in welchen von dem denkenden bessern Theile des Volks das Licht der Weißheit herunterströmt, und von da aus in milderen Stralen durch den ganzen Staat sich verbreitet. Richtigere Begriffe, geläuterte Grundsäze, reinere Gefühle fließen von hier durch alle Adern des Volks; der Nebel der Barbarei, des finstern Aberglaubens verschwindet, die Nacht weicht dem siegenden Licht. Unter so vielen herrlichen Früchten der bessern Bühne will ich nur zwo auszeichnen. Wie allgemein ist nur seit wenigen Jahren die Duldung der Religionen und Sekten geworden? – Noch ehe uns Nathan der Jude, und Saladin der Sarazene beschämten, und die göttliche Lehre uns predigten, daß Ergebenheit in Gott von unserm Wähnen über Gott so gar nicht abhängig sei – ehe noch Joseph der zweite, die fürchterliche Hyder des frommen Haßes bekämpfte, pflanzte die Schaubühne Menschlichkeit und Sanftmuth in unser Herz, die abscheulichen Gemählde heidnischer Pfaffenwuth lehrten uns Religionshaß vermeiden – in diesem schrecklichen Spiegel wusch das Christenthum seine Flecken ab. Mit eben so glücklichem Erfolge würden sich von der Schaubühne Irrthümer der Erziehung bekämpfen lassen; das Stück ist noch zu hoffen, wo dieses merkwürdige Thema behandelt wird. Keine Angelegenheit ist dem Staat durch ihre Folgen so wichtig als diese, und doch ist keine so Preiß gegeben, keine dem Wahne, dem Leichtsinn des Bürgers so uneingeschränkt anvertraut, wie es diese ist. Nur die Schaubühne könnte die unglücklichen Schlachtopfer vernachlässigter Erziehung in rührenden erschütternden Gemählden an ihm vorüber führen; hier könnten unsre Väter eigensinnigen Maximen entsagen, unsre Mütter vernünftiger lieben lernen. Falsche Begriffe führen das beste Herz des Erziehers irre; desto schlimmer, wenn sie sich noch mit Methode brüsten, und den zarten Schößling in Philanthropinen[19] und Gewächshäusern systematisch zu Grund richten. Der gegenwärtig herrschende Kizel, mit Gottes Geschöpfen Christmarkt zu spielen, diese berühmte Raserei, Menschen zu drechseln, und es Deukalion[20] gleich zu thun, (mit dem Unterschied freilich, daß man aus Menschen nunmehr Steine macht, wie jener aus Steinen Menschen) verdiente es mehr als jede andere Ausschweifung der Vernunft den Geißel der Satire zu fühlen.

Nicht weniger ließen sich – verstünden es die Oberhäupter und Vormünder des Staats – von der Schaubühne aus, die Meinungen der Nation über Regierung und Regenten zurechtweisen. Die gesezgebende Macht spräche hier durch fremde Symbolen zu dem Unterthan, ver-

---

19 Philanthropinen: eine von Basedow 1774 in Dessau errichtete Erziehungsanstalt.
20 Deukalion: Gestalt aus der griechischen Mythologie; Sohn des Prometheus.

antwortete sich gegen seine Klagen, noch ehe sie laut werden, und bestäche seine Zweifelsucht, ohne es zu scheinen. So gar Industrie[21] und Erfindungsgeist könnten und würden vor dem Schauplaze Feuer fangen, wenn die Dichter es der Mühe werth hielten Patrioten zu seyn, und der Staat sich herablassen wollte, sie zu hören.

Unmöglich kann ich hier den großen Einfluß übergehen, den eine gute stehende Bühne auf den Geist der Nation haben würde. Nationalgeist eines Volks nenne ich die Aehnlichkeit und Uebereinstimmung seiner Meinungen und Neigungen bei Gegenständen, worüber eine andere Nation anders meint und empfindet. Nur der Schaubühne ist es möglich, diese Uebereinstimmung in einem hohen Grad zu bewirken, weil sie das ganze Gebieth des menschlichen Wissens durchwandert, alle Situationen des Lebens erschöpft, und in alle Winkel des Herzens hinunter leuchtet; weil sie alle Stände und Klassen in sich vereinigt, und den gebahntesten Weg zum Verstande und zum Herzen hat. Wenn in allen unsern Stücken ein Hauptzug herrschte, wenn unsre Dichter unter sich einig werden, und einen festen Bund zu diesem Endzweck errichten wollten – wenn strenge Auswahl ihre Arbeiten leitete, ihr Pinsel nur Volksgegenständen sich weihte – mit einem Wort, wenn wir es erlebten eine Nationalbühne zu haben, so würden wir auch eine Nation. Was kettete Griechenland so fest aneinander? Was zog das Volk so unwiderstehlich nach seiner Bühne? – Nichts anders als der vaterländische Inhalt der Stücke, der griechische Geist, das große überwältigende Interesse des Staats, der bessern Menschheit, das in denselbigen athmete.

Noch ein Verdienst hat die Bühne – ein Verdienst, das ich jezt um so lieber in Anschlag bringe, weil ich vermuthe, daß ihr Rechtshandel mit ihren Verfolgern ohnehin schon gewonnen seyn wird. Was bis hierher zu beweisen unternommen worden, daß sie auf Sitten und Aufklärung wesentlich wirke, war zweifelhaft – daß sie unter allen Erfindungen des Luxus, und allen Anstalten zur gesellschaftlichen Ergözlichkeit den Vorzug verdiene, haben selbst ihre Feinde gestanden. Aber was sie hier leistet ist wichtiger, als man gewohnt ist zu glauben.

Die menschliche Natur erträgt es nicht, ununterbrochen und ewig auf der Folter der Geschäfte zu liegen, die Reize der Sinne sterben mit ihrer Befriedigung. Der Mensch, überladen von thierischem Genuß, der langen Anstrengung müde, vom ewigen Triebe nach Thätigkeit gequält, dürstet nach bessern auserlesnern Vergnügungen, oder stürzt zügelloß in wilde Zerstreuungen, die seinen Hinfall beschleunigen, und die Ruhe der Gesellschaft zerstören. Bacchantische[22] Freuden, verderbliches Spiel, tausend Rasereien, die der Müßiggang aushekt sind unvermeidlich, wenn der Gesezgeber diesen Hang des Volks nicht zu lenken weiß. Der Mann von Geschäften ist in Gefahr, ein Leben, das er dem Staat so großmüthig hinopferte, mit dem unseligen Spleen abzubüßen – der Gelehrte zum dumpfen Pedanten herabzusinken – der Pöbel zum Thier. Die Schaubühne ist die Stiftung, wo sich Vergnügen mit Unterricht, Ruhe mit Anstrengung, Kurzweil mit Bildung gattet, wo keine Kraft der Seele zum Nachtheil der andern gespannt, kein Vergnügen auf Unkosten des Ganzen genoßen wird. Wenn Gram an dem Herzen nagt, wenn trübe Laune unsre einsame Stunden vergiftet, wenn uns Welt und Geschäfte anekeln, wenn tausend Lasten unsre Seele drücken, und unsre Reizbarkeit unter Arbeiten des Berufs zu ersticken droht, so empfängt uns die Bühne – in dieser künstlichen Welt träumen wir die wirkliche hinweg, wir werden uns selbst wieder gegeben, unsre Empfindung erwacht, heilsame Leidenschaften erschüttern unsre schlummernde Natur, und treiben das Blut in frischeren Wallungen. Der Unglücklichere weint hier mit fremdem Kummer seinen eigenen aus, – der Glückliche wird nüchtern, und der Sichere besorgt. Der empfindsame Weichling härtet sich zum Manne, der rohe Unmensch fängt hier zum ersten-

---

21 Industrie: hier noch Fleiß.

22 bacchantische Freuden: ausgelassene Freuden; abgeleitet von Bakchos, dem Gott des Weines (= Dionysos).

mal zu empfinden an. Und dann endlich – welch ein Triumph für dich, Natur – so oft zu Boden getretene, so oft wieder auferstehende Natur – wenn Menschen aus allen Kraisen und Zonen und Ständen, abgeworfen jede Fessel der Künstelei und der Mode, herausgerissen aus jedem Drange des Schicksals, durch eine allwebende Sympathie verbrüdert, in Ein Geschlecht wieder aufgelößt, ihrer selbst und der Welt vergessen, und ihrem himmlischen Ursprung sich nähern. Jeder Einzelne genießt die Entzückungen aller, die verstärkt und verschönert aus hundert Augen auf ihn zurück fallen, und seine Brust giebt jezt nur Einer Empfindung Raum – es ist diese: ein Mensch zu seyn.

In: Schiller: Werke (Nationalausgabe) 20. Bd. Philosophische Schriften, 1. Teil. Unter Mitwirkung v. Helmut Koopmann hrsg. v. Benno v. Wiese, Weimar 1962.

Sequenz III:
Die Grenzen der Aufklärung (Radikalisierung und Kritik)

18. Stunde:
**Die radikalisierte Aufklärung –
Erhard ›Über das Recht des Volks zu
einer Revolution‹; Bürger ›Der Bauer‹**

Sachinformation

Wir beschränken uns auf einen Ausschnitt
aus Johann Benjamin Erhards Abhandlung
›Über das Recht des Volks zu einer Revolution‹, die zusammen mit anderen Schriften
1795 veröffentlicht wurde und durchaus als
Reaktion auf die Französische Revolution
gesehen werden kann.

Zunächst jedoch einige Daten zu Johann
Benjamin Erhard, über den Auskunft einzu-
holen nicht sehr leicht ist, da er zu den Ver-
schollenen und Vergessenen zu rechnen ist
– ein Schicksal, das er mit vielen deutschen
Jakobinern teilt. Erhard wurde 1766 geboren, war Arzt, eifriger Anhänger Kants, den
er selbst in Königsberg aufsuchte. Zu seinen
Bekannten zählten auch Schiller und der
Philosoph Karl Leonhard Reinhold. Schiller
selbst betrachtete seine ›Ästhetischen Brie-
fe‹ u. a. als Gegenargumentation zu Erhards
Ideen. Neben seiner ärztlichen Tätigkeit in
Nürnberg veröffentlichte Erhard Arbeiten zu
politischen, sozialen und philosophischen
Fragestellungen. Er, überzeugter Jakobiner
und Anhänger der jakobinischen Diktatur
1793/94, plante mit Gleichgesinnten die
Gründung einer Republik in Süddeutsch-
land. Als dieses Projekt jedoch fehlschlug,
dachte er an eine Auswanderung nach Ame-
rika, verwarf jedoch diese Pläne und ließ
sich ab 1799 in Berlin als Arzt nieder, wo
er 1827 starb. Erhard gehört – wie bereits
erwähnt – zur Gruppe deutscher Jakobiner.
Diese begrüßten die Französische Revolution und erstrebten eine ähnliche Umgestaltung Deutschlands. ›Jakobiner‹ wurden sie
genannt, weil sie sich tatsächlich oder nach
der Meinung der damaligen Reaktion an
der Gruppierung der französischen Jakobiner orientierten:

*»In kritischer Absetzung von der klassischen Ide-
alisierungstheorie wie auch von der romantischen
Autonomieauffassung entwickelten sie das Konzept einer eingreifenden Literatur. [...] Die Literatur erhielt die Aufgabe, Einsicht in die Ungerech-
tigkeiten der Sozial- und Gesellschaftsordnung zu
vermitteln, das Bewusstsein der Bevölkerung zu
entwickeln und die Bereitschaft für revolutionäre
Aktionen zu erwecken. Erreicht werden konnte dies
nach jakobinischem Selbstverständnis [...] durch
eine Literatur, die inhaltlich wie formal am Be-
wusstseinsstand der Adressaten anknüpfte. Das
Konzept der Volkstümlichkeit, das bei den Stür-
mern und Drängern in der vorrevolutionären Zeit
bereits ausgebildet worden war, wurde bei den
deutschen Jakobinern politisch zugespitzt und mit
dem Prinzip der Parteilichkeit verbunden, d. h. mit
der Parteinahme des jakobinischen Autors für die
unterdrückten und ausgebeuteten Teile der Bevölkerung.« (Inge Stephan, in: Wolfgang Beutin u. a.:
Deutsche Literaturgeschichte, Metzler, Stuttgart, 6.
verbesserte und erw. Aufl. 2001)*

Erhard definiert die Revolution als die ge-
waltsame Einsetzung des Volkes »in die
Rechte der Mündigkeit«. Zweck der Revolution ist demnach die Änderung der »Grundverfassung zugunsten des Volkes«. Sind beide Bedingungen nicht erfüllt, so kann nach
Erhard auch nicht von einer Revolution,
sondern allenfalls von einer Rebellion, einer
Insurrektion oder einer Revolution vermittelst des Volkes, aber nicht im Interesse des
Volkes gesprochen werden. Letzte Instanz,
vor der sich eine Revolution rechtfertigen
muss, ist die Moral. Sie ist höchste Instanz
in dem Sinne, dass die Revolution das letzte
und einzige Mittel ist, das vom Volke angewandt werden muss, um seine Menschen-

rechte, die ihm vorenthalten werden, geltend zu machen. Unter Menschenrechten versteht Erhard »das Recht zur Aufklärung«, sodass man sagen kann, eine Revolution des Volkes ist dann legitim, wenn sie das einzige Mittel ist, das Recht des Volkes zur Aufklärung durchzusetzen. In direktem Rückgriff auf Kant versteht Erhard die Unaufgeklärtheit des Volkes als selbstverschuldet. Und er sieht es als die Pflicht des Volkes an, diese Nachlässigkeit durch »eigne Anstrengung wieder zu ersetzen«. Dabei darf die Revolution nie ein Rachezug des Volkes gegen diejenigen sein, die das Volk in Unmündigkeit gehalten haben, denn letztlich ist die Unmündigkeit selbstverschuldet. Nur wenn dem Volk die Mittel verweigert werden, derer es bedarf, um sich mündig zu machen, darf als Ultima Ratio das Volk zur Revolution greifen.

Erhard fragt sich außerdem, ob zu den Vorbedingungen bzw. zur Rechtmäßigkeit einer Revolution gehöre, dass sie politisch möglich sei. Er weist jedoch diese Frage zurück, da nach seiner Meinung ein Volk erst dann revoltieren könne, wenn es in sich Einigkeit erzeugt habe, und diese »Einstimmigkeit ist nur durch klare Einsicht in die Notwendigkeit der Revolution möglich, die nie ohne das Gefühl seiner Rechte bei dem Volk möglich ist«. So gehört die Einsicht der Notwendigkeit der Revolution mit zu den Voraussetzungen, und wenn dies so ist, impliziert dies, dass auch die politische Möglichkeit, d. h. der Erfolg der Revolution, von vornherein einkalkuliert wird.

Erhard radikalisiert die Kant'sche Position. Er bevorzugt zunächst wie Kant die Reform bzw. den evolutionären Weg zur ›moralischen Staatsverfassung‹. So heißt es in einem anderen, hier nicht zugrunde gelegten Abschnitt seiner Abhandlung:

»Erkennt aber das Volk seine Menschenrechte und ehren sie die Vornehmen, so bedarf es keiner gewaltsamen Revolution. Beide Teile werden sich vereinigen, eine moralische Staatsverfassung zu gründen und als Bürger in Frieden unter den Gesetzen der Gerechtigkeit zu leben. Glücklich ist der Staat, wo die Vornehmen bei gleichem Fortschritt der Aufklärung mit dem Volke beständig so gerecht sind, um das Volk im Verhältnis seiner Aufklärung, die sie selbst befördern, zu behandeln. In einem solchen Staate geschieht das, was in andern durch Revolutionen geschiehet, durch eine von der Weisheit bewirkte Evolution.«

Aber so sehr auch diese Gedanken an Kant erinnern mögen, Erhard geht doch insofern über Kant hinaus, als er klar jene Bedingungen benennt, die, wenn sie nicht erfüllt werden, notwendigerweise zur auch moralisch gerechtfertigten Revolution führen müssen.

Interessant ist an Erhards Abhandlung, wie sehr hier aus der bürgerlichen Moralvorstellung politische Folgerungen gezogen werden. Damit ist ein Prozess, der die Konstitution der bürgerlichen Gesellschaft begleitete, an sein konsequentes Ende gekommen: Das moralische Selbstverständnis des Bürgers definiert sich nicht länger mehr in einem sich bewusst von der absolutistischen Politik abkapselnden Raum, sondern bejaht, indem es sich als letzte Instanz setzt, die politische Gewalt als legitimes Mittel.

Die Radikalisierung aufklärerischen Denkens, für die hier zunächst Erhards Text als Beispiel aus der Theorie galt, soll nun auch noch an einem poetischen Zeugnis verdeutlicht werden: dem Gedicht Gottfried August Bürgers ›Der Bauer. An seinen durchlauchtigen Tyrannen‹. Dieses Gedicht ist Rollengedicht, wie der Titel schon besagt, indem er den Bauern als Sprecher bezeichnet. Gleichzeitig benennt der Titel auch den Adressaten des Gedichts: Es ist der durchlauchtige Tyrann, womit jene dem Bauern gemäße Anredeform an seinen Herrn zitiert wird, sollte es jemals zu einer Begegnung zwischen dem Bauern und seinem Herrn kommen. Aber eine solche bleibt rein fiktiv. Der Autor übernimmt in dem Gedicht zu sagen, was dem Bauern zu sagen nicht möglich ist, weil die Herrschaftsverhältnisse es nicht zulassen und zugleich auch die Zensur eine Publikation des Gedichts unmöglich macht. So fingiert Bürger eine Sprechsituation und eine Form literarischer Öffentlichkeit, die gerade dadurch, dass sie indirekt darauf verweisen, dass das Gespräch nicht stattfinden kann und auch eine Veröffentlichung des Gedichts auf größte Schwierigkeiten stößt, Kritik an den Verhältnissen der Zeit übt. Dass das Gedicht überhaupt hat veröffentlicht werden können, dürfte darauf zurückzuführen sein, dass Bürger es in dem liberalen, mit der englischen Krone verbundenen Fürstentum Hannover schuf. Veröffentlicht wurde es bezeichnenderweise nicht im ›Göttinger Musenalmanach‹, sondern erst 1776 im ›Lauenburger Musenalmanach‹, den Voß im bürgerlichen Hamburg herausgab.

Schärfe gewinnt die Titelgebung dadurch, dass der Herr ohne jede Umschweife als das bezeichnet wird, was er in Wirklichkeit ist: ein Tyrann. Zum andern macht die zitierte Anredeform ›durchlauchtiger‹ die Anredeform ironisch, denn ›durchlauchtig‹ meinte ursprünglich ›erleuchtet‹, und ›erleuchtet‹ ist der Tyrann nicht, im Gegenteil: Er ist mit Blindheit für die Verhältnisse geschlagen, der Bauer muss ihm in all seinem Zorn erst einmal ein Licht aufstecken, ihn über die wahren Verhältnisse aufklären.

Er tut dies in kurzen, dreizeiligen Strophen, in sich reimlos, die Zeilen zunächst vierfüßige Jamben, die dritte Zeile nochmals verkürzt zu einem dreifüßigen Jambus. Alle Zeilen wirken mächtig durch das männliche Ende, durch die kurzen, allenfalls dreisilbigen, meist ein- oder zweisilbigen Wörter. Schließlich erhalten bestimmte Wörter durch Inversion noch besonderes Gewicht (s. z. B. die Position des *mein* in ›Das Brot, du Fürst, ist mein.‹/*ungebläut* in ›Dein Freund, dein Jagdhund, ungebläut‹/*Tyrann* in ›Du nicht von Gott, Tyrann‹ usw.). Doppelungen tragen zur Gewichtung bestimmter Wörter bei: ›Mein, mein ist Fleiß und Brot!‹ oder ›Du Fürst *hast* nicht, bei Egg' und Pflug, *Hast* nicht den Erntetag durchschwitzt.‹ Bürger wählt derbe Wörter, scheut im Gedicht nicht vor Gewaltverben zurück (zer-

schlagen, zerrollen); verstößt gegen syntaktische Kongruenzen (z. B. verlangen die Verbformen in Vers 11, 12 und 15 den Plural); Verkürzungen unterstützen den harten Ton (z. B. ›du raubst‹); eine Emotionalisierung des Sprechens erzeugen die eingestreuten Interjektionen (z. B. ›Ha!‹), die Ausrufe und schließlich die rhetorischen Fragen, die selbst nochmals durch eine anaphorische Bildung unterstützt, die ersten drei Strophen prägen. Im wahrsten Sinne des Wortes wird mit diesen Fragen, die eigentlich verstärkte Ausrufe der Wut sind, der Tyrann hinterfragt. Die Fragen würden übersetzt lauten: Wer bist du eigentlich, dass du dir das und das mir gegenüber herausnimmst? Der Fürst wird angeklagt, den Bauern ohne jede Scheu zu zerstören. Das Wagenrad darf ihn zerrollen, wie einen Gegenstand; er darf wieder wie einen Gegenstand – sein Ross zerschlagen. Er fühlt sich wie das gehetzte Tier auf der Jagd, denn er muss als Treiber die Jagd begleiten. Ihm geht es schließlich schlechter als dem Hund. Nicht er, der Hund ist der Freund des Fürsten. In ihn, den Bauern, darf sich die Klaue des Hundes hauen, ohne dass der Hund dafür bestraft würde. Die Verhältnisse im Umgang mit Tier und Mensch sind verkehrt, und sie will der Bauer umkehren, wieder ins Lot bringen. Das ist die Aufgabe der letzten drei Strophen. Der Fürst stürzt besinnungslos durch Saat und Forst. Der Bauer aber schreit ihm entgegen, dass Saat das Brot hergebe, das der Fürst verschlinge (s. auch die Reihenfolge, in der Bürger aufzählt: ›Was Ross und Hund und du verschlingst‹). Den Willkürakten des Fürsten, der mit der Jagdlust nur seiner egoistischen, blinden Genusssucht und einem nicht weiter begründbaren Privileg frönt, wird der selbstbewusste Anspruch des Bauern auf den schwer erwirtschafteten Ertrag aus der eigenen Arbeit entgegengestellt. Saat und Brot gehören dem Bauern. Der Fürst braucht den Bauern, nicht der Bauer den Fürsten.

So bringt Bürger den gesellschaftlichen Konflikt in die extremste Spannung, die zwischen Fürst und Bauer. Er unterstreicht die Härte der Auseinandersetzung durch die Einbeziehung der konkreten Lebensrealität des Bauern, durch Verkürzung und Pointierung. Zwar richten sich die Angriffe nur gegen den Tyrannen, aber die Pointe des Gedichts ist doch die Infragestellung des Legitimationsanspruchs der Herrschenden, die auf das Gottesgnadentum verweisen, das der Bauer in der letzten Strophe raffiniert unterminiert. Selbstbewusst verspottet er die Behauptung, die Obrigkeit komme von Gott. Im Gegensatz zum Segen spendenden Gott steht der räuberische Tyrann; die geschichtlich überkommene Macht erscheint als ungesetzlich, wenn sie zu Willkürakten missbraucht wird. Darum dürfte es erlaubt sein, so die allerdings nicht explizit formulierte Konsequenz aus dem Gesagten, den Tyrannen zu stürzen bzw. ihn zu jagen.

Unterrichtsverlauf

Phase 1:
Auswertung der Hausaufgabe

Es könnte auf eine alte Hausarbeit, die am Ende der 5. Stunde als eine der möglichen Alternativen angeboten worden war, zurückgegriffen werden. Dort war von den Schülern eine Auseinandersetzung mit einem Hamann-Zitat in Hinsicht auf Kants Abhandlung ›Was ist Aufklärung?‹ verlangt worden. Einige Schülerarbeiten könnten nun (nochmals) zu Beginn der Stunde vorgelesen und daraufhin überprüft werden, ob die Schüler verstanden haben, dass Hamann auf eine Wundstelle der Kant'schen Abhandlung hinweist, indem er deutlich macht, dass Kant gemäß dem Prinzip ›Räsoniert, soviel ihr wollt, aber gehorcht‹ das Individuum in der Fronarbeit gegenüber dem Staat belässt und ihm allenfalls als ›Nachtisch‹ Freiheit und Vernunftgebrauch zubilligt. Da Kant den öffentlichen Gebrauch der Vernunft auf die ›unschädlichste‹ Freiheit, nämlich die Redefreiheit der Gelehrten vor der Welt der Leser, vorerst beschränkt, entzieht er – so lautet Hamanns Kritik – dem Volk das ›tägliche Brot‹ bzw. die substanzielle

Freiheit des Handelns in Selbstbestimmung. Kant setzt auf einen listigen Mechanismus der Vernunft, dass diejenigen, die zunächst nur die unschädlichste aller Freiheiten den Gelehrten zugestehen, zur Einsicht und damit zur Gewährung größerer Freiheiten gelangen werden. Hamann scheint sich von dieser Position einer ›Aufklärung von oben her‹ zu distanzieren, denn sie gewährt – wie es später Herbert Marcuse als ›repressive Toleranz‹ beschrieben hat – zwar selbst dem radikalsten Gegner das Rederecht, aber greift sofort ein, wenn dieses Reden in Handeln übergeht. An Feststellungen dieser Art könnte sich auch die eigene Stellungnahme der Schüler, die ebenfalls in der Hausaufgabe gefordert war, entwickeln.

Phase 2:
Lektüre des Erhard-Textes

Bevor der Textausschnitt aus Erhards Abhandlung (s. S. 120) behandelt wird, werden den Schülern vonseiten des Lehrers einige Informationen zur Person und zur auch heute noch weithin unbekannten Bewegung des Jakobinismus in Deutschland, zu der Erhard zu rechnen ist, gegeben. Erst danach sollte den Schülern der Text zugänglich gemacht und durch einen Schüler vorgelesen werden. Um allen Schülern die Möglichkeit zu geben, den Text intensiv zu lesen, wird danach eine Stillarbeitsphase eingeräumt, in der die nochmalige Lektüre des Textes unter der Fragestellung erfolgen soll, welche Textstellen herangezogen werden können, um die Nähe Erhards zu der von Kant in dessen Abhandlung ›Was ist Aufklärung?‹ geäußerten Position zu belegen. Erhard knüpft an Kants Definition der Aufklärung an, versteht sie als Mündigkeit und hält es – wie Kant vor ihm – für selbstverschuldet, wenn Mündigkeit in Unmündigkeit umschlägt.

Phase 3:
Erhards Radikalisierung der Kant'schen Position

Nach der Auswertung der Ergebnisse der Stillarbeit werden in einem weiteren Schritt die Differenzen zwischen Kants und Erhards Position in einem Unterrichtsgespräch herausgearbeitet. Erhard ist durchaus geneigt, den Weg der Reformen zu gehen, unterscheidet sich aber insofern von Kant, als er die Revolution als ein Recht des Volkes begreift, von dem dieses dann Gebrauch machen darf bzw. muss, wenn es daran gehindert wird, sich in die Rechte der Mündigkeit wieder einzusetzen. In Form eines Tafelbildes können dabei die Begriffe ›Revolution‹, ›Rebellion‹ und ›Insurrektion‹ voneinander abgehoben werden. Wichtig ist vor allem im Gespräch mit den Schülern, dass für Erhard die Moral als die höchste Instanz die Legitimationsbasis einer Revolution abgibt. Damit ist der bei Kant noch festzustellende Widerspruch zwischen öffentlichem und privatem Gebrauch der Vernunft aufgehoben. Kant lag – zumindest in seiner Abhandlung ›Beantwortung der Frage …‹ – an einer Vermittlung mit dem aufgeklärten Absolutismus, Erhard hingegen schwebt als Ziel die bürgerliche Verfassung einer Republik, in der die Unterschiede zwischen den Vornehmen und dem Volk eingeebnet sind, vor Augen. Zum andern hebt Erhard den für das 18. Jahrhundert so wichtigen Unterschied zwischen Moral und Politik zugunsten einer Vermittlung beider Bereiche wieder auf.

Phase 4:
Erhards Menschenrechte und die Grundrechte der Verfassung

Als Zusatztext werden den Schülern die im Grundgesetz formulierten Grundrechte ausgehändigt (s. S. 123 ff.). Die von Erhard vorgenommene Gleichstellung der Menschenrechte mit dem Recht auf Aufklärung verdeutlicht, verbunden mit dem Verweis auf die Grundrechte, wie prägend für die Moderne Positionen der Aufklärung wurden.

Phase 5:
Bürgers Gedicht »Der Bauer«

Zum Abschluss wird das Gedicht von Bürger mit den Schülern besprochen (s. S. 122). Der Text von Bürger könnte in ein Plakat umformuliert werden, sodass aus dem Gedicht eine Abfolge von imperativisch formulierten Forderungen entstünde. Die Schüler sollten in einem zweiten Schritt dann nachvollziehen, welche der beiden Textformen für sich die stärkste Wirkung in Anspruch nehmen kann. Für das Bürger-Gedicht sind zwei Fragen aufschlussreich:
1. In welchem Ton müsste der Text, will man ihn angemessen vortragen, laut vorgetragen werden?
2. Welche rhetorischen Elemente und welche Elemente des Gedichtaufbaus bestimmen den Vortragston?

---

1. Arbeitsblatt zur 18. Stunde   → CD-ROM / Datei: AB_18_1.doc

Johann Benjamin Erhard: Über das Recht des Volks zu einer Revolution

Unter einer Revolution des Volks ließe sich nichts anders denken, als dass sich das Volk durch Gewalt in die Rechte der Mündigkeit einzusetzen und das rechtliche Verhältnis zwischen sich und den Vornehmen aufzuheben suchte. Der Begriff, den wir von einer Revolution oben überhaupt gaben, war, dass sie eine Umwälzung der Grundverfassung eines Staats sei; wird nun durch den Beisatz des Urhebers einer Revolution dieselbe näher bestimmt, so muss die Änderung der Verfassung zugunsten der Revoltierenden unternommen werden, und eine Revolution des Volks kann also keinen andern Zweck haben, als die Grundverfassung zugunsten des Volks umzuändern. Man muss hier eine *Revolution des Volks* von einer *Revolution*, die nur *vermittelst des Volks* durchgesetzt wird, unterscheiden. Im letztern Falle

2 Darstellung der Einzelstunden

kann das Volk aus Unwissenheit oder durch Täuschung sogar zu seinem Nachteil revoltieren, aber man kann dann auch nicht sagen: das Volk fing eine Revolution an, sondern nur: das Volk ließ sich zu einer Revolution gebrauchen. Noch weniger darf eine Revolution des Volks, die als solche auf die Umänderung der konstitutionellen Rechte des Volks geht, mit einer Rebellion, wo nur den Gebietenden der Gehorsam verweigert wird, ohne deswegen eine Änderung der Regierung selbst zu bezwecken, oder mit einer Insurrektion, die nur die Abschaffung einzelner drückenden Rechte, Herkommen oder Anmaßungen der Regierung zum Zweck hat, verwechselt werden. Da bei einer Revolution überhaupt nicht nach dem äußern Recht entschieden werden kann, welches wider jede Revolution ist, aber die Moral als die höchste Instanz, vor der es sich selbst zu verantworten hat, anerkennen muss, so kann auch bei einer Revolution des Volks die Sache nicht rechtlich entschieden werden. Eine Revolution überhaupt wird aber dadurch moralisch gebilligt, wenn nur durch sie die Menschenrechte können geltend gemacht werden, und also auch eine Revolution des Volks. Das Menschenrecht aber, das dem Volke kollektive zukommt, ist kein anderes als das Recht zur Aufklärung; denn die andern sind persönlich und hängen ihrem Einfluß auf eine Revolution nach alle von der Aufklärung des Volks ab. Die Unmündigkeit eines Volks ist aber selbstverschuldet, und insoferne tut es nie recht, deswegen zu revoltieren, um sich dafür, daß es als unmündig behandelt worden, zu rächen; aber da es diese Verschuldung dadurch gutmachen soll, dass es seine Nachlässigkeit durch eigene Anstrengung wieder ersetzt, so kann es die Mittel fordern, die es bedarf, um sich mündig zu machen. Will man also das Volk hindern, sich aufzuklären, so tut es recht, sich zu erheben, und wenn diese Hindernisse aus der Konstitution entspringen, die Konstitution aufzuheben. Alle äußern Vorzüge der Vornehmen in Glücksgütern, die nicht durch das bloße Vornehmsein erworben sind, berechtigen nicht zu einer Revolution, denn sie entziehen als solche den Menschenrechten nichts, sondern nur diejenigen Vorzüge, die mit den Äußerungen der Menschenrechte im Widerspruch stehen. Wenn die Arbeiten des Volks so drückend sind, dass ihm gar keine Zeit gelassen wird, etwas Menschliches zu unternehmen, sondern alles vielmehr angelegt wird, es in der Stupidität eines Lasttiers zu erhalten, so hat es das Recht zu einer Revolution. Es wird sich aber dieses Rechts nicht leicht zu bedienen wissen, und die Vornehmen wären sicher, wenn der Mensch nur Gefühl für Recht und nicht auch für Religion hätte. Ein solches Volk lässt Gott auf dem Wege der Religion aus der Dienstbarkeit führen. –

Bei dem Volk ist eine Revolution allezeit politisch möglich, und alle Betrachtungen, inwieferne die politische Möglichkeit selbst zur Rechtmäßigkeit einer planmäßigen Revolution erfordert wird, fallen bei dem Volke weg. Das Volk kann allezeit eine Revolution durchsetzen, ohne deswegen allezeit recht zu haben. Es kann aber nicht leicht geschehen, dass das Volk revoltiere, ohne recht zu haben, denn es kann nicht als Volk revoltieren, ohne einstimmig zu sein, und diese Einstimmigkeit ist nur durch klare Einsicht in die Notwendigkeit der Revolution möglich, die nie ohne das Gefühl seiner Rechte bei dem Volke möglich ist. Sich über Grundsätze zu verständigen, ist eine Sache, die bisher den Philosophen nicht gelungen ist, und sich also gar nicht vom Volk erwarten lässt. Da aber doch zur Einstimmung erfordert wird, dass man von allgemeingeltenden Prinzipien ausgehet, so kann das Volk, wenn es einstimmig handelt, nur von der moralischen Natur des Menschen oder vom Gefühl für Recht ausgehen. Die Geschichte, soweit ich sie kenne, dürfte aber schwerlich noch ein Beispiel einer Revolution des Volks als selbsttätig, nicht als nur dazu gebraucht, aufzuweisen haben.

[...]

Johann Benjamin Erhard: Über das Recht des Volks zu einer Revolution und andere Schriften, Jena u. Leipzig 1795. In: Was ist Aufklärung? Thesen und Definitionen, hrsg. v. Ehrhard Bahr, Stuttgart 1974, S. 44–47.

Gottfried August Bürger: Der Bauer

An seinen durchlauchtigen Tyrannen

Wer bist du, Fürst, dass ohne Scheu
Zerrollen mich dein Wagenrad,
Zerschlagen darf dein Ross?

Wer bist du, Fürst, dass in mein Fleisch
Dein Freund, dein Jagdhund, ungebläut
Darf Klau' und Rachen haun?

Wer bist du, dass durch Saat und Forst
Das Hurra deiner Jagd mich treibt,
Entatmet, wie das Wild? –

Die Saat, so deine Jagd zertritt,
Was Ross und Hund und du verschlingst,
Das Brot, du Fürst, ist mein. –

Du Fürst hast nicht, bei Egg' und Pflug,
Hast nicht den Erntetag durchschwitzt.
Mein, mein ist Fleiß und Brot! –

Ha! du wärst Obrigkeit von Gott?
Gott spendet Segen aus; du raubst!
Du nicht von Gott, Tyrann!

In: Bürgers Gedichte in zwei Teilen. Erster Teil: Gedichte 1789, hrsg. von Ernst Cosentius, 2. Auflage, Berlin - Leipzig - Wien - Stuttgart: Bong, 1914.

Arbeitsaufträge:

* In welchem Ton müsste der Text, will man ihn angemessen vortragen, laut vorgetragen werden?
* Welche rhetorischen Elemente und welche Elemente des Gedichtaufbaus bestimmen den Vortragston?

Die Grundrechte (aus dem Grundgesetz der Bundesrepublik Deutschland)

Artikel 1
(1) Die Würde des Menschen ist unantastbar. Sie zu achten und zu schützen ist Verpflichtung aller staatlichen Gewalt.
(2) Das Deutsche Volk bekennt sich darum zu unverletzlichen und unveräußerlichen Menschenrechten als Grundlage jeder menschlichen Gemeinschaft, des Friedens und der Gerechtigkeit in der Welt.
(3) Die nachfolgenden Grundrechte binden Gesetzgebung, vollziehende Gewalt und Rechtsprechung als unmittelbar geltendes Recht.

Artikel 2
(1) Jeder hat das Recht auf die freie Entfaltung seiner Persönlichkeit, soweit er nicht die Rechte anderer verletzt und nicht gegen die verfassungsmäßige Ordnung oder das Sittengesetz verstößt.
(2) Jeder hat das Recht auf Leben und körperliche Unversehrtheit. Die Freiheit der Person ist unverletzlich. In diese Rechte darf nur auf Grund eines Gesetzes eingegriffen werden.

Artikel 3
(1) Alle Menschen sind vor dem Gesetz gleich.
(2) Männer und Frauen sind gleichberechtigt. Der Staat fördert die tatsächliche Durchsetzung der Gleichberechtigung von Frauen und Männern und wirkt auf die Beseitigung bestehender Nachteile hin.
(3) Niemand darf wegen seines Geschlechtes, seiner Abstammung, seiner Rasse, seiner Sprache, seiner Heimat und Herkunft, seines Glaubens, seiner religiösen oder politischen Anschauungen benachteiligt oder bevorzugt werden. Niemand darf wegen seiner Behinderung benachteiligt werden.

Artikel 4
(1) Die Freiheit des Glaubens, des Gewissens und die Freiheit des religiösen und weltanschaulichen Bekenntnisses sind unverletzlich.
(2) Die ungestörte Religionsausübung wird gewährleistet.
(3) Niemand darf gegen sein Gewissen zum Kriegsdienst mit der Waffe gezwungen werden. Das Nähere regelt ein Bundesgesetz.

Artikel 5
(1) Jeder hat das Recht, seine Meinung in Wort, Schrift und Bild frei zu äußern und zu verbreiten und sich aus allgemein zugänglichen Quellen ungehindert zu unterrichten. Die Pressefreiheit und die Freiheit der Berichterstattung durch Rundfunk und Film werden gewährleistet. Eine Zensur findet nicht statt.
(2) Diese Rechte finden ihre Schranken in den Vorschriften der allgemeinen Gesetze, den gesetzlichen Bestimmungen zum Schutze der Jugend und in dem Recht der persönlichen Ehre.
(3) Kunst und Wissenschaft, Forschung und Lehre sind frei. Die Freiheit der Lehre entbindet nicht von der Treue zur Verfassung.

Artikel 6

(1) Ehe und Familie stehen unter dem besonderen Schutze der staatlichen Ordnung.

(2) Pflege und Erziehung der Kinder sind das natürliche Recht der Eltern und die zuvörderst ihnen obliegende Pflicht. Über ihre Betätigung wacht die staatliche Gemeinschaft. [...]

Artikel 7

(1) Das gesamte Schulwesen steht unter der Aufsicht des Staates.

(2) Die Erziehungsberechtigten haben das Recht, über die Teilnahme des Kindes am Religionsunterricht zu bestimmen.

(3) Der Religionsunterricht ist in den öffentlichen Schulen mit Ausnahme der bekenntnisfreien Schulen ordentliches Lehrfach. Unbeschadet des staatlichen Aufsichtsrechtes wird der Religionsunterricht in Übereinstimmung mit den Grundsätzen der Religionsgemeinschaften erteilt. Kein Lehrer darf gegen seinen Willen verpflichtet werden, Religionsunterricht zu erteilen. [...]

Artikel 8

(1) Alle Deutschen haben das Recht, sich ohne Anmeldung oder Erlaubnis friedlich und ohne Waffen zu versammeln. [...]

Artikel 9

(1) Alle Deutschen haben das Recht, Vereine und Gesellschaften zu bilden. [...]

Artikel 10

(1) Das Briefgeheimnis sowie das Post- und Fernmeldegeheimnis sind unverletzlich.

(2) Beschränkungen dürfen nur auf Grund eines Gesetzes angeordnet werden. [...]

Artikel 11

(1) Alle Deutschen genießen Freizügigkeit im ganzen Bundesgebiet. [...]

Artikel 12

(1) Alle Deutschen haben das Recht, Beruf, Arbeitsplatz und Ausbildungsstätte frei zu wählen. [...]

Artikel 13

(1) Die Wohnung ist unverletzlich. [...]

Artikel 14

(1) Das Eigentum und das Erbrecht werden gewährleistet. Inhalt und Schranken werden durch die Gesetze bestimmt.

(2) Eigentum verpflichtet. Sein Gebrauch soll zugleich dem Wohle der Allgemeinheit dienen.

(3) Eine Enteignung ist nur zum Wohle der Allgemeinheit zulässig. Sie darf nur durch Gesetz oder auf Grund eines Gesetzes erfolgen, das Art und Ausmaß der Entschädigung regelt. Die Entschädigung ist unter gerechter Abwägung der Interessen der Allgemeinheit und der Beteiligten zu bestimmen. Wegen der Höhe der Entschädigung steht im Streitfalle der Rechtsweg vor den ordentlichen Gerichten offen.

Artikel 15
Grund und Boden, Naturschätze und Produktionsmittel können zum Zwecke der Vergesellschaftung durch ein Gesetz, das Art und Ausmaß der Entschädigung regelt, in Gemeineigentum oder in andere Formen der Gemeinwirtschaft überführt werden.

Artikel 16
(1) Die deutsche Staatsangehörigkeit darf nicht entzogen werden. Der Verlust der Staatsangehörigkeit darf nur auf Grund eines Gesetzes und gegen den Willen des Betroffenen nur dann eintreten, wenn der Betroffene dadurch nicht staatenlos wird.
(2) Kein Deutscher darf an das Ausland ausgeliefert werden. Durch Gesetz kann eine abweichende Regelung für Auslieferungen an einen Mitgliedstaat der Europäischen Union oder an einen internationalen Gerichtshof getroffen werden, soweit rechtsstaatliche Grundsätze gewahrt sind.

Artikel 16a
(1) Politisch Verfolgte genießen Asylrecht. [...]

Artikel 17
Jedermann hat das Recht, sich einzeln oder in Gemeinschaft mit anderen schriftlich mit Bitten oder Beschwerden an die zuständigen Stellen und an die Volksvertretung zu wenden. [...]

Artikel 19
(1) Soweit nach diesem Grundgesetz ein Grundrecht durch Gesetz oder auf Grund eines Gesetzes eingeschränkt werden kann, muss das Gesetz allgemein und nicht nur für den Einzelfall gelten. Außerdem muss das Gesetz das Grundrecht unter Angabe des Artikels nennen.
(2) In keinem Falle darf ein Grundrecht in seinem Wesensgehalt angetastet werden. [...]

19. Stunde:
Sturm und Drang als radikalisierte literarische Aufklärung – Goethes »Prometheus«

Sachinformation

Die sich selbst behauptende, auf ihrer Selbstständigkeit beharrende Position des Prometheus findet sich bereits in Goethes ›Baukunst‹-Aufsatz vorgezeichnet: »Diese charakteristische Kunst« – so heißt es dort – »ist nun die Einzige wahre. Wenn sie aus inniger, einiger, eigner, selbständiger Empfindung um sich wirkt, unbekümmert, ja unwissend alles Fremden, da mag sie aus rauer Wirklichkeit oder aus gebildeter Empfindsamkeit geboren werden, sie ist ganz und lebendig.« Später ist dann von dem »gottgleichen Genius« die Rede, und die Abhandlung schließt bekanntlich mit dem Ausruf: »Nimm ihn [den Knaben] auf, himmlische Schönheit, du Mittlerin zwischen Göttern und Menschen, und mehr als Prometheus leit' er die Seligkeit der Götter auf die Erde.« Solcher Kontext verrät: Goethes ›Prometheus‹ ist also primär ein Künstlergedicht. Die Prometheus-Gestalt ist für Goethe Projektionsfigur seiner Künstlerexistenz, auch wenn die Rezeption der Hymne sie zunächst in andere Kontexte stellte, sodass sie zum »Zündkraut einer Explosion« diente, wie Goethe im Rückblick in ›Dichtung und Wahrheit‹ formulierte (3. Teil, 15. Buch); denn Lessing, dem die Hymne von Jacobi gezeigt worden war, deutete sie spinozistisch. So einmal in seiner Bedeutung festgelegt, interpretierte man das Gedicht als »eine Absage an die traditionelle Frömmigkeit und die Vorstellung eines transzendenten Gottes«. (J. Schmidt, Die Geschichte des Genie-Gedankens in der deutschen Literatur, Philosophie und Politik 1750–1945 Bd. 1, Darmstadt 1985, S. 263.) Die darin artikulierte Autonomie-Konzeption

»signalisiert die Loslösung von überkommenen Autoritäten. Es gilt die Emanzipation aus nicht mehr plausiblen Abhängigkeiten von poetischen Regeln und literarischen Vorbildern wie von ständischen Grenzen und religiösen Fixierungen. Diese Loslösung, die als Lossagung vom gültigen Gottesbild in Goethes ›Prometheus‹-Ode ihre größte Sprengkraft erreicht, konnte als kritisch-negativer Vorgang nicht stattfinden, ohne dass man sich auf eine neue, plausiblere Autorität berief. Dem neuen Selbstbewusstsein entsprechend wurde sie dem auf seine eigene Produktivkraft vertrauenden Genie zugesprochen«. (ebd., S. 264)

Goethes Vergewisserung in der mythologischen Gestalt und ihrer Schöpferkraft gibt ihm neue Sicherheit. In ›Dichtung und Wahrheit‹ bekennt er:

»Ich hatte jung genug gar oft erfahren, dass in den hülfsbedürftigsten Momenten uns zugerufen wird: Arzt, hilf dir selber! […] Indem ich mich also nach Bestätigung der Selbstständigkeit umsah, fand ich als die sicherste Basis derselben mein produktives Talent. […] Wie ich nun über diese Naturgabe nachdachte und fand, dass sie mir ganz eigen angehörte, und durch nichts Fremdes weder begünstigt noch gehindert werden könne, so mochte ich gern hierauf mein ganzes Dasein in Gedanken gründen. Diese Vorstellung verwandelte sich in ein Bild, die alte mythologische Figur des Prometheus fiel mir auf, der, abgesondert von den Göttern, von seiner Werkstätte aus eine Welt bevölkerte.«

Bereits vor Goethe war dem Engländer Shaftesbury Prometheus zur Leitfigur des Künstlers geworden:

»Denn ein solcher Dichter ist in der That ein andrer Schöpfer, ein wahrer Prometheus unter Jupiter: Gleich jenem obersten Künstler oder der allgemeinen bildenden Natur, formet er ein Ganzes, wohl zusammenhangend, und in sich selbst wohl abgemessen, mit richtiger Anordnung und Zusammenfügung seiner Theile.«

Wie Gott die Welt als ein Ganzes schafft, schafft auch der Künstler als Teil der schaffenden Natur ein Ganzes in seinem Kunstwerk.

Prometheus, das im Sprechen gegen die Götter zu sich selbst kommende Individuum, das sich im Sprechen seiner Einzigartigkeit vergewissernde Ich. Mit dieser Prometheus-Deutung und den Vorstellungen, die sich um diese Gestalt aus der griechischen Mythologie geschart hatten, ließ sich auch der gesellschaftliche Auftrag des Künstlers formulieren. Obwohl als Individuum nur sich selbst und der Natur verantwortlich, leistet dieser Einzelne Aufklärung im Sinne der Loslösung von Autoritäten vorbildlich für die Gesellschaft, so wie Prometheus, der aus dem Geschlecht der Titanen stammt, den Menschen das Feuer, Sinnbild der Aufklärung, brachte.

Was Goethe verschweigt, ist der zweite Teil der Prometheus-Sage, dass nämlich Prometheus dafür zur Strafe an den Felsen geschmiedet wurde, ihm ein Adler die immer wieder nachwachsende Leber entriss, bis dass ihn Herkules von dieser Qual befreite. Goethe hebt ab auf die zwischen Gott und den Menschen vermittelnde Figur, nicht auf den gefesselten Prometheus.

Johann Wolfgang Goethe: Prometheus (1774)

Bedecke deinen Himmel, Zeus,
Mit Wolkendunst!
Und übe, Knaben gleich,
Der Disteln köpft,
An Eichen dich und Bergeshöhn!
Musst mir meine Erde
Doch lassen stehn,
Und meine Hütte,
Die du nicht gebaut,
Und meinen Herd,
Um dessen Glut
Du mich beneidest.

Ich kenne nichts Ärmer's
Unter der Sonn' als euch Götter.
Ihr nähret kümmerlich
Von Opfersteuern
Und Gebetshauch
Eure Majestät
Und darbtet, wären
Nicht Kinder und Bettler
Hoffnungsvolle Toren.

Da ich ein Kind war,
Nicht wusst', wo aus, wo ein,
Kehrte mein verirrtes Aug'
Zur Sonne, als wenn drüber wär'
Ein Ohr, zu hören meine Klage,
Ein Herz wie meins,
Sich des Bedrängten zu erbarmen.

Wer half mir wider
Der Titanen Übermut?
Wer rettete vom Tode mich,
Von Sklaverei?
Hast du's nicht alles selbst vollendet,
Heilig glühend Herz?
Und glühtest, jung und gut,
Betrogen, Rettungsdank
Dem Schlafenden dadroben?

Ich dich ehren? Wofür?
Hast du die Schmerzen gelindert
Je des Beladenen?
Hast du die Tränen gestillet
Je des Geängsteten?
Hat nicht mich zum Manne geschmiedet
Die allmächtige Zeit
Und das ewige Schicksal,
Meine Herrn und deine?

Wähntest du etwa,
Ich sollte das Leben hassen,
In Wüsten fliehn,
Weil nicht alle Knabenmorgen-
Blütenträume reiften?

Hier sitz' ich, forme Menschen
Nach meinem Bilde,
Ein Geschlecht, das mir gleich sei,
Zu leiden, weinen,
Genießen und zu freuen sich,
Und dein nicht zu achten,
Wie ich.

In: Goethe: Werke, Bd. I, Hamburger Ausgabe, Hamburg [8]*1966, S. 44 ff.*

Bertholet Flémalle (1614–1675)
Prometheus belebt seine Tonstatue
durch das Feuer.
© Artothek, Weilheim

→ *CD-ROM / Datei: Bild_4.pdf*

Prometheus entstammt dem Titanengeschlecht und ist der Sohn des Titanen Iapetos und der Klymene, einer Tochter des Meergottes Okeanos. Er ist ein Wohltäter der Menschen und Kulturbringer. Als Vertreter der Menschen versucht er, in Verhandlungen über die den Göttern darzubringenden Opfer Zeus zu betrügen. Der Gott entzieht zur Strafe der Menschheit das Feuer. Als Prometheus dieses entwendet, um es wieder zur Erde zu bringen, sendet Zeus Pandora zu den Menschen. Den Frevler selbst lässt er an einen Felsen schmieden, wo ihm ein Adler täglich die Leber zerfleischt, die sich jeweils nachts erneuert, bis Herakles den Leidenden erlöst. Zur Mythe gehört auch, dass Prometheus Gestalten aus Ton formt, die durch den Hauch der Minerva zu lebendigen Menschen werden.

Unterrichtsverlauf

Phase 1:
Hymnenform

Zunächst sollte Goethes Gedicht mehrmals von Schülern vorgelesen werden. Die Besprechung beginnt mit der Frage, welchen Ton ein geschulter Rezitator bei einem angemessenen Vortrag wählen muss. Die Schülerantworten werden sich im Umkreis solcher Bezeichnungen wie ›aggressiv‹, ›zornig‹, ›kraftvoll‹, ›stellenweise hämisch‹, ›selbstbewusst‹, ›ironisch‹, ›spöttisch‹ usw. bewegen. Daran kann die Frage angeschlossen werden, welche Bauelemente des Textes eine solche Vortragsart forderten. Der kraftvoll leidenschaftliche Ton leitet sich zu einem Gutteil aus der hymnischen Form ab. Um diese Form frei rhythmischer Odendichtung genauer zu bestimmen, sollten die Schüler eine Liste jener Merkmale erstellen, die sie bei Lyrik erwarten, die hier aber nicht verwirklicht sind: Reim, festes Metrum, gleich lange Strophen usw. Um die Wirkung dieser Abweichungen von der gewohnten lyrischen Form noch genauer bestimmen zu können, kann in einem weiteren Schritt eine Übertragung der ersten Strophe in Prosa angelegt werden, aufgrund derer dann die spezifische Leistung der Kurzzeile, des Enjambements, der gezielten Betonung fast jeden Wortes usw. erarbeitet werden (s. z. B.

die Betonung des ›mein‹, ›mir‹, ›mich‹ in der ersten Strophe). Spöttisch wirken die Ausrufe und die rhetorischen Fragen. Erst nach diesen Arbeitsschritten sollten die Schüler erfahren (falls es den Schülern aus anderen Zusammenhängen noch nicht bekannt ist), dass Goethe mit diesem Gedicht auf die Tradition der Hymnendichtung rekurriert, die allerdings bislang nur zum feierlich religiösen Lob und Preis diente. Nur mit dieser Information ist zu ermessen, wie sehr Goethe einen zusätzlichen blasphemischen Effekt erzielt, indem er eine bislang als Preisgedicht auf Gott oder ähnlich erhabene Gegenstände genutzte lyrische Form zwar in der Form zitiert, inhaltlich aber mit dem genauen Gegenteil besetzt, denn das ›Prometheus‹-Gedicht ist Antigebet, verweigert die preisende und bittende Haltung und setzt an deren Stelle Auflehnung und Spott.

Phase 2:
Die Autonomie des Prometheus

Die Schüler sollen nun den Informationstext über Prometheus mit dem Gedicht vergleichen und bestimmen, welche Elemente des Mythos von Goethe verwandt wurden (gestohlenes Feuer, Herkunft aus dem Geschlecht der Titanen, Menschenformer), welche er ausklammerte und warum er auf sie verzichtete. So enthält das Gedicht bezeichnenderweise keinen Hinweis auf den leidenden, von Zeus bestraften Prometheus, denn nur so konnte Goethe den Eindruck eines ganz selbstbewussten, aktiven Prometheus wahren.

Diese Autonomie des Prometheus gilt es in einem weiteren Arbeitsschritt durch eine Analyse des von Prometheus im Gedicht behaupteten Verhältnisses zu den Göttern zu bestimmen. Danach steckt Prometheus deutlich seinen Bereich gegen den der Götter ab (›meine Hütte‹, ›meinen Herd‹), er verspottet die Götter als armselige und kümmerliche, machtlose Gestalten, die nur existieren in der hoffnungsvollen Torheit der Kinder und Bettler (s. Ende der zweiten Strophe). Die Götter sind in den Augen des Prometheus unfähig zu helfen, er beruft sich auf sein ›heilig glühend Herz‹, das alles ›selbst vollendet‹ habe (s. 4. Strophe).

Phase 3:
Religions- und Absolutismuskritik

In dieser Phase kann mit den Schülern erörtert werden, warum Goethe seinerzeit zögerte, dieses Gedicht zu veröffentlichen. Dabei wird zunächst darauf hinzuweisen sein, dass Prometheus eine Leitfigur der Aufklärung war, denn wie Prometheus das den Menschen vorenthaltene Feuer bringt, versucht auch die Aufklärung Licht in die ›Finsternis‹ des Verstandes zu bringen. Prometheus lehnt sich sodann gegen Autorität, eine petrifizierte Ordnung und eine Tradition auf, die seinen kritischen Fragen nicht mehr standhält. Es dürfte für die Schüler einsichtig sein, dass der zeitgenössische Leser leicht Zeus und die Götter mit dem Christengott und dem Landesvater gleichsetzen konnte, sodass das Gedicht als Religions- oder Absolutismuskritik einer gegen die ›Väter‹-Generation (Gottvater, Landesvater, leiblicher Vater) aufbegehrenden jungen Generation verstanden werden konnte.

Phase 4:
›Prometheus‹ als Künstlergedicht

Wir wollen es jedoch nicht bei dieser ›Leseweise‹ des Gedichtes belassen, sondern ihm noch jene hinzufügen, die uns den Text als Zeugnis einer künstlerischen Selbstvergewisserung und Selbstverständigung lesen lässt, um diesen Text als produktionsästhetische Reflexion dem wirkungspoetologisch ansetzenden Text Schillers entgegenzuhalten. Den Schülern wird darum ein Auszug aus Goethes ›Dichtung und Wahrheit‹ und aus Shaftesburys ›Characteristics of Man, Manners, Opiniones, Times‹ (s. S. 130) vorgelegt. Mithilfe dieser Textauszüge werden die Schüler erkennen, dass sich die letzte Strophe als poetologisches Programm lesen lässt – Prometheus als Künstler, der wie der geniale Künstler des Sturm und Drang seine eigene Welt schafft.

Johann Wolfgang von Goethe: Dichtung und Wahrheit (Auszug)

Ich hatte jung genug gar oft erfahren, dass in den hülfsbedürftigsten Momenten uns zugerufen wird: Arzt, hilf dir selber! und wie oft hatte ich nicht schmerzlich ausseufzen müssen:
Ich trete die Kelter allein. Indem ich mich also nach Bestätigung der Selbstständigkeit umsah,
fand ich als die sicherste Base derselben mein produktives Talent. Es verließ mich seit einigen
Jahren keinen Augenblick [...] Wie ich nun über diese Naturgabe nachdachte und fand, dass
sie mir ganz eigen angehörte, und durch nichts Fremdes weder begünstigt noch gehindert
werden könne, so mochte ich gern hierauf mein ganzes Dasein in Gedanken gründen. Diese
Vorstellung verwandelte sich in ein Bild, die alte mythologische Figur des Prometheus fiel mir
auf, der, abgesondert von den Göttern, von seiner Werkstätte aus eine Welt bevölkerte [...]
In: Goethe: Werke, Hamburger Ausgabe, Bd. 10, Hamburg: Christian Wegner Verlag ⁴1966, S. 47f.

Anthony Ashley Cooper, Earl of Shaftesbury: (Der Künstler als Prometheus)

Ich muss gestehen, [...] dass schwerlich eine abgeschmaktere Gattung Menschen irgend wo
zu finden ist, als die, denen man in den neuern Zeiten, wegen einiger Fertigkeit woltönend
zusprechen, wegen eines unüberlegten abgeschmakten Witzes, und einiger Einbildungskraft
den Namen der Dichter gegeben hat. Der Mann, der den Namen eines Dichters wahrhaftig
und in dem eigentlichen Sinn verdienet, der, als ein wahrer Künstler oder Baumeister in dieser Art, so wol Menschen als Sitten schildern, der einer Handlung ihre gehörige Form und
ihre Verhältnisse geben kann, ist, wo ich nicht irre, ein ganz anders Geschöpf. Denn ein solcher Dichter ist in der That ein andrer Schöpfer, ein wahrer Prometheus unter Jupiter. Gleich
jenem obersten Künstler oder der allgemeinen bildenden Natur, formet er ein Ganzes, wol
zusammenhängend, und in sich selbst wol abgemessen, mit richtiger Anordnung und Zusammenfügung seiner Theile. Er bezeichnet das Gebieth jeder Leidenschaft, und kennet genau
jeder derselben Ton und Maaß, wodurch er sie mit Richtigkeit schildert; er zeichnet das Erhabene der Empfindungen und der Handlung und unterscheidet das Schöne von dem Hässli-
chen, das Liebenswürdige von dem Verächtlichen.
In: Johann Georg Sulzer: Allgemeine Theorie der schönen Künste, Leipzig 1792, S. 613.

20./21. Stunde:
Kritik an der Aufklärung

Sachinformation

So alt wie die Aufklärung ist auch die Kritik an der Aufklärung. Deshalb soll die hier
vorgestellte Unterrichtsreihe zur Aufklärung
mit diesem Aspekt schließen, wobei uns jedoch daran liegt, mit der Konzeption dieses Schlusses nicht alles Vorweggegangene
zu annullieren, sondern mit einem letzten Überblick über Gegenpositionen soll
das Verständnis für die Aufklärung diffe-
renziert werden, denn die Aufklärung, die
zu differenzieren weiß, weiß auch um ihre
Grenzen. Von Anfang an verband sich die
Aufklärung mit ihrer eigenen Kritik, wusste die Aufklärung von der ihr innewohnenden Dialektik. Um von dieser Kritik an der
Aufklärung eine Kritik abzugrenzen, deren
Motiv ist, aufklärerische Positionen aus einem Gefühl der inneren Verunsicherung zu
diffamieren, stellen wir an den Anfang der

Textmaterialien einen kurzen Auszug aus einem Universallexikon (›Herders Konversationslexikon‹, s. S. 134). Die Bezugnahme auf das Grundgesetz im Zusammenhang mit dem Erhard-Text (s. S. 120ff.) hat zeigen können, wie gegenwartsbestimmend heute noch aufklärerische Positionen sind. Mit dem sehr kurzen Lexikon-Artikel aus Herders ›Konversations-Lexikon‹ zum Begriff ›Aufklärung‹ kann angedeutet werden, wie lange sich Vorurteile, ja auch Berührungsängste in Bezug auf die Bewegung der Aufklärung haben halten können. Der Artikel stammt aus der dritten Auflage des Universallexikons, die 1902 mit ihrem ersten Band erschien. Er lässt jede Objektivität und Neutralität, die man eigentlich von einem Lexikonartikel erwarten würde, vermissen – ein Phänomen, das eigentlich nur dadurch erklärbar ist, dass es sich hier um ein eindeutig katholisches Verlagshaus handelt, das dieses Lexikon herausgab.

Der Wert einer Behandlung dieses Artikels geht jedoch darüber hinaus, Schülern zu zeigen, wie sich antiaufklärerisches Denken hielt, sogar an Stellen, an denen man es gar nicht vermuten würde. Gleichzeitig bietet der Artikel auch die Möglichkeit, durch die Nennung von Namen, philosophischen Schulen usw. einen ersten Blick auf die zu behandelnde Epoche zu tun. Schließlich bietet der Artikel in seiner Einseitigkeit auch die Möglichkeit, gleichsam *ex negativo* zu zeigen, dass sich aufklärerisches Denken zunächst vor allem auf dem Felde der Theologie und Religion entwickelte – ein wichtiger strategischer Zug der Aufklärer, denn unter dem Deckmantel der religiösen Problematik konnte oft auch ein Stück politischer Thematik abgehandelt werden.

Die Auseinandersetzung mit der Religion verweist auf andere innerhalb der Unterrichtsreihe herangezogene Texte: Kant hob darauf bei seinen Beispielen ab; Erhard weist der Religion eine wichtige Stellung zu, da sie Kritik ermöglicht, der sich auch die Herrschenden unterziehen müssen. Er schreibt: »Die Vornehmen wären sicher, wenn der Mensch nur Gefühl für Recht und nicht auch für Religion hätte. Ein solches Volk lässt Gott auf dem Wege der Revolution aus der Dienstbarkeit.« Der Lexikonartikel verkürzt nun die Aufklärung auf eine rationalistisch-ungläubige Richtung.

Wie sehr die Kritik an der Aufklärung aber schon der Aufklärung selbst eigentümlich war, ja eigentlich zum ›Geschäft‹ der Aufklärung selbst gehörte, kann man der kleinen Fabel, dem ›Fabelchen‹, von Z. ablesen (s. S. 135): Der Affe, stolz darauf, Licht in die Dunkelheit gebracht zu haben, hat doch mit dem Feuer, das er gelegt hat, seine eigene Lebenswelt vernichtet. Aufklärung, so lässt sich dem Fabelchen entnehmen, muss immer ihre eigenen Grundlagen bedenken und mit ins Kalkül einbeziehen. Sie darf sich nicht selbst den Boden unter den Füßen wegziehen. Pfeffel, von dem wir einen weiteren aufklärungskritischen Text heranziehen, bedenkt die Grenzen der Aufklärung insofern in seiner Fabel ›Die Aufklärung‹, dass er den aufklärerischen Fortschritt immer an den praktischen Fortschritt geknüpft sehen möchte. Nur die theoretische Wahrheit zu finden reicht nicht, Theorie und Praxis sind gleichwertig. In dieser 1783 veröffentlichten Fabel lässt Pfeffel einen Löwen durch Europa wandern. Er tritt damit eine der damals für den Adel noch üblichen Bildungstouren an. Auf seiner Wanderschaft trifft der Löwe auf Wissenschaften und Künste, die er, sobald er wieder heimatlichen Boden betreten hat und zum Nachfolger seines Vaters vom Volk inthronisiert worden ist, auch in seinem Land einführen will, was ihm auch gelingt. Er will damit seiner Nation Ehre machen, denn er meint, durch die Einführung und Unterstützung von Wissenschaft und Künsten sein Land zu zivilisieren, wie es schon Zar Peter der Große in Russland tat, nachdem er sich auf seiner Reise von der kulturellen Leistung anderer europäischer Länder beeindrucken ließ. Der Senat des Löwen freut sich über den Entschluss, sind doch, wie der Erzähler ironisch anmerkt, solche Herren, die dem Licht das Tor versperren wollen, noch nicht Mitglieder des geheimen Rats, also des Beratungsorgans des Königs. Der König versammelt die Kandidaten aller Stufen: ein Bär wird zum Doktor seiner Kunst ernannt, die Nachtigall erhält die Schule der Musik und Poesie; der Affe wird mit der Philosophie beauftragt. Der Erfolg stellt sich schnell ein: Allerorten ist es ›helle‹, Vorurteil und Wahn verschwinden. Nur, so muss der Löwe feststellen, so sehr er auch für die Aufklärung in seinem Land Sorge getragen hat, das Volk ist nicht ›um ein Härchen besser‹ geworden. Fuchs und Wolf bleiben, was sie gewesen sind. So muss der König einsehen, was er falsch gemacht hat: Aufklärung verfehlt ihren Sinn, wenn nur die Köpfe aufgeklärt sind, aber die Laster sich nicht geändert haben. D. h. die Aufklärung verfehlt ihr Ziel, wenn es eine rein theoretisch bleibende Aufklärung der Köpfe ist; auch die Praxis muss aufgeklärt werden; das Laster muss als Laster verschwinden. Aufklärung ohne moralische Aufklärung ist sogar gefährlich, denn nun kann der Wolf mit schlauen, scharfen Schlüssen sein Handeln, das Reißen des Schafes, legitimieren. Es kommt nicht auf Gelehrsamkeit an, sondern es kommt auf den guten Bürger als Produkt der Aufklärung an.

Für die Bewertung der Aufklärung aus der Gegenwart des 20. Jahrhunderts heraus mögen zwei Texte Anschauungsmaterial liefern: die Texte von Grass und Kunert (s. S. 137 ff.). Keiner von ihnen ist Feind der Aufklärung, beide feinden nur Fehlformen aufklärerischen Denkens an.

Grass spielt mit der Doppeldeutigkeit der Unterschrift zu Goyas ›Der Traum der Vernunft erzeugt Ungeheuer‹, indem er zum einen liest: ›Der Schlaf der Vernunft erzeugt Ungeheuer‹, zum andern – und hier setzt seine ›Aufklärungskritik‹ an – fragt er sich, ob denn die Vernunft nicht schlafen dürfe, denn dann hätten Träume keinen Platz. Eine immerwache Vernunft ist schrecklich und »tagheller Ungeheuerlichkeiten fähig«, die Vernunft, sprich die Aufklärung, muss auch den Traum als das noch Unvernünftige

zulassen, als die Utopie, jenes wichtige unverzichtbare Komplement zur ›vernünftigen Wirklichkeit‹. Eine schlaflose Vernunft gibt »kaltes Licht und macht frösteln; dabei wären Träume vonnöten, Nachtflüge der Einbildungskraft und Märchen, aus deren Getier […] gleichwohl Vernunft spräche.« Man hört heraus, Grass legitimiert damit die Poesie und die Kunst überhaupt als den anderen, unverzichtbaren Bestandteil der ›Aufklärung‹, den Bereich der konkreten Utopie (Bloch).

Auch für Kunert ist die Aufklärung nicht eigentlich gescheitert, sondern nur falsch verstanden, wenn sie lediglich als der Zerstörer und Auslöscher der Glaubensbilder gesehen wird, die nicht mehr vermag, ahnungsvolle Deutungen, Visionen und Träume zu setzen, um so dem metaphysischen, dem Menschen eigentümlichen Bedürfnis nach Transzendenz entgegenzukommen, weil der Mensch eines solchen Zieles bedarf und nicht in Sinnlosigkeit und Langeweile, die eine falsch verstandene Aufklärung hinter sich gelassen hat, verkommen soll.

Wenn noch genügend Zeit sein sollte, könnte man, um die Unterrichtsreihe zu runden, nochmals einen Rückgriff auf Lessings ›Nathan‹ tun, indem man durch die Rezensionen und die heutige Aufführungspraxis des ›dramatischen Gedichts‹ erkennen lässt, wie vorsichtig und skeptisch die letzten Jahrzehnte mit dem aufklärerischen Fortschritt umgegangen sind. Der ›Nathan‹ wird problematisch, Skepsis schleicht sich gegenüber diesem Drama ein, wenn es als ungebrochene Utopie verstanden wird, das seine Fragilität verschweigt. Goerdens ›Lessings Traum von Nathan dem Weisen‹ spart deshalb bewusst die Ringparabel aus, im Zentrum steht nun der Satz: ›Tut nichts! Der Jude wird verbrannt‹. Anhand einer Theaterprobe zum ›Nathan‹ wird über die Geschichte der Deutschen und das Verhältnis der Juden zu den Deutschen verhandelt. Der Spielleiter Lessing träumt nur noch sein Theaterstück (s. Editionenband, S. 154–157). In ›Nathans Tod‹ (ebd., S. 196–

200) stellt Tabori mit Textstücken aus ›Nathan‹, Lessings Briefen und der ›Erziehung des Menschengeschlechts‹ sowie mit Hilfe eigener Textpassagen eine Art Anti-Nathan zusammen. Der ›Nathan‹ wird heute als ›Anti-Nathan‹ wieder spielbar, aufgeraut durch die immer wach gehaltene Kontrastfolie des ›Nathan‹.

Unterrichtsverlauf

Phase 1:
Textsorte: Lexikonartikel

Den Schülern ist zunächst unvermittelt die Frage zu stellen, welche Anforderungen Lexikonartikel ihrer Meinung nach erfüllen müssen. Als Antwort ist die Nennung folgender Kriterien denkbar: Der Artikel muss knapp sein, dennoch die wichtigsten Informationen enthalten. Die Informationen müssen mit dem neuesten Stand der Wissenschaft auf dem entsprechenden Gebiet übereinstimmen, möglichst allgemein verständlich formuliert und ohne explizites Vorwissen verstehbar sein. Die im Artikel verwandten Begriffe müssen so eingeführt werden, dass sie nicht erst durch weiteres Nachschlagen innerhalb des Lexikons verstehbar sind. Die Erläuterungen innerhalb des Artikels dürfen nicht standpunktbezogen und einseitig gegeben werden, sondern müssen das Kriterium der Objektivität erfüllen.

Phase 2:
Analyse eines Lexikonartikels zur Aufklärung

Nach dieser ersten Abklärung wäre den Schülern nunmehr unkommentiert der Ausschnitt aus dem Herder-Lexikon zur Lektüre vorzulegen (s. S. 134). Es ist damit zu rechnen, dass die Schüler spontan den Artikel als tendenziös abgefasst qualifizieren. In Stillarbeit kann nunmehr der Artikel unter zweierlei Hinsicht genau analysiert werden: Zum einen wäre zu fragen, welche Informationen zur Aufklärung der Text enthält, die noch nicht Gegenstand der vorausgegangenen Unterrichtsstunden waren. Zum anderen müssten die Schüler den Text auf jene Schreibstrategie hin analysieren, die eine Diffamierung der Aufklärung aus dem Text heraushören lässt (z. B. Verwendung von Anführungszeichen usw.). Der antiaufklärerische Ton, mit dem der Artikel verfasst ist, erklärt sich daraus, dass der Verfasser des Textes offensichtlich vom Standpunkt der christlichen Offenbarungsreligion her schreibt, die er mit ihren Glaubensinhalten nicht bereit ist, in Frage zu stellen. Ist das Tendenziöse des Artikels von den Schülern bemerkt und belegt worden, kann man ihnen nunmehr die Textquelle, die bislang ungenannt blieb, nennen. Es handelt sich um einen Artikel aus ›Herders Konversationslexikon‹. Die hier benutzte Auflage erschien um 1900 und zeigt deutlich den katholischen Standpunkt, der für das gesamte Lexikonunternehmen zu dieser Zeit bestimmend war.

Phase 3:
Verfassen eines Artikels ›Aufklärung‹

Zur Abrundung sollen die Schüler dazu aufgefordert werden, selbst einen kurzen Lexikonartikel zu dem Begriff ›Aufklärung‹ zu verfassen. Dazu ist es notwendig, die Arbeitsergebnisse der vorigen Stunden zu sammeln, was in Form von Gruppenarbeit geschehen kann. Die Schüler können ihre Ergebnisse aus der Gruppenarbeit gegenseitig komplettieren. Diese Zusammenstellung ist dann Grundlage für die *Hausaufgabe,* eine schriftliche Ausarbeitung zu einem Lexikonartikel ›Aufklärung‹.

Phase 4:
Aufklärungskritik von der Aufklärung
bis zur Gegenwart

Um zu zeigen, wie noch innerhalb der Aufklärung die Kritik an einer falsch verstandenen Aufklärung sich entwickelt, und um zu demonstrieren, wie sich die Aufklärungskritik in der Gegenwart fortentwickelt hat, kann man dies zunächst an den kurzen Texten von Z. bzw. Pfeffel verdeutlichen, denen man dann die Texte von Grass und Kunert an die Seite stellt (s. S. 135 ff.). Man könnte den Schülern undatiert die Texte Z.'s ›Fabelchen‹, Pfeffels ›Die Aufklärung‹ sowie die Texte von Grass und Kunert vorlegen und sie bitten, die Texte auf eine ihnen allen gemeinsame Thematik hin zu bestimmen und sie begründet in eine zeitliche Reihenfolge zu bringen.

Wer einen anderen Schlussstein der Reihe über die Aufklärung setzen und nochmals auf das Zentrum der Reihe, den ›Nathan‹ zurückkommen will, kann dies dadurch tun, dass er die im Materialienteil der ›Nathan‹-Editionenausgabe wiedergegebenen Texte zur zeitgenössischen Rezeption des ›Nathan‹ zugrunde legt und daran Aspekte einer Kritik der Aufklärung durch die ›Nathan‹-Inszenierungen bzw. Verwendungen des Stückes zu neu gestalteten ›Nathan‹-Stücken thematisiert.

---

1. Arbeitsblatt zur 20./21. Stunde   → *CD-ROM / Datei: AB_20_21_1.doc*

Aus Herders Konversationslexikon

Aufklärung, im weitern Sinn jede Belehrung, seit dem Anfang des 18. Jahrh. Bezeichnung einer rationalistisch-ungläubigen Richtung, die den positiven christlichen Glauben als Unwissenheit u. Finsternis behandelt, die Vernunft ›mündig‹ u. von den Fesseln der übernatürlichen Offenbarung frei machen will. Von den engl. Deisten ausgegangen, von den franz. Enzyklopädisten eifrig gefördert, drang die A. auch in Deutschland ein, zuerst in den prot. Teilen, wo die innere Spaltung in zahlreiche Sekten u. der immer mehr zum Bewusstsein kommende Widerspruch der symbolischen Bücher mit dem Prinzip der freien Forschung den Boden geebnet hatte; ihre Hauptvertreter fand sie hier in den Philosophen Christian Thomasius, Christian Wolf u. den Theologen I. S. Baumgarten u. Semler, mächtige Gönner u. Förderer in Friedrich II. v. Preußen, dessen Regierungszeit vorzüglich als das Zeitalter der A. gilt, Kant, Lessing, Herder, Wieland u. Goethe, dem Illuminatenorden u. der Berliner ›Gesellschaft der Freunde der A.‹ mit Nicolai an der Spitze, der ihr bes. durch seine ›Allgemeine deutsche Bibliothek‹ weite Verbreitung verschaffte. Vom Norden her drang die A. bald auch in die kath. Teile Deutschlands ein, in Österreich (bes. unter Joseph II.), Bayern u. die rheinischen Kurfürstentümer. Gegen Ende des 18. Jahrh. herrschte an allen kath. deutschen Universitäten in Philosophie u. Theologie die seichteste A. Alle kath. Dogmen u. Einrichtungen wurden ›vernunftgemäß‹ umgestaltet u. verflacht; selbst in der Liturgie u. den Gebetbüchern wurde alles eigentümlich Katholische u. Christliche beseitigt od. mit dem Zeitgeist in Einklang gebracht. [...]

Aus: Herders Konversations-Lexikon, 3. Aufl., Bd. 1, Herdersche Verlagsbuchhandlung, Freiburg 1902, S. 811.

Z: Der Affe

Ein Fabelchen (1784)

Ein Affe stekt' einst einen Hain
Von Zedern Nachts in Brand,
Als er's so helle fand.
»Kommt Brüder, seht, was ich vermag;
Ich, – ich verwandle Nacht in Tag!«

Die Brüder kamen groß und klein,
Bewunderten den Glanz. Und alle fingen an zu schrein:
»Hoch lebe Bruder Hans!
Hans Affe ist des Nachruhms werth,
Er hat die Gegend aufgeklärt.«

In: Was ist Aufklärung? Beiträge aus der Berlinischen Monatsschrift. In Zusammenarbeit mit Michael Albrecht ausgewählt und eingeleitet und mit Anmerkungen versehen v. Norbert Hinske, Darmstadt 1973, S. 370.

Gottlieb Konrad Pfeffel: Die Aufklärung

Auf seiner langen Wanderschaft
durch halb Europa sah und hörte
ein Löwe viel von Wissenschaft
und Kunst. Als er nach Hause kehrte,
erhob das treue Volk zum Lohn
für das, was er in fremden Landen
als Kriegsgefangner ausgestanden,
ihn auf den väterlichen Thron.
Er glaubte – hier wird mancher lachen –
er müsse bei der Nation
sich nur durch Wohltun Ehre machen
und fasste den Entschluss, sein Reich,
dem großen Kaiser Peter gleich,
durch Künste zu zivilisieren.
Frohlockend lobte der Senat
den schönen Plan; auch bei den Tieren
will nur ein Ochs' deliberieren[1],   1 überlegen
wenn der Monarch gesprochen hat,
und damals saßen diese Herren,
die gern dem Licht das Tor versperren,
noch nicht in dem geheimen Rat.
Der König ließ durch sein Mandat[2]   2 Befehl
die Kandidaten aller Stufen

gar huldenreich zum Konkurs[3] berufen. \
Zuerst erschien ein großer Bär, \
der aufrecht vor den Thron sich pflanzte, \
und bald ins Kreuz, bald in die Quer \
auf polnisch und kosakisch tanzte. \
Mit Jauchzen ward der Postulant[4] \
zum Doktor seiner Kunst ernannt. \
Itzt nahte sich dem Königsstuhle \
die Nachtigall. Kaum spielte sie \
ihr Lied voll Geist und Melodie, \
so übergab man ihr die Schule der Tonkunst und der Poesie. \
Das Lehramt der Philosophie \
ward einem Affen aufgetragen; \
sein allumfassendes Genie glich einem bodenlosen Magen; \
er wusste das Warum und Wie \
von jedem Dinge. Kurz zu sagen, \
er diente vormals in Paris \
bei einem Enzyklopädisten[5], \
der keine Müh' sich dauern ließ, \
mit seiner Kunst ihn auszurüsten. \
Nun war der Unterricht im Gang. \
Schon ward es allerorten helle; \
schon wechselten Konzert und Bälle \
am Hof; das Licht der Wahrheit drang \
in jeden Kopf; bei allen Tieren \
verschwanden Vorurteil und Wahn; \
sogar die Schöpse[6] fingen an \
von Zeit und Raum zu disputieren. \
Indessen fand der Großsultan \
das Volk nicht um ein Härchen besser; \
der Fuchs war stets ein Hühnerfresser, \
und von des Wolfes Mörderzahn \
ward nach wie vor das Schaf zerrissen; \
nur dass er oft in frechen Schlüssen \
bewies, er habe recht getan. \
So ging es bald im ganzen Lande \
und konnte nicht wohl anders gehn. \
»Ha«, rief der Schach[7], »zu meiner Schande \
bekenn' ich, dass ich falsch gesehn. \
Den Irrtum hab ich zwar vertrieben, \
allein die Laster sind geblieben. \
Anstatt in meiner Monarchie \
gelehrte Bürger ziehn zu wollen, \
hätt' ich vor allen Dingen sie \
zu guten Bürgern machen sollen.«

In: Fabeln, hrsg. v. Theodor Poser, Stuttgart 1975, S. 48 ff.

3 Versammlung

4 Bewerber

5 Mitarbeiter an der frz. »Enzyklopädie« von 1751–1780

6 Hammel

7 König

Günter Kunert: Aufklärung I

Dass die Aufklärung gescheitert sei, ist eine um sich greifende Erkenntnis, bald vermutlich eine Binsenweisheit, ohne dass generell klar würde, worin denn dieses Scheitern bestünde. Die Frage danach erfordert keineswegs viele Antworten: Die erste, vielleicht paradox klingende, würde heißen: An ihrem Erfolg.

Sie ist eigentlich ihr eigenes Opfer. Nachdem sie mit Vehemenz Gott und die Götter von der Weltbühne vertrieben, den Glauben zersetzt, die »Infame« entmachtet und mittels ihrer Wissenschaftlichkeit alle Phänomene, die wir Selbst- und Ichsüchtigen immer auf uns bezogen, als Naturerscheinungen entlarvt hat, sodass am Ende die Spielfläche von Illusionen, Fantasmen, Aberglauben, Irrtümern und Unvernünften frei war, blieb nur noch die leere Kulisse. Die Aufklärung hatte verabsäumt, anstelle der von ihr ausgelöschten oder zerstörten Glaubensbilder, der ahnungsvollen Deutungen, der Visionen und Träume etwas anderes zu setzen und somit das metaphysische Bedürfnis, das den Schwund seiner Objekte immer überlebt, sich selbst überlassen: Ein dürstendes Geschöpf, dem die Quelle versiegt war.

Es scheint, dass dieses frei schweifende, kein Ziel mehr findende ungestillte Verlangen nach Transzendenz jenes unbekannte Unbehagen, jene innere Trostlosigkeit hervorruft, von der gegenwärtig viele befallen sind.

Aber die Aufklärung, stolz über ihr Vernichtungswerk, zeigt sich nicht nur außerstande, es als solches zu begreifen, sondern auch, das entstandene Vakuum wieder aufzufüllen. Dem irrationalen Verlangen des Menschen ist sie nicht gewachsen: Sie, deren Grundlage die Naturwissenschaft in all ihren Formen war und ist, wäre daher, sogar bei Einsicht in ihr Versagen, nicht fähig, die abgeräumten Podeste mit »besseren« Göttern zu versehen: Das ist ihr sui generis nicht gegeben. So steht sie vor einem selbst verursachten Scherbenhaufen und kann nicht ersetzen, was sie abgeschafft hat, und muss sich nun deswegen anklagen lassen. So berechtigt und wohl auch unvermeidlich ihre destruktive Arbeit gewesen ist, die Notwendigkeit, auf den freien Plätzen etwas Neues zu begründen, besteht weiter: Vermutlich wird aus den Krämpfen der Sinnlosigkeit und Langeweile etwas geboren werden, das eine ferne zweite Aufklärung, da die erste sich diskreditiert hat, kaum mehr beseitigen könnte. Das Sinken der Tötungshemmung, den Schwund der Gewissen allerorten muss sich die Aufklärung als ihren letzten Triumph zuschreiben lassen.

In: Günter Kunert: Verspätete Monologe, München: Hanser 1984, S. 21f.

Francisco de Goya (1746–1828)
Radierung
Der Traum der Vernunft gebiert Ungeheuer
© Corbis (Barney Burstein), Düsseldorf

→ *CD-ROM / Datei: Bild_5.pdf*

Günter Grass: Der Traum der Vernunft

Rede zur Eröffnung der Veranstaltungsreihe »Vom Elend der Aufklärung«
in der Akademie der Künste, Berlin

Meine Damen und Herren,
bevor Voltaire, Rousseau und Diderot einander widersprechen und eine Epoche ausschreiten,
deren verwirrte Nachfahren wir sind, soll eine Grafik vorgestellt werden, deren Emblematik
Spekulationen zuläßt. Die Unterschrift »Der Traum der Vernunft erzeugt Ungeheuer« hat
Goya einer Aquatinta-Radierung beigegeben, die einen über seinem Schreibwerkzeug schlafenden Mann zeigt, hinter dem Nachtgetier, Eulen und Fledermäuse flattern und ein Raub-
tier lauert: fast Luchs, noch Katze. Doch da das spanische Wort für Traum auch Schlaf be-
deuten kann, könnte der Untertitel des beängstigenden Bildes auch heißen: »Der Schlaf der
Vernunft erzeugt Ungeheuer.«
Und schon ist der Streit entfesselt, tritt das Elend der Aufklärung zutage, sind wir beim The-
ma.
Zweierle Tätigkeit wird bildhaft der Vernunft unterstellt: Indem sie träumt, gebiert sie Ungeheuer, ihre Träume sind Ungeheuer – oder: weil die Vernunft schläft, ist den nächtlichen
Ungeheuern Freiraum gegeben, macht sich Unvernunft breit, wird das mühsame Werk der
Aufklärung überschattet, mit Dunkelheit überzogen, zunichte.
Die erste Deutung spricht für sich: Die Vernunft, des Menschen besondere, ihn auszeichnende Gabe, ist gleichwohl fähig, sobald sie träumt, Ungeheuer, sprich, erschreckende Visionen
und Utopien als Schreckensherrschaft zu entwerfen. Vergangenheit und Gegenwart bestäti-

gen diese Deutung, denn alle bis heute wirksamen Ideologieentwürfe sind Träume aufklä-
render Vernunft und haben – hier als Verelendung produzierender Kapitalismus, dort als mit
Zwang herrschender Kommunismus – ihre Ungeheuerlichkeit bewiesen.

Die zweite Deutung wirft Fragen auf, die, sobald sie beantwortet werden, neue Fragen he-
cken. Etwa: Darf die Vernunft, weil sie schlafend den Ungeheuern, also dem Irrationalismus
das Feld überläßt, niemals schlafen? Natürlich nicht, sagen wir. Wo kommen wir hin, wenn
die Vernunft schläft. Nie wieder darf die Vernunft schlafen, darf uns die Vernunft einschla-
fen. Wehret den Anfängen! Nicht einmal ermüdet blinzeln darf sie. Eine allzeit wache Vernunft fordern wir als gebrannte Kinder einer Epoche, in der die Vernunft schlief und das Ungeheuer, Faschismus genannt, geboren wurde.

Dennoch gibt die Gegenfrage nicht Ruhe: Was ist das für eine Vernunft, die nicht schlafen,
den Traum nicht zulassen darf? Ist diese immerwache Vernunft nicht gleichfalls schrecklich
und tagheller Ungeheuerlichkeiten fähig? Wird diese Vernunft, die aufklären, erhellen, er-
leuchten soll, nicht letzten Endes – und schon tut sie es – uns alle durchleuchten, durchsich-
tig, gläsern, erfaßbar machen, auf daß wir ohne Geheimnis und Nachtseite sind? Hat nicht
diese überwache, sich wissenschaftlich nennende Vernunft den vormals weitgefaßten Angriff
von Fortschritt auf technisches Maß, auf einzig das technisch Machbare reduziert? Eine Vernunft, die nicht schlafen darf, die mittlerweile, selbst wenn sie schlafen wollte, Schlaf nicht
mehr fände, eine schlaflose Vernunft gibt kaltes Licht und macht frösteln; dabei wären Träume vonnöten, Nachtflüge der Einbildungskraft und Märchen, aus deren Getier – Fledermaus,
Eule und Luchs – gleichwohl Vernunft spräche. [...]

Das Fortschreiben der Aufklärung setzt Zukunft voraus. Selbst wenn sich Kraft fände, ihren
vernutzten Zustand wieder aufzuputzen, ihr Elend zu schmälern, bliebe dennoch die Zukunft
in weiten Bereichen von Zerstörungsprozessen besetzt, die allesamt vernunftbestimmt sind.
Annähernd aufgezehrt oder ruiniert ist die Zukunft: ein Abschreibeprojekt.

In: Günter Grass: Werkausgabe in 10 Bänden. Bd. 9, hrsg. v. Volker Neuhaus, Darmstadt/Neuwied 1987,
S. 99f. © Steidl Verlag Göttingen.

3 Vorschläge für Klausuren

Vorschlag 1 → *CD-ROM / Datei: Klausur_1.doc*

Die Rolle des Geldes im ›Nathan‹
- Welche Rolle nimmt das Geld im ›Nathan‹ ein?
- Welche Beziehung entwickeln die einzelnen Personen zum Geld?

Vorschlag 2 → *CD-ROM / Datei: Klausur_2.doc*

Die Figur der Sittah
- Charakterisieren Sie die Person der Sittah.
- Bestimmen Sie ihre Funktion innerhalb der Figurenkonstellation des Dramas.

Vorschlag 3 → *CD-ROM / Datei: Klausur_3.doc*

Gotthold Ephraim Lessing: Über die Wahrheit

Ein Mann, der Unwahrheit unter entgegengesetzter Überzeugung in guter Absicht ebenso scharfsinnig als bescheiden durchzusetzen sucht, ist unendlich mehr wert als ein Mann, der die beste, edelste Wahrheit aus Vorurteil, mit Verschreiung seiner Gegner, auf alltägliche Weise verteidiget.

Will es denn *eine* Klasse von Leuten nie lernen, dass es schlechterdings nicht wahr ist, dass jemals ein Mensch wissentlich und vorsetzlich sich selbst verblendet habe? Es ist nicht wahr, sag ich; aus keinem geringem Grunde, als weil es nicht möglich ist. Was wollen sie denn also mit ihrem Vorwurfe mutwilliger Verstockung, geflissentlicher Verhärtung, mit Vorbedacht gemachter Plane, Lügen auszustaffieren, die man Lügen zu sein weiß? Was wollen sie damit? Was anders, als – Nein; weil ich *auch ihnen* diese Wahrheit muss zugute kommen lassen; weil ich auch von *ihnen* glauben muss, dass sie vorsetzlich und wissentlich kein falsches verleumderisches Urteil fällen können: so schweige ich und enthalte mich alles Widerscheltens.

Nicht die Wahrheit, in deren Besitz irgendein Mensch ist oder zu sein vermeinet, sondern die aufrichtige Mühe, die er angewandt hat, hinter die Wahrheit zu kommen, macht den Wert des Menschen. Denn nicht durch den Besitz, sondern durch die Nachforschung der Wahrheit erweitern sich seine Kräfte, worin allein seine immer wachsende Vollkommenheit bestehet. Der Besitz macht ruhig, träge, stolz –

Wenn Gott in seiner Rechten alle Wahrheit und in seiner Linken den einzigen immer regen Trieb nach Wahrheit, obschon mit dem Zusatze, mich immer und ewig zu irren, verschlossen hielte und spräche zu mir: wähle! Ich fiele ihm mit Demut in seine Linke und sagte: Vater gib! die reine Wahrheit ist ja doch nur für dich allein!

In: Lessing: Werke, hrsg. v. Kurt Wölfel, Bd. 3, Frankfurt/M. 1967, S. 321f.

Arbeitsaufträge:
- Fassen Sie die These dieses Textes in eigenen Worten zusammen.
- Stellen Sie Beziehungen zwischen diesem Text und der Ringparabel her.

Vorschlag 4   → *CD-ROM / Datei: Klausur_4.doc*

Die Schlussszene des ›Nathan‹
- Interpretieren Sie den letzten Auftritt des ›Nathan‹.
- Entwerfen Sie ein Regiekonzept für den letzten Auftritt.

Vorschlag 5   → *CD-ROM / Datei: Klausur_5.doc*

- Setzen Sie ein Schreiben an den Intendanten des Stadttheaters Ihrer Stadt auf, in dem Sie den Vorschlag unterbreiten, Lessings ›Nathan‹ auf den Spielplan der nächsten Spielzeit zu setzen (vom Spielplan abzusetzen).

Literaturverzeichnis

Es gibt eine unüberschaubar gewordene Fülle von Literatur zu dem Themenkreis ›Aufklärung‹. Im Folgenden seien einige Titel genannt, die dazu dienen können, sich leicht und kompakt einen Überblick über die Epoche, den neuesten Forschungsstand und über die literarischen Hintergründe zu verschaffen. (Einige der genannten Werke sind illustriert und können mit ihrem Bildmaterial innerhalb der Unterrichtsreihe ausgewertet werden.)

Zur Weltanschauung der Aufklärung

Bark, Joachim u. a. (Hrsg.): *Geschichte der deutschen Literatur. Bd. 1.* Aufklärung/Sturm und Drang, Leipzig 2002.

Cassirer, Ernst: *Die Philosophie der Aufklärung,* Tübingen 1932.

Dülmen, Richard van: *Die Gesellschaft der Aufklärer.* Zur bürgerlichen Emanzipation und aufklärerischen Kultur in Deutschland, Frankfurt/M. 1986.

Grimminger, Rolf (Hrsg.): *Hansers Sozialgeschichte der deutschen Literatur.* Deutsche Aufklärung bis zur Französischen Revolution. 1680–1789, München 1980.

Hazard, Paul: *Die Krise des europäischen Geistes,* Hamburg 1939.

ders.: *Die Herrschaft der Vernunft.* Das europäische Denken im 18. Jahrhundert, Hamburg 1949.

Hinck, Walter (Hrsg.): *Europäische Aufklärung I, Wiesbaden 1974* (= Neues Handbuch der Literaturwissenschaft 11).

Kiesel, Helmuth u. Münch, Paul: *Gesellschaft und Literatur im 18. Jahrhundert.* Voraussetzungen und Entstehung des literarischen Markts in Deutschland, München 1977 (= Beck'sche Elementarbücher).

Kondylis, Panajotis: *Die Aufklärung im Rahmen des neuzeitlichen Rationalismus,* München 1986.

Möller, Horst: *Vernunft und Kritik. Deutsche Aufklärung im 17. u. 18. Jahrhundert,* Frankfurt/M. 1986.

Pütz, Peter: *Die deutsche Aufklärung, Darmstadt 1978* (= Erträge der Forschung 81).

Schneiders, Werner: *Das Zeitalter der Aufklärung,* München 1997.

Stollberg-Rilinger, Barbara: *Europa im Jahrhundert der Aufklärung,* Stuttgart 2000.

Stuke, Horst: *Aufklärung. In: Geschichtliche Grundbegriffe.* Historisches Lexikon zur politisch-sozialen Sprache in Deutschland, hrsg. von Otto Brunner u. a.; Bd. 1, Stuttgart 1972, S. 243–342.

Weigl, Engelhard: *Schauplätze der deutschen Aufklärung.* Ein Städterundgang, Reinbek 1997.

Wessels, Hans-Friedrich (Hrsg.): *Aufklärung. Ein literaturwissenschaftliches Studienbuch,* Königstein/Ts. 1984.

Wiese, Benno von (Hrsg.): *Deutsche Dichter des 18. Jahrhunderts.* Ihr Leben und Werk, Berlin 1977.

Wuthenow, Ralph-Rainer (Hrsg.): Zwischen Absolutismus und Aufklärung: Rationalismus, Empfindsamkeit, Sturm und Drang, Reinbek 1980 (= Deutsche Literatur. Eine Sozialgeschichte 4).

Zu ›Nathan der Weise‹

Bark, Joachim: *Nachwort zu: G. E. Lessing ›Nathan der Weise‹.* München 1983, S. 194–250.

Bohnen, Klaus (Hrsg.): *Lessings ›Nathan der Weise‹,* Darmstadt 1984.

ders.: *Gleichheit als Postulat und Problem im Werk G. E. Lessings.* In: Text & Kontext 9 (1981), S. 218–236.

ders.: *›Nathan der Weise‹.* Über das ›Gegenbild einer Gesellschaft‹ bei Lessing. In: Deutsche Vierteljahrsschrift für Literaturwissenschaft und Geistesgeschichte 53 (1979), S. 394–416.

Bollacher, Martin: *Lessing: Vernunft und Geschichte.* Untersuchungen zum Problem religiöser Aufklärung in den Spätschriften, Tübingen 1978.

Brenner, Peter J.: *Gotthold Ephraim Lessing,* Stuttgart 2000.

Brüggemann, Fritz: *Die Weisheit in Lessings ›Nathan‹.* In: Zeitschrift für Deutschkunde 39 (1925), S. 557–582.

Demetz, Peter: *Lessings ›Nathan der Weise‹:* Wirklichkeiten und Wirklichkeit. In: ders. (Hrsg.) Gotthold Ephraim Lessing: ›Nathan der Weise‹. Frankfurt/ M. u. Berlin 1966, S. 121–158.

Düffel, Peter von: *Gotthold Ephraim Lessing, ›Nathan der Weise‹.* Erläuterungen und Dokumente, Stuttgart 1985.

Eibl, Karl: *Gotthold Ephraim Lessing ›Nathan der Weise‹.* In: Deutsche Dramen. Interpretationen zu Werken von der Aufklärung bis zur Gegenwart, hrsg. v. Harro Müller-Michaels. Bd. 1, Königstein i. Ts. 1981, S. 3–30.

Fick, Monika: *Lessing-Handbuch: Leben – Werk – Wirkung,* Stuttgart/Weimar 2000, S. 402–424.

Fuhrmann, Helmut: *Lessings ›Nathan der Weise‹ und das Wahrheitsproblem.* In: Lessing Yearbook 15 (1983), S. 63–94.

Göbel, Helmut: *Bild und Sprache bei Lessing,* München 1971.

ders.: *›Nicht die Kinder bloß, speist man/Mit Märchen ab.‹* Zur Toleranzbegründung in Lessings Spätwerk. In: Lessing Yearbook 14 (1982), S. 119–132.

Harth, Dietrich: *G. E. Lessing oder die Paradoxien der Selbsterkenntnis,* München 1993.

Heydemann, Klaus: *Gesinnung und Tat. Zu Lessings ›Nathan der Weise‹.* In: Lessing Yearbook 7 (1975), S. 69–104.

Hoensbroeck, Marion: *Die List der Kritik. Lessings kritische Schriften und Dramen,* München 1976.

Koebner, Thomas: *›Nathan der Weise‹.* Ein polemisches Stück? In: Zurück zur Natur: Ideen der Aufklärung und ihre Nachwirkung, Heidelberg 1993, S. 243–291.

König, Dominik von: *Natürlichkeit und Wirklichkeit. Studien zu Lessings ›Nathan der Weise‹,* Bonn 1976.

Kröger, Wolfgang : *Gotthold Ephraim Lessing ›Nathan der Weise‹.* Interpretation, München 1991.

Oelmüller, Willi: *Die unbefriedigte Aufklärung.* Beiträge zu einer Theorie der Moderne von Lessing, Kant und Hegel, Frankfurt/M. 1969.

Piedmont, Ferdinand: *Unterdrückt und rehabilitiert.* Zur Theatergeschichte von Lessings ›Nathan der Weise‹ von den zwanziger Jahren bis zur Gegenwart. In: Lessing Yearbook 19 (1987), S. 85–94.

Politzer, Heinz: *Lessings Parabel von den drei Ringen.* In: The German Quarterly 31 (1958), S. 161–177.

Pütz, Peter: *Die Leistung der Form.* Lessings Dramen, Frankfurt/M. 1986.

Rohrmoser, Günter: *Lessing ›Nathan der Weise‹.* In: Das deutsche Drama vom Barock bis zur Gegenwart, hrsg. v. Benno von Wiese. Bd. 1, Düsseldorf 1958, S. 113–126.

Schilson, Arno: *Geschichte im Horizont der Vorsehung*. G. E. Lessings Beitrag zu einer Theologie der Geschichte, Mainz 1974.

ders.: *Lessings Christentum*, Göttingen 1980.

ders.: *Die Weisheit der Vernunft*. Lessings ›Nathan der Weise‹ im Kontext seines Lebens und Wirkens. In: Renovatio. Zeitschrift für das interdisziplinäre Gespräch 48 (1992), S. 15–29.

ders.: *Dichtung und (religiöse) Wahrheit*. Überlegungen zu Art und Aussage von Lessings Drama ›Nathan der Weise‹. In: Lessing Yearbook 27 (1995), S. 1–18.

Schnell, Josef: *Dramatische Struktur und soziales Handeln*. Didaktische Überlegungen zur Lektüre von Lessings ›Nathan‹. In: Der Deutschunterricht 28 (1976), H. 2, S. 46–54.

Schröder, Jürgen: *Gotthold Ephraim Lessing*. Sprache und Drama, München 1972.

Seeba, Hinrich C.: *Die Liebe zur Sache*. Öffentliches und privates Interesse in Lessings Dramen, Tübingen 1973.

Stadelmaier, Gerhard: *Lessing auf der Bühne*. Inszenierungen deutschsprachiger Theater 1968–1974, Tübingen 1980.

Strohschneider-Kohrs, Ingrid: *Vom Prinzip des Maßes in Lessings Kritik*, Stuttgart 1969.

diess.: *Lessings Nathan-Dichtung als ›eine Art von Anti-Candide‹*. In: Nation und Gelehrtenrepublik. Lessing im europäischen Zusammenhang, hrsg. v. Wilfried Barner u. A. M. Reh, Detroit/München 1984, S. 270–302.

diess.: *Vernunft als Weisheit*. Studien zum späten Lessing, Tübingen 1991.

diess.: *Lessing und Mendelssohn in ihrer Spätzeit*. In: Moses Mendelssohn und die Kreise seiner Wirksamkeit, hrsg. v. Michael Albrecht, Tübingen 1994, S. 269–290.

Wehrli, Beatrice: *Kommunikative Wahrheitsfindung*. Zur Funktion der Sprache in Lessings Dramen, Tübingen 1983.

Wessels, Hans-Friedrich: *Lessings ›Nathan der Weise‹*. Seine Wirkungsgeschichte bis zum Ende der Goethezeit, Königstein/Ts. 1979.

Hinweise für die Benutzung der CD-ROM

Die CD-ROM zum Buch enthält die Kurzbeschreibung des Unterrichts in tabellarischer Form, alle für den Unterricht notwendigen Arbeitsblätter, Texte und Abbildungen sowie die Klausurvorschläge im praktischen DIN-A4-Format.

Die Dateien der CD-ROM stehen im Microsoft Word Format zur Verfügung und können somit vor dem Ausdruck nach Bedarf individuell bearbeitet werden.

Systemvoraussetzungen:
Betriebssysteme Windows 95/98/NT/XP, MS-Word ab Version 97

Für die Abbildungen benötigen Sie den Acrobat Reader. Sie finden ihn auf der CD-ROM im Ordner »Reader« oder als Download unter www.adobe.de

Klett-Hotline-Service – So erreichen Sie uns:
Telefon: 0711/6672-1163, E-Mail: klett-hotline@klett-mail.de
oder für allgemeine Fragen: Klett-Kundenservice, Telefon: 0711/6672-1333